国家出版基金项目
NATIONAL PUBLICATION FOUNDATION

“十三五”国家重点出版物出版规划项目

西方应用心理学前沿译丛　　总主编　游旭群

脑与商业活动

卓越领导者的神经科学

Your Brain and Business: The Neuroscience of Great Leaders

Srinivasan S. Pillay

［美］里尼瓦森·彼莱　著
刘永芳　夏春　译

浙江教育出版社·杭州

图书在版编目（CIP）数据

脑与商业活动 ：卓越领导者的神经科学 / （美）里尼瓦森·彼莱著 ；刘永芳，夏春译. -- 杭州 ：浙江教育出版社，2019.6
（西方应用心理学前沿译丛）
ISBN 978-7-5536-9099-5

Ⅰ. ①脑… Ⅱ. ①里… ②刘… ③夏… Ⅲ. ①脑科学－神经科学－应用－企业管理－人事管理 Ⅳ. ①F272.923

中国版本图书馆CIP数据核字(2019)第262232号

引进版图书合同登记号　浙江省版权局图字：11-2015-299

脑与商业活动——卓越领导者的神经科学
NAO YU SHANGYE HUODONG
［美］里尼瓦森·彼莱（Srinivasan S. Pillay）著
刘永芳　夏春　译

责任编辑	吴颖华	**美术编辑**	韩　波
责任校对	余晓克	**责任印务**	陆　江
出版发行	浙江教育出版社（杭州市天目山路40号　邮编：310013）		
图文制作	杭州林智广告有限公司	**印刷装订**	浙江海虹彩色印务有限公司
开　　本	787 mm×1092 mm　1/16	**印　　张**	16.25
插　　页	4	**字　　数**	256 000
版　　次	2019年6月第1版	**印　　次**	2019年6月第1次印刷
标准书号	ISBN 978-7-5536-9099-5	**定　　价**	56.00元
联系电话	0571-85170300-80928	**网　　址**	www.zjeph.com

神经科学与领导力提升有关系吗？答案是有且有着非常重要的关系！

脑科学和神经影像学领域的新发现，可以在很大程度上改进领导与员工的工作方式，促使变革成功。随着个人能力和组织机构的发展，大脑不断地被人们探索着，研究者们收获颇丰。这些发现将为提高商业执行力提供有效的新策略。

里尼瓦森·彼莱是哈佛大学医学院的精神病专家、脑成像研究员以及高管教练。在《脑与商业活动——卓越领导者的神经科学》这本书里，他阐述了现代脑科学与商业活动间不断展现的联系。他揭示了来自神经科学的发现能够被当代领导者使用的有效方式，并为致力于帮助客户解决普通领导问题的管理教练提供了优秀的范本。

相关书评

RELATED REVIEWS

神经科学如何助人成为更好的领导者？如果你对此热门课题感兴趣，那么这本书正适合你。在这本书里，彼莱通过翔实的研究，提出了在工作情景（诸如提升人际关系质量、谈判、管理变革等）中运用脑科学的实用性建议。我认为这些建议对管理教练极具启发性。各级领导和各类组织的领导都会在本书中找到其所需要的有用资源。

——乔斯林·戴维斯（美国论坛公司研究与开发部执行副总裁，

《战略加速：人才动员与执行加速》合著者）

彼莱有一种独特的能力，他基于脑科学研究，为提升领导力给出了非常实用的建议。这些建议不仅适用于商业领域，还能够帮助我们运用大脑内部的工作原理来指导生活，以便更好地管理生活中的各种人际关系，其见解深刻，给我们提供了具有自省价值的科学基础。

——苏巴努·萨克西纳（诺华制药股份有限公司全球药物执行委员会委员）

对于管理教练和正在接受培训指导的人们来说，这是一本特别实用的工具书，可以帮助他们理解大脑如何影响人们之间的协同工作，如何创设有助于意义营造、持续创新的场景。从彼莱博士的书中，我们可以了解到，影响领导有效性的因素包括脑功能水平和无形资产（诸如日常互动中的信任、公平和开放等）。神经科学为人们理解优秀的领导者如何创建高效的、表现出色的团队提供了新的途径。

——保罗·加洛（国际多边公司首席学习官）

总序

在服务于国家和社会重大战略需求中成长：中国应用心理学发展的必由之路

我们所处的时代需要应用心理学。当今，随着经济和社会发展，处于重要转型期的国家和社会对心理学的应用有着迫切的需求。从国家层面来看，许多重大举措都离不开作为哲学社会科学重要学科之一的心理学。例如，建立社会矛盾化解机制，离不开心理学对弱势群体的人文关怀和心理疏导；健全社会心理服务体系，离不开心理学在培育积极向上的社会心态方面发挥作用；推进国家治理体系和治理能力现代化，离不开心理学在社会治理中的实践；推进现代化国防建设，离不开心理学对军事心理和工程心理等问题的研究。从个人层面来看，从个人心理健康的维护到个人潜能的发挥，从商家产品设计的优化到员工工作效能的提高，从家庭子女的教育到个人未来职业的规划等，生活中的方方面面都需要应用心理学的知识。任何重大战略或社会现实问题都离不开人，而心理学的主要研究对象就是人，因此，社会现实与心理学有着无法割裂的天然联系。从这个层面来看，我们心理学人处在一个最好的时代。心理学特别是应用心理学要回应国家和社会重大战略需求，这是心理学人的责任和担当，是每一个心理学人应该努力思考和认真对待的问题。

现实世界是心理学成长的土壤，只有根植于土壤，心理学这棵幼苗才能成长为参天大树。回顾心理学的发展历程，心理学发展最好的时期都是心理学的应用做得最好的时期。心理学的理论需要在社会实践中应用进而不断完善。心理学很多理论都是在实验室实验基础之上发展起来的，而实验室得到的结论能否推及人们的现实生活却不得而知。只有能预测现实生活的心理学理论才是真正好的理论。另外，心理学也在应用中拓展新的研究领域和研究范式，增添新的活力。人们在应用心理学知识解决实际问题时，可能发现有新的现实问题用现有理论无法解释。于是，心理学家又对新的问题展开科学研究，开辟新的研究领域，开发新的研究方法。正是这样一个从理论到现实再到理论的积极循环，让心理学不断修正和自我完善，不断拓展，发展成为今天的样子。所以说，心理学的生命力在于应用，任何时候，这一点都不为过。

我在应用心理学领域从事教学科研工作三十多年，见证了中国应用心理学的发展。以前，心理学是一门“冷门学科”，很少为人所知。但如今，心理学特别是应用心理学成为热门学科，越来越多的人认识到心理学的重要应用价值。国内高校纷纷成立或者复建心理学系，应用心理学培养的应用型人才规模越来越大，从业人员不断增多。应用心理学的学科影响力在不断扩大，研究领域不断拓展，发表的研究报告的数量逐年攀升。中国心理学会下属的属于应用心理学的专业委员会不断细分，产生了临床与咨询心理学专业委员会、工业心理学专业委员会、军事心理学专业委员会、法律心理学专业委员会、工程心理学专业委员会、社区心理学专业委员会等。这与时代的发展分不开，更与应用心理学人的努力有关。

尽管中国应用心理学取得了长足进步，但还存在一些问题。首先，中国应用心理学应对国家和社会重大战略需求的能力还不足。尽管在中国心理学会等学术团体及专家的倡导下，心理学工作者认识到满足国家和社会重大战略需求是非常重要的，但是要完全自如地应对这种需求，还存在知识准备、研究方法和成果转化等方面的诸多不足。其次，应用研究直接照搬西方研究成果较多，真正扎根中国大地，服务于中国现实问题的应用研究少之又少。西方心理学的概念和应用是根植于西方社会现实提出来的，例如，美国心理学界对种族刻板印象研究非常透彻，研究成果和范式非常多，其原因在于他们所处的社会是一个多种族的社会，种族刻板印象或歧视是其一种普遍的社会现象。因此，完全照搬西方的概念，将其应用于中国的社会现实，是不太恰当的。但是，我们缺乏必要的自信，大多数概念和理论都是借鉴西方的，很多研究都跟随西方，这样的研究成果很难对中国人的社会实践产生深远的影响。最后，有国际影响力的应用研究还比较少。由于我们大多数心理学工作者跟随西方心理学界，真正独立做自己的应用研究较少，所以真正在国际上有较大影响力的研究还较为欠缺。

这是中国应用心理学当前面临的主要问题。如果长期这样下去，中国应用心理学得不到社会公众的认同和支持，就好比幼苗离开了土壤，这对于应用心理学甚至整个心理学的学科发展极为不利。我们该如何走出当前的困境？应用心理学快速发展的关键在于人才。因此，从现在开始，应用心理学界迫切需要培养一批高素质的应用心理学人才，这是一条可脱离当前困境的可行之路。何谓高素质应用心理学人才？我想，应用心理学人才首先要具备深厚的中国传统文化底蕴和人文素养，同时还要关照中国社会现实，深刻理解中国的世道人心。其次，要扎实掌握多元心理学方法和技术。应用心理学面临的问题是复杂的社会现实问题，往往需要采用多元方法和技术来共同指向同一现实问题。应用心理学人才应能根据所研究的问题，学习国际前沿方法和技术，同时结合传统的方法，全面揭示所要研究的问题。例如，采用虚拟现实的方法来研究飞行员空间定向问题，采用大数据的方法来研究社会情绪变化问题。最后，要具有一定的国际视野。我们倡导应用心理学要为中国现实服务，但并不是说要安于一隅。中国应用心理学科研工作者应该更多地去国际舞台展示中国应用心理学的特色，提高中国应用心理学的话语权，为世界上其他国家和民族提供中国方案与中国智慧。

基于我国社会对应用心理学的迫切需求和高素质应用心理学人才培养的需要，浙江教育出版社组织国内多位专家翻译“西方应用心理学前沿译丛”，主要目的在于培养中国应用心理学的年轻一代，增强他们服务于国家重大战略、服务于社会的能力。学习西方和为中国社会现实服务是不矛盾的，人们常说，他山之石，可以攻玉。通过这套书，人们能够更好地了解国际应用心理学前沿，更为深刻地了解这些前沿问题从何而来，为什么是前沿的科学问题；能够学习西方应用心理学是如何关照西方社会现实的，同时培养我们自己关照中国社会现实的信念；能够学习西方应用心理学的前沿方法和技术，将这些方法和技术应用于探索中国社会亟待解决的社会问题，从而产生较大的社会效益。

“西方应用心理学前沿译丛”对当今令人关注的应用心理学领域进行了介绍和整合，第一辑包括《法律心理学：研究与应用》《工作与职业心理学》《脑与商业活动——卓越领导者的神经科学》《金钱心理学》和《航空心理学与人因》5本。其中，《法律心理学：研究与应用》运用专业的心理学知识和研究发现来解析日常生活中真实的法律案例，通过阅读这本书，读者能够学习到很多专门领域的知识，包括家庭法律心理学、警察和公共安全心理学等；《工作与职业心理学》基于前沿的研究，详细阐述了职业心理学的过去、现状和未来，还勾勒出职业心理学的八个关键研究领域（这本书对于即使没有任何职业心理学先验知识的读者来说也是适用的）；《脑与商业活动——卓越领导者的神经科学》根据最新的脑科学研究进展，对领导者如何与员工相处提出了新的策略；《航空心理学与人因》阐述了心理学如何应用于航空系统设计、飞行员选拔和训练、航空安全和乘客行为等方面，对于想要了解航空心理学的读者有着独特价值。

总览整套“西方应用心理学前沿译丛”，这套书具有许多特色。第一，紧跟时代前沿，代表了西方应用心理学最新研究成果。商业、法律、职业、金钱和航空航天都是这个时代最受人关注的主题，这套书紧跟时代潮流，总结了相关心理学领域的最新成果。第二，基础研究与应用研究的结合较为完美。应用心理学不只是应用，也离不开基础研究。基础研究是应用研究的根基，只有通过基础研究，阐释现实世界的客观规律及其发生机制，打下坚实的根基，才能有深度地洞察现实世界，才能给应用提供有效的指导。这套书的大部分作者，既有在所在领域从事基础科学研究的经历，也有实践的经历。例如，《金钱心理学》的作者阿德里安·富尔汉姆(Adrian Furnham)是英国的组织和管理心理学家，同时也拥有自己的管理咨询公司；《航空心理学与人因》的两位作者，均在飞行员的心理选拔领域做了不少研究，而且两位分别在挪威空军和美国联邦航空管理局工作过，其中一名作者还曾是飞行员。他们的基础研究和实践经历，能够为他们的写作提供丰富的养料，使得书中的内容既具有科学性，又具有实践性。第三，这套书整体上通俗易懂，可读性强。尽管这套书讲述相对复杂的专业知识，但它们跟实际生活联系紧密，写法上也通俗易懂，适合不同层次的读者学习。综合上述三个特点，这套书不仅适合高等院校应用心理学专业的本科生、研究生、教师阅读和学习，也适合对法律心理学、金钱心理学、商业心理学、航空心理学等领域感兴趣的社会各界人士阅读。

“西方应用心理学前沿译丛”的顺利出版，首先要感谢我的同事和朋友们，包括南开大学的乐国安教授，华东师范大学的刘永芳教授、郭秀艳教授，暨南大学的叶茂林教授。他们都是活跃在当今应用心理学界的中青年心理学家，都是应用心理学界科研和社会实践中的专家。他们年富力强，经验丰富，严谨认真。感谢他们在从事繁重的教学科研工作的同时，为这套书的翻译出版花费了无数心血！同时，这套书的顺利出版，也得益于浙江教育出版社领导的高瞻远瞩，及时引进；感谢浙江教育出版社的编辑们，他们的专业技能和严格要求为这套书的质量提供了保障。

时光不语，静待花开。我想，所有人为这套书的高质量出版所做出的努力，今后一定会有回报。在不久的将来，中国应用心理学界人才辈出，扎根于中国大地，关照中国社会现实，在服务于国家重大战略和社会需求中不断成长，同时科研成果具有世界影响力。这是我们最愿意看到的。

是为序。

游旭群

陕西师范大学

2019年6月

译者序

TRANSLATOR'S PREFACE

如同我们刚刚拿到本书的英文原版书、尚未仔细阅读之时所感受的那样，本书读者一定会对它的标题感到疑惑不解：脑与商业活动？神经科学和领导？二者离得太远了吧！然而，正如作者里尼瓦森·彼莱所开宗明义的，要不了几分钟，你就会被它翔实可靠、有理有据的论述所吸引。

商场如战场！商业活动及其领导和管理过程充满了机遇与挑战，是一种高级的智力和情绪活动，需要参与者的大脑处于高速运转状态。大脑资源已经成为当今世界上最为珍贵的资源。正因为如此，2013年美国奥巴马政府启动“脑科学研究计划”（Brain Research through Advancing Innovative Neurotechnologies），试图通过新的神经科学技术来揭示大脑深处的奥秘，开发大脑资源；欧洲也启动了类似的“（欧洲）人类脑计划”（The Human Brain Project）。事实上，深化对人类大脑的认识，解开人类意识之谜，不仅仅是当代科学研究的前沿问题，其成果已经逐渐被推广应用到诸多实际领域。从疾病治疗到自动驾驶，从教育教学到人工智能，从大数据分析到互联网金融，从新闻传播到政策制定，处处可见脑科学的“身影”。因此，认识并深入理解当代脑科学的知识和原理，应用这些知识和原理管理好大脑资源，无疑也是商业和管理活动的重中之重。在一定意义上可以说，未来的竞争是大脑资源的竞争，未来的管理是大脑的管理。

本书作者里尼瓦森·彼莱博士是哈佛大学医学院的精神病专家和助理教授，是注册的管理教练和领导力开发专家，是一家公司的CEO（首席执行官），同时也是TEDx（TED是一家非营利组织，TEDx是TED的衍生项目，指TED粉丝在当地组织的观念分享活动）的演讲人，曾为多家世界五百强企业提供咨询服务。在这本书里，彼莱通过翔实的研究，提出了在诸如提升人际关系质量、谈判、管理变革等工作情景中运用脑科学知识的实用性建议。具体而言，本书大致可以分为四个部分：第一部分为第一章，在简述脑科学发展历程的基础上，分析了为什么脑科学有助于提升管理训练的效率。第二部分包含第二至第四章，介绍了积极思维和社会智力背后的脑科学原理，认为借助脑科学知识，管理教练可以更高效地传递积极思维和社会智力的理念。此外，这部分还介绍了领导者身上一些看似无形的特征（如创新、直觉）背后的脑科学知识，指出管理教练和领导者可以借助脑科学知识，帮助员工了解这些隐形特征在当前商业情境中的作用。第三部分包含第五章和第六章，主要关注行动背后的脑科学原理，认为在当前的商业环境中，只有通过变革，不断推陈出新，才能够让组织生存并发展壮大，而脑科学的知识不仅有助于促使观念转化为行动导向，也有助于将行动导向变为切切实实的行动。第四部分包含第七章和第八章，基于脑科学的发现，对管理训练进行了总结和整理。其中，第七章主要介绍针对各个脑区（思维脑、情绪脑、行动脑等）的管理训练策略；第八章从大脑加工的角度分析应该如何借助脑科学知识进行管理训练，比如通过多脑区的干预措施来增强认知灵活性，从多个角度来管理情绪，等等。

总的来说，本书使用生动的语言分析了如何在管理活动中应用脑科学知识。作者提到的脑科学知识都有科学研究的证据，并且附有参考文献，感兴趣的读者可以据此进行更深入的阅读。与此同时，作者对管理活动也非常熟悉，用读者容易理解的语言，展示了脑科学在管理活动中的广阔应用前景。当然，目前脑科学仍然处于高速发展之中，读者可以使用类似的思维模式，考虑如何将最新的脑科学知识运用到管理活动中去。

本书由夏春完成全书的初译工作，刘永芳完成审校和部分章节的复译工作。本书的出版得到了译丛总主编游旭群教授及浙江教育出版社吴颖华编辑和有关领导的大力支持，在此对他们表示诚挚感谢！

由于脑科学涉及面极广，加之译者水平有限，译稿中存在不当之处在所难免，恳请专家、学者和广大读者批评指正！

译者

2018年10月

目　录

CONTENTS

第三章　社会智力的神经科学：高效关系管理

第四章　创新、直觉与欺世盗名：卓越领导者的隐患

第七章　训练脑区

第八章　训练大脑过程

第一章

脑科学在商业中的应用

给管理者、领导者和管理教练（coaches）讲课是我非常享受的时光。虽 1
然这些高管有不同的商业背景（来自小企业或大企业）和个人背景（男性或女性、有些人生性谦虚而有些人则气势强盛），但最初五分钟他们心中都有同样的疑问：脑科学与商业有关系吗？

得知要花三天时间来讨论商业活动中的神经科学，这些来参加神经训练（neurocoaching）认证课程的管理者，脸上甚至露出淡淡的愁容。起初每个人都正襟危坐，准备迎接众多晦涩术语的出现。但是，半小时之后，我就能感受到学员有“嗯”的反应，或者会说：“等一下，或许，只是或许，这里所说的一些东西我能加以使用。”一个小时之后，许多人举手要求提问，另外一些人则低头记录自己的想法，甚至有人在课桌上用手指轻轻敲打出享受的节拍。学员们开始对自己的大脑有所了解，我可以感觉到他们已经欣然改变——这不就是我们希望带给客户的吗？这不就是当我们说“好了，是时候制定行动方案了”时想要表达的意思吗？

安迪·汉伯马修（Andy Habermacher）是瑞士苏黎世CTP（Corporate
Training Programs，企业培训课程）的总经理。作为一名管理教练，他与许多领 2
导者合作过，包括知名政治领袖。他生动地描述自己第一次接触神经科学时的情景：“2008年秋天，我坐在纽约一家宾馆的会议大厅里。仅仅过了15分钟，我就意识到自己手里有了另一种强大的工具，可以帮助我进行领导力提升和变革管理的培训。那是我15分钟后的想法，而在6个月后的今天，我仍然这样认为吗？不！现在我认为这是我手里最强大的工具。我并不是说其他管理训练工具变得无效了，也不是说我不再热爱心理学，而是说神经科学使这些工具*更*重要了。打个比方，我感觉以前也可以看到一颗钉子，知道在哪里钉下那颗钉子，不过只能使用砖头来敲打那颗钉子——虽然仍然高效、仍然在差不多正确的时间做正确的事，但是神经科学让我拥有了一把铁锤，让我能够*真正地*钉下那颗钉子……”

管理教练并不仅仅指那些训练管理者的教练，也包括那些需要指导他人的管理者和领导者。从本质上说，管理教练是建立在管理者和领导者角色之上的。当我们使用脑科学知识训练他人或与他人进行沟通时，我们希望越贴近实战越好。当我们使用脑科学知识搭建*最佳*沟通桥梁时，脑科学的价值才能充分发挥出来。本书主要关注商业情境下如何使用脑科学知识来更好地进行沟通。

我们并不要求读者马上就对脑化学、解剖学和生理学有深入的理解。就像机械师不必深入了解汽油燃烧时的化学反应一样，管理者或管理教练也不必理解不相关的技术问题。此外，因为神经科学在管理训练中仍是新鲜事物，所以管理者可以分阶段地学习相关内容，不需要一蹴而就。目前脑科学的研究日新月异，我们首先要了解的是神经科学的基本原理和基于脑科学的管理沟通。

3 本章中，我们会回答萦绕在你心头的脑科学问题（并希望激发你提出新的问题），帮你切实提高商业绩效。你会看到，在与商业伙伴交流的过程中，脑科学知识可以起到非常重要的作用；你也会了解，在当今商业环境下，为什么领导力构建和变革氛围创设都需要脑科学知识。*创设有利于变革的组织氛围*是管理教练、管理者和领导者的核心任务，神经科学在这个过程中扮演着非常关键的角色。在了解脑科学及其在商业领域的应用之前，让我们先简要讨论本书考察脑科学的视角。

一、什么是脑科学

神经科学（neuroscience）指的是研究神经系统的科学，**脑科学**（brain science）则是神经科学的一个分支。对大脑的研究主要从其结构和功能两方面来进行，“脑科学”研究主要是指发表在同行评议期刊上的脑功能成像研究，本书中也主要关注脑功能。在脑功能成像研究中，人们躺在核磁共振扫描仪里面，完成研究者给他们呈现的任务或挑战，脑功能成像就是考察这时大脑是如何工作的。目前有多种脑功能成像方法，例如功能性磁共振成像（functional magnetic resonance imaging, fMRI）、正电子断层扫描（positron emission tomography, PET）、单光子计算机扫描（single photon emission computed tomography, SPECT）。本书主要关注fMRI，这种方法主要测量与脑细胞（神经元）活动相联系的大脑血流量。通过了解个体在面对不同任务或挑战时，大脑血流量在不同脑区的变化，我们可以推断大脑是如何工作的，进而获得描述、解释人类行为的另一种真知灼见（除了组织心理学之外）。此外，我们也可以 4
构建针对不同脑区的交流策略。

（一）脑科学的发展

对脑科学的研究可以追溯到公元前4000年，苏美尔人当时就记录了罂粟科植物给人带来的欣快效应（euphoriant effect）。从那以后，脑科学领域就有许多发现，也有许多相关的讨论，例如希波克拉底（Hippocrates）将癫痫作为一种大脑的障碍，柏拉图（Plato）把大脑视为心理活动的基础。实际上，达尔文的进化论也是以其大脑理论为核心的。[1]

与这些早期脑研究不同，使用磁共振成像（MRI）对大脑进行探索是较新的技术。第一项关于磁共振（MR）成像的研究发表于1973年，而第一次使用该技术来研究人类大脑则是在1977年。[2]此外，第一篇关于fMRI的研究发表于1992年，在那之后，相关技术快速发展，我们得以了解大脑在非常短时间内发生的变化；同时，随着科技进步，我们对大脑如何变化有越来越清晰的认识。通过掌握人们在面对不同任务时的反应（如图像、反应时、情绪），我们正在揭开大脑工作之谜。在本书中，我们会看到，对大脑功能的认识可以应用到商业领域。

我们需要记住，fMRI是很新的方法并且正处于快速发展的阶段，科学家仍然在继续探索大脑成像的实际含义，随着这方面知识的增长，出现了一些值得引入商业领域的重要成果。但就像组织心理学一样，我们对于大脑的认知仍处于持续更新之中。

（二）脑科学与管理问题的联系

5 促进战略执行是管理者、领导者和管理教练的共同目标。[3]到目前为止，管理教练理论（coaching theory）主要以个人或组织心理学为基础。通过了解个体工作方式和组织运作模式，管理者可以构建有效的干预措施，创设一种适合变革的情境。不管从目标还是时限上看，组织开发、管理训练与心理治疗都有较大区别，但近年来这种差异正在缩小。虽然心理学理论能够非常有效地帮助员工发展，但心理学理论主要基于对外部行为的观察，相应干预措施也基于外部观察。随着fMRI的运用，现在我们可以推测领导者大脑中发生着怎样的变化，因此，我们可以将“外部”的行为与大脑“内部”的加工过程结合起来。虽然大脑解剖学和生理学过于晦涩，其本身很难在商业领域中加以应用，但是，当我们从个人或组织开发角度来看待脑科学时，就可以获得令人惊叹的见解，这些见解对商业战略的制定和执行有非常重要的参考价值。

（三）脑科学帮助管理教练更高效地沟通

脑科学可以从六个方面提升我们对管理的理解：

1. **重新包装。**从事过市场营销工作的人都知道，对一件产品进行重新包装
6 后，原来不愿意购买的顾客也可能会购买。例如，女童玩具采用不同颜色的外包装（如绚烂的黄色和可爱的粉色），销售效果可能会完全不同。实际上，玩具是相同的，只不过包装不一样而已。与此类似，商业领域的领导者和管理者常常会碰壁，尽管他们的想法与对方其实是一致的，但对方可能完全拒绝采纳他们的建议，这就可能导致沟通陷入僵局。例如，某位领导者认为潜意识恐惧（unconscious fear）会干扰一名经理的逻辑思维，并使用这种术语与之沟通，效果却不好。实际上，这名经理反而会将这种心理学概念当作一种潜意识恐惧，从而拒绝改变。但是，如果这位领导者从生物学角度来解释为什么潜意识恐惧和压力会影响思维及生产率，那么，这名经理就会更愿意接受，并学以致用。当与领导者或管理者进行合作时，管理教练也可以使用这种方法。

2. **降低威胁。**在商业环境中，当交流双方的关系破裂，或者当一方感受到威胁时，交流往往无法持续下去。若管理教练或作为管理教练的管理者/领导者

使用心理学术语，有些人可能会将这些词语视为对自己的冒犯，导致交流之门关闭。而使用脑科学的语言，则可以让交流对象既理解自己的行为，又不会感觉到被冒犯。管理教练聚焦于领导者的行为时，领导者可能会感觉问题都出在自己身上；而如果聚焦于“大脑”，则他们可以共同着眼于问题本身。例如，如果管理教练认为领导者的过度自信（overconfidence）已经妨碍到他/她的发展，管理教练最好不要直接告诉这位领导者“你过于自信了”，因为这样做可能让对方感觉受到了侵犯，从而拒绝改变。换一个角度，管理教练可以这样解释自信：自信很复杂，存在两种类型的自信——真实自信（反映的是真相）和虚幻自信（并没有反映真相），并且这两种自信激活的是不同的脑区，不过遗憾的是，我们往往并不知道自己的自信属于哪种（本书后面章节将对此进行详细介绍）。这种表达方式能减少对他人的冒犯，鼓励他/她去思考自己的自信究竟是哪一种。

3. 揭示误区。揭示管理活动中的误区是脑科学最重要的作用之一。脑科学可以告诉我们一些不同于个体或组织心理学的知识，让领导者突破自身思维的 7
局限。领导者在管理活动中常常有下述误区：（1）只要员工不是非常焦虑，他们的工作效率就不会受影响；（2）信心越强意味着决策准确性越高；（3）如果没有出问题，就不需要与员工互动；（4）必须告诉员工，他们一定要避免做错事；（5）在经济低迷时期，我们也应该激励员工设置远大目标。神经科学可以揭开真相，减少这些错误认知对管理者的影响，详细情况将在本书后面章节进行讨论。表1.1列出了脑科学给我们带来的一些新见解。

表1.1 脑科学揭示的一些管理误区

管理误区	脑科学的视角
只要员工不是非常焦虑，他们的工作效率就不会受影响	个体的思维活动受到无意识大脑的影响。无意识中的焦虑会影响个体的思维和工作效率，因此，我们需要关注无意识中的焦虑
信心越强意味着决策准确性越高	真实自信会激活大脑颞叶，而虚幻自信激活的是大脑的额顶叶，我们无法了解自信是真实的还是虚幻的，因此需要聚焦于自信本身，而不是假定自信一定意味着正确

续表

管理误区	脑科学的视角
如果没有出问题，就不需要与员工互动	即使员工什么也不说，你的大脑也可以自动从他们那里获取一些信息，因为大脑里存在镜像神经元（具体细节稍后介绍）。所以，如果领导想要了解公司里发生了什么，他应该亲自与员工对话，即使有些员工不善言辞
必须告诉员工，他们一定要避免做错事	在压力之下，大脑会将这些不要做的命令误解为“要做”，因此，管理者对员工进行指导时一定要小心
在经济低迷时期，我们也应该激励员工设置远大目标	有些时候，“强行推进远大目标”会耗尽大脑无意识资源，让杏仁核（amygdala）非常疲惫，导致大脑无法正常运转。因此，经济低迷时期，应该减少工作量，而不是增加

8 **4. 提供新见解、新证据。**有些时候，常规方法无法有效地改变领导者的行为，他们可能不愿意改变，认为“我一直以这种方式做事，其他方式我都不会”。在这种情况下，我们可以使用神经可塑性（neuroplasticity）来与之交流。例如，当管理教练说“你当然可以改变，并且必须改变”的时候，作用或许不是那么明显；假如使用脑科学专业语言，管理教练可以说：“脑科学告诉我们，即使在成年之后，大脑仍然可以改变。实际上，通过尝试新事物，大脑可以产生新的联结和通路，你的大脑会及时自我更新。”这里，通过强调生物现象——大脑可以改变，管理教练可以减弱领导者身上的变革阻力。再举一个例子，许多人知道使目标可视化（visualization）非常有价值，但这听起来似乎太过新潮或者缺少研究证据。在本书中，我们会看到可视化的生物学基础，从脑科学的角度，我们能以不同于传统的方式来理解这种现象。

5. 提供系统干预措施。除了使用大脑生物活动来解释管理现象，我们也可以基于这些生物学原理来构建干预措施和策略。以前面提到的无意识恐惧为例，简单地要求一位领导者停止其无意识恐惧是很困难的。如果这位领导者根本就没有意识到这种恐惧，他/她又如何能够停止它呢？在我们知道杏仁核（大脑的情绪中心）与前扣带皮层（anterior cingulate cortex, ACC）相联系之后，我们就可以通过前扣带皮层这一大脑的冲突探测器来影响杏仁核。这些干预措施的细节在本书后面部分会详细介绍。再举一个例子，在面对旧习惯时，管理教练如何提升客户对新行动计划的承诺程度？换句话说，管理者如何提升下属的承诺程度？通过理解脑科学关于承诺（要求激活左侧额叶皮层）的知识，管理教练和管理者可以构建以左侧额叶皮层为目标的干预措施（具体细节在本书后面会解释）。总之，脑科学可以帮助我们构建相关的干预措施。

6. **构建管理训练工具箱。**前面提到的单个干预措施可以整合为管理训练工具箱，因此，拥有脑科学知识，就使得管理教练拥有了实施干预的生物学基础 9
及相应的具体干预措施。例如，一家公司聘请我训练他们的高层经理，帮助他们在与那些有沟通障碍的人员沟通时，提高自身的影响力和控制力。在日常工作中，这些经理发现自己的沟通对象较为封闭、专横和令人沮丧。我们可以从脑科学的角度了解交流困难的原因，从而构建管理训练工具箱来帮助领导者掌握新技能。在理解大脑功能的基础上构建的这些管理训练工具箱，不仅可以改善行为目标，也利于完成其他目标。

（四）脑科学帮助应对管理中的陷阱

管理中的**问题**（problem），领导者、管理者和当事人都明白；而管理中的**陷阱**（trap），则不是每个管理者和管理教练都清楚的。不管是针对显性的问题还是潜在的陷阱，脑科学都可以帮助管理者和管理教练找到新的视角与解决方案。

接下来我们举例阐述管理中的问题和陷阱，同时介绍与之相关的脑科学概念，灵活运用这些脑科学成果可以提升商业效率。

1. 如何应对领导者的独断专行

如果领导者总是独自做出决策，会给公司造成相当负面的影响，比如破坏合作、信任，降低生产率。与这种领导共事时，管理教练会发现与他们进行任何沟通都非常困难。这些领导者认为如果考虑大家的意见，反而会使问题复杂化，因此，他们常常把他人抛弃在一旁，独自做决定。作为管理教练或管理者，你如何使用神经科学的语言与之沟通，让他们知道这并不总是最 10
好的选择？

脑科学概念　打个比方，跟公司一样，大脑中也有涉及信息“上下”交流的层级结构。在一家公司中，CEO下达指令给高级经理；在大脑中，则是由前额叶（frontal lobe）下达指令。也就是说，前额叶做出决策后，才会有相应的行动。但是，在前额叶做决定之前，大脑中的其他区域也有发言权。与成功的

公司一样，大脑非常依赖决策前来自各方面的信息。大脑的不同区域组成一个大型网络，这些网络之间会进行协调合作，共同决定大脑的选择。

管理应用 管理教练可以使用相关信息来提醒独断专行的领导者：公司运作依赖于所有员工的大脑，这些大脑共同组成“公司脑”。领导者是“公司脑”的组成部分，由他/她来进行最终的决策，因此，他/她是“公司脑”中的“前额叶”。让我们来看看前额叶是如何起作用的：大量研究显示，如果没有足够信息提供给前额叶，它就无法做出正确的决定。在做出决策前，前额叶需要来自大脑情绪中心（风险登记簿）、奖赏中心以及其他区域的信息；同样，“公司前额叶”也需要这些信息。从公司的角度来看，这些信息来源就是公司的员工。管理教练和管理者可以使用这种隐喻（metaphor），向领导者阐明与他人合作的重要性。

此外，在成为领导者之前就构建好这种网络的CEO，更有可能获得成功。[4]在肩负更大责任之前，领导者将自己视为大脑的前额叶，与公司中其他“大脑区域”进行深入交流是非常重要的。换句话说，不要等到被提名为领导者才这
11 样做，而是在晋升到领导岗位之前就要这样做。在商业环境中，前额叶功能包括搭建桥梁、构建框架和提升能力[5]——所有这些都与建立联系有关，即搭建好顺畅的沟通渠道。

2. 如何看待决策中的情绪

脑科学概念 推理可以分为两类：热推理（hot reasoning）和冷推理（cold reasoning）。简单的算术运算是冷推理的一个例子——虽然它也并不是我们想象的那样“冷”。冷推理通常只激活短时记忆库，并不激活涉及热推理的脑区。实际上，很少有思维过程真正是“冷”的，当推理过程中涉及个体情绪时，那些看起来似乎“冷”的推理也会受到情绪的影响，商业领域发生的很多事情常常是这种情况。热推理激活的是大脑的“会计师”（腹内侧前额叶皮层，vmPFC）、冲突探测器（前扣带皮层）和“本能翻译官”（脑岛，insula）。[6]激活这些大脑区域，对做出有效决策非常关键。

例如，让我们想象一下：一家公司将钱借给抵押贷款者，在此过程中没有丝毫恐惧。实际上，没有恐惧，他们就缺乏明智支配资金所必需的信息。因为恐惧是一种情绪，它促使人们在把钱借出去之前考虑一个问题——这笔钱借出

之后能否收得回来？但另一方面，如果机场投资者的大脑完全被恐惧占据，也许我们永远无法享受飞行的乐趣了。在上述两种情况下，恐惧都是必需的，可以让我们获得充足的预警。在前一个例子中，恐惧不鼓励借贷；而在后面的例子中，它鼓励安全地创新。

从科学研究的角度来看，热推理是非常重要的。在一项演绎推理实验中，一组被试接受逻辑—情绪训练之后，其逻辑错误明显减少；另一组被试仅接受逻辑训练，结果仍然犯下许多逻辑错误。[7]逻辑—情绪训练一方面指导人们了解自己的情绪，另一方面训练人们激活大脑的“会计师”。

管理应用 如果领导者不认为情绪是决策的组成部分，那么怎么能让他们 12
在决策时做到“触碰内在情绪”呢？神经科学可以为我们提供接受度更高的语言。作为管理教练，你可以告诉这些领导者，大脑的“会计师”做出正确决策需要情绪数据，实验研究发现，当“会计师”修正大脑所犯错误时，很大程度上是因为它联系了大脑的情绪中心。你也可以提醒那些对“情绪”非常敏感的管理者，情绪真的只是从大脑情绪中心传递出来的电脉冲。大脑“会计师”在做出决策之前，需要阅读这些电信号。

在接受这些解释之后，领导者接下来更有可能对情绪智力、社会智力等内容持开放态度。实际上，领导者的情绪在领导效能中扮演着非常重要的角色。[8]

3. 领导者在变革中为什么会有不适感

脑科学概念 当领导者拒绝执行新决策时，他们可能会说，“（对此决策）我感到有点不适”，但是无法解释为什么会感觉不适。实际上，领导者在决策时需要慢慢调整这种不舒服的感受。在具体情境中，这种不舒服的感受并不意味着决策是错误的，而仅仅是它带来了改变。最近的研究显示，这种不适感即**认知失调**（cognitive dissonance，具体细节会在本书第六章加以介绍），是采取新行动的重要动力。脑成像研究发现，要保持对新行动的承诺，必须激活左脑额叶皮层。如果没有认知失调，这部分脑区就不会被激活。

管理应用 当管理者对新决策感到不适时，告诉他们，在思考这个议题
时，保持这种不适感。为了帮助他们真正做到这一点，你可以对他们说，脑成 13
像研究发现：较大的不适感是必要的，因为这是刺激相应脑区的第一步，可以

增加对新决策的承诺或认同。关于认知失调等的研究，被认为是行为金融学建立的基础。[9]

4. 领导者为何不能过于焦虑

脑科学概念 焦虑会激活杏仁核——大脑中的恐惧和焦虑中心。[10]杏仁核与负责思考的脑区是联系在一起的，尤其是和前额叶皮层（prefrontal cortex，PFC）[11]、前扣带皮层的联系非常紧密（见图1.1）。

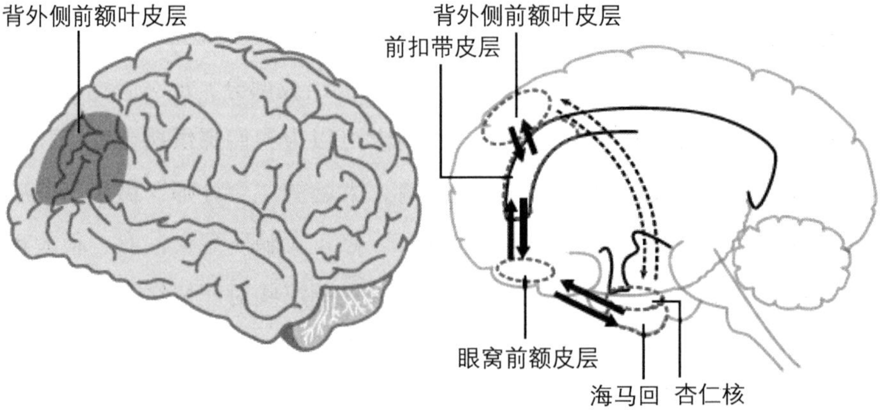

图1.1 背外侧前额叶皮层与前扣带皮层、眼窝前额皮层（OFC）、杏仁核及海马回的联系

前额叶皮层可以分为两个主要部分：

（1）**背外侧前额叶皮层**（dorsolateral prefrontal cortex, DLPFC）——这是一个短时记忆存储器。[12,13]进入大脑的新信息在转变为长时记忆之前，在这里登记和储存。过度的焦虑会干扰短时记忆存储器的工作，影响大脑对新信息的整合。

（2）**内侧前额叶皮层**（medial prefrontal cortex, mPFC）[14]——前额叶皮层靠内的部分，如图1.2所示，负责多种功能，包括对风险和奖励进行计算[15]、动机形成[16]、记忆提取[17]和其他重要的决策功能。

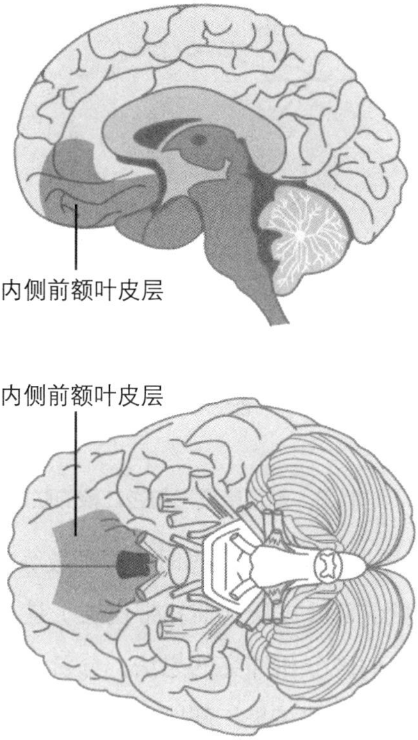

图1.2　内侧前额叶皮层

除了有诸多其他功能，前扣带皮层还是人类大脑的冲突探测器。它就像一 14
个手电筒，不停地寻找需要优先处理的冲突。除了探测冲突，前扣带皮层也与
任务预期、动机、情绪反应调节有关。前扣带皮层还跟杏仁核、奖赏路径以及
前额叶皮层的其他部分有联系。因此，若杏仁核出现紊乱，前扣带皮层也会变
得紊乱，导致个体对内部和外部事物的注意变得紊乱。[18]图1.3展现了杏仁核与 15
前扣带皮层的联系。

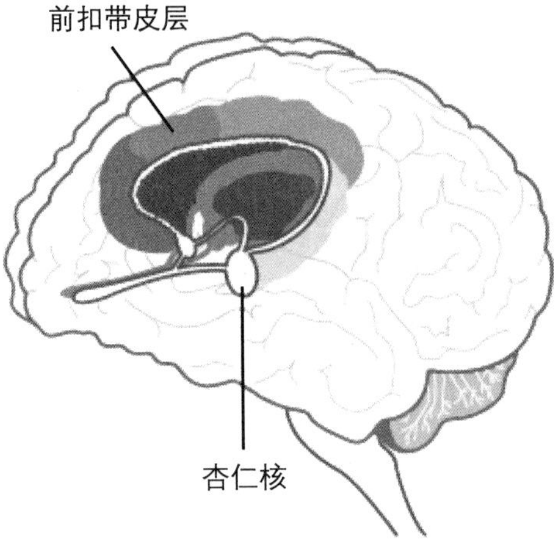

图1.3 前扣带皮层与杏仁核的联系

管理应用 当领导者处于焦虑状态时，管理教练要提醒他们：大脑的焦虑中心与思维中心（包括前额叶皮层和前扣带皮层）是相联系的。前额叶皮层有许多功能，比如帮助我们区分相冲突的想法，分辨好与坏[19]、更好与最好，比较异同，分析当前活动带来的结果，朝既定目标努力，预测可能的结果。[20-24]因此，当这些功能受到干扰时，思维也就被打乱了。简要地讲，我们要记住杏仁核与背外侧前额叶皮层、内侧前额叶皮层和前扣带皮层是相联系的。教练可以告知领导者：短时记忆、风险—收益权衡、注意都可能被焦虑干扰。

5. 领导者如何处理利益冲突

脑科学概念 领导者不愿意面对这样的情况：他们的利益冲突影响其决策。利益冲突不仅跟利益有关，还会带来其他问题，比如利益冲突会让领导者过于焦虑。[25]例如，在兼并和收购过程中常常会有利益冲突。当出现利益冲突时，大脑的冲突探测器——前扣带皮层会被过度激活，并且这种信息会从前扣带皮层传到大脑“会计师”那里，导致它也停止工作，因为“会计师”必须花时间处理这种冲突。如果某位领导者对另一家公司有私人投资，同时他所在的公司也在这家公司有投资，这就是利益冲突影响决策的鲜明例子，这种行为是被证券交易委员会禁止的，因为这位领导者的利益和公司利益可能会起冲突。

16

管理应用 当监测到利益冲突（优秀领导者做出糟糕决策的重要原因）时，管理教练可以暂时不对领导者的行为进行判断，而是提醒他/她：在处理

冲突信息时，通常大脑会停止所有其他工作。认识到这种冲突，对领导者而言也是有益的，因为这才可能对结果有更多的控制。如果领导者坚持认为利益冲突不会影响自己的决策，管理教练可以整合有关热推理的研究结果，指出情感投入是很普遍的，甚至在演绎推理中也是如此，大脑不是像我们想象的那样客观。与之类似，领导者或管理者也可以用这些原理来与下属进行交流。

6. 依恋如何影响领导者的决策

脑科学概念　当领导者开始对某些人、某些场所或者某些事物产生依恋时，其决策就会受到影响。[25]人类不愿意放弃自己的依恋（attachments），但是在商业活动中，如果不能够保持思维的灵活性，领导者就可能做出糟糕的决策。依恋是一种复杂的现象，会以多种方式对大脑产生影响（具体请参见本书第三章），奖赏系统是其中的一种重要途径。依恋会参与大脑的奖赏活动，当人们获得某种奖励时，他们就无法对其他奖励持开放的态度，从而使他们沉迷 17
于旧的模式。当领导者依恋旧观念，他们就会受到这些观念的影响，因为这可以激活他们大脑中的奖赏中心。如果一项新的计划涉及放弃这些依恋物（如旧的电脑系统、组织层次结构），大脑的奖赏中心就会“投诉”，并且停止激活，这会让领导者感觉自己犯了错误。不仅领导者会形成依恋，公司也会形成依恋，试图维持原状。[26]

管理应用　管理教练对领导者进行训练时，需要让他们认识到有两种奖赏中心：一种奖赏中心在领导者的大脑中，另一种奖赏中心在公司的“大脑”中。当领导者因为对一些事情“感觉不太对”，进而质疑新计划时，管理教练可以询问领导者：“你是在谈论哪个奖赏系统？是你自身的，还是公司的？”

7. 错误记忆如何影响领导者

脑科学概念　当领导者的决策受到错误记忆的干扰时，公司会受到严重的影响。[25]我们总是对自己的记忆非常肯定，甚至当它犯错时也是如此。当短时记忆超载，或者当焦虑干扰背外侧前额叶皮层的功能时，遗忘经常会发生。因此，忘记刚刚发生的事情是很常见的。譬如，人们在非常焦虑或者接收到过多信息时，常常忘记吃饭和定期的锻炼。此外，研究发现，一旦产生我们坚信的错误记忆，大脑右半球就会被激活。[27]因此，当我们对自己的记忆非常自信时，这些记忆可能真实，也可能是错误的。[28]若这些记忆是真实的，内侧颞叶

（medial temporal lobe）会被激活；若这些记忆是错误的，额顶叶皮层（fronto-parietal cortex）会被激活。我们对记忆的信心水平越高，相应脑区的激活水平也越高。

18 **管理应用** 记忆误导也是优秀领导者做出糟糕决策的重要原因之一，因此，需要提醒领导者：（1）即使是高智商个体，也可能出现错误记忆；（2）对记忆充满自信并不意味着记忆准确。当管理教练与高度自信的领导者一起工作时，可以让这些领导者了解：信心对大脑的影响是不同的——取决于领导者的记忆是真实的还是错误的。当记忆是错误的时候，大脑也会产生自信的感觉，不过在这两种情况下，信心影响的脑区不同。这些知识有助于提醒领导者：不管多么自信，他们都需要对自己的记忆进行核实。

8. 领导者如何应对心理陷阱

脑科学概念 领导者可能会陷入诸多心理陷阱。[29]例如，领导者做决策时可能过度强调最近发生的事件（锚定陷阱）；由于在思考和行动中缺乏足够的灵活性，保持现状时却认为自己正在改变（维持现状陷阱）；太过于小心或谨慎（谨慎陷阱）；陷入某种特定的框架思维（框架陷阱）。每种陷阱都有其生物学基础：在锚定陷阱中，领导者重视短时记忆却忽略了长时记忆；在维持现状陷阱中，大脑中负责思维灵活性的区域需要训练；在谨慎陷阱中，杏仁核被过度激活了；而在框架陷阱中，前扣带皮层处于停滞状态，需要重新启动。

管理应用 在训练领导者时，管理教练可以使用这些生物学语言来描述各种心理陷阱。例如，管理教练可以说："在思考中我们既需要使用短时记忆，也需要考虑长时记忆。""我会问你一些开放式问题，来鼓励思维的灵活性。""你大脑中的恐惧探测器会对你使用的策略'踩刹车'。""你大脑中
19 的框架中心被锁住了，我们需要采取一些干预措施来帮它解锁。"……当然，脑科学语言在管理训练中的作用远不止于此。

表1.2总结了领导者在做决策时可能持有的一些错误观念，以及如何使用脑科学知识帮助管理者改变这些观念。管理者或领导者在日常工作中也可以运用这些脑科学知识。

表1.2　领导者常犯的错误及有用的脑科学知识

错误观念	有助于改变这些观念的脑科学发现
领导者最好单独做决策	大脑做决策时会使用来自多方面的信息。为了做出更好的决策，了解多方面的观点是最佳选择
在推理中应该排除情绪因素	研究显示，即使是纯粹的演绎推理，将情绪与推理联系起来也是非常重要的，因为这样更容易激活对决策非常重要的大脑“会计师”
因为感觉不适，领导者就认为新决策是错误的	在特定的情境中，左脑额叶皮层需要不适感来维持对新决策的承诺
领导者不相信自己的焦虑会影响其决策	大脑中的焦虑中心与短时记忆、风险—收益权衡和注意的脑区是相联系的。当领导者焦虑时，他们的决策会受到影响
领导者相信自己可以分辨利益冲突，在有利益冲突的情况下也可以做出正确的决策	利益冲突导致与决策有关的脑区（包括大脑的注意中心和风险—收益权衡中心）出现不适。为了降低这种不适感，在领导者不知情的情况下，大脑可能会忽略一些重要信息。因此，对利益冲突应予以恰当的处理
领导者相信他们对旧思维方式的依恋不会影响到新决策	放弃旧的依恋会降低大脑奖赏中心的激活程度。领导者应该区分自己的奖赏中心和公司的奖赏中心
领导者相信他们的信心就是决策正确的证据	不管是基于真实的还是错误的记忆，大脑都可能产生信心，不过是在不同脑区产生的
领导者会陷入各种心理陷阱	“大脑的‘刹车系统’需要进行重新检验。”“让我们解锁你大脑中的框架中心。”……管理教练可以使用这些语言来处理心理陷阱

20

二、本书结构以及管理教练的可能收获

管理教练需要与服务对象建立起可靠的同盟关系，以便营造有利于变革的氛围。虽然最终目标是变革，但关系良好的氛围才更利于变革。脑科学既是关系建立的基础，也是展开和维持变革行动的基础。从大的方面看，本书可以分为四个主要部分，如图1.4所示。

导论	关系	干预	结论
第一章：脑科学在商业中的应用	第二章：积极思维如何影响商业大脑 第三章：社会智力的神经科学：高效关系管理 第四章：创新、直觉与欺世盗名：卓越领导者的隐患	第五章：变革前的挑战：从观念到行动 第六章：从行动导向到变革：脑科学的视角	第七章：训练脑区 第八章：训练大脑过程

图1.4 本书的组织框架

21 在“导论”部分，管理者和管理教练可以了解适用于管理训练的脑科学原理，并且每种原理都会用实例来说明。在“关系”部分，管理教练可以了解脑科学如何印证积极心理学（详见第二章），也可以了解脑科学知识如何帮助管理教练与客户建立高效率的联系（详见第三章）。此外，我们也会介绍如何将这些知识运用于领导者—下属关系的建立中。这部分还有专门一章从脑科学视角介绍一些看似无形的概念，比如创新、直觉、心理韧性等（详见第四章）。在“干预”部分，主要关注如何将脑科学知识运用于管理实践：考察脑科学如何促进人们对变革的承诺（详见第五章），如何将这种承诺转化为行动（详见第六章）。在“结论”部分，对贯穿全书的干预措施进行综合评述，既包括针对不同脑区的干预措施（详见第七章），也包括针对不同加工过程的干预措施（详见第八章）。读完这本书，管理教练和管理者可以学到一些很实用的脑科学概念，并可将它们作为备选工具，运用到自己的工作实践中。

本章小结

在商业情境中，脑科学与管理训练工作有着密切的联系，脑科学知识对管理教练或管理者都非常有帮助。尽管有一些术语比较晦涩，但神经科学确实是提升公司战略合理程度和促进战略执行的有效手段。此外，由于人类的大脑在结构上是相同的，因此脑科学的语言也是普遍适用的。例如，在美国、巴西、
22 希腊、瑞士，我都讲授过这些脑科学概念和知识。通过这些教学实践，我相信脑科学是一种具有跨文化价值的管理训练工具。为了达到更好的效果，我们可

以在管理训练中更多地使用脑科学语言。

参考文献

[1] Jacyna S. The Most Important of All the Organs: Darwin on the Brain. *Brain*, 2009, 132(Pt 12): 3481-3487.

[2] Lauterbur P C. Image Formation by Induced Local Interactions: Examples of Employing Nuclear Magnetic Resonance. 1973. *Clin Orthop Relat Res*, 1989(244): 3-6.

[3] Davis J N, Frechette H M and Boswell E. *Strategic Speed: Mobilize People, Accelerate Execution. First Edition.* Cambridge, MA: Harvard Business Press, 2010.

[4] Del Cul A, et al. Causal Role of Prefrontal Cortex in the Threshold for Access to Consciousness. *Brain*, 2009.

[5] Ospina S. *Leadership of Interorganizational Networks—Managing the Unity/Diversity Paradox.* SSRN eLibrary.

[6] Westen D, et al. Neural Bases of Motivated Reasoning: An fMRI Study of Emotional Constraints on Partisan Political Judgment in the 2004 U.S. Presidential Election. *J Cogn Neurosci*, 2006, 18(11): 1947-1958.

[7] Houde O, et al. Access to Deductive Logic Depends on A Right Ventromedial Prefrontal Area Devoted to Emotion and Feeling: Evidence from a Training Paradigm. *Neuroimage*, 2001, 14(6): 1486-1492.

[8] Damen F J A, Knippenberg B V and Van Knippenberg D. *Affective Match: Leader Emotional Displays, Follower Positive Affect, and Follower Performance*. SSRN eLibrary.

[9] Ricciardi V and Simon H K. What is Behavioral Finance. *Business, Education & Technology Journal*, 2000, 2(2): 1-9.

[10] Whalen P J, et al. A Functional MRI Study of Human Amygdala Responses to Facial Expressions of Fear versus Anger. *Emotion*, 2001, 1(1): 70-83.

[11] Coombs M, Chaboyer W and Sole M L. Advanced Nursing Roles in Critical Care—A Natural or Forced Evolution. *J Prof Nurs*, 2007, 23(2): 83-90.

[12] Hooley J M, et al. Cortico-limbic Response to Personally Challenging Emotional Stimuli after Complete Recovery from Depression. *Psychiatry Res*, 2009, 171(2): 106-119.

[13] Banks S J, et al. Amygdala-frontal Connectivity During Emotion Regulation. *Soc Cogn Affect Neurosci*, 2007, 2(4): 303-312.

[14] Fisher P M, et al. Medial Prefrontal Cortex 5-HT2A Density Is Correlated with Amygdala Reactivity, Response Habituation, and Functional Coupling. *Cereb Cortex*, 2009.

23

[15] Hadjikhani N, et al. Anatomical Differences in the Mirror Neuron System and Social Cognition Network in Autism. *Cereb Cortex*, 2006, 16(9): 1276–1282.

[16] Moscarello J M, Ben-Shahar O and Ettenberg A. Dynamic Interaction between Medial Prefrontal Cortex and Nucleus Accumbens as a Function of both Motivational State and Reinforcer Magnitude: A c-Fos Immunocytochemistry Study. *Brain Res*, 2007, 1169: 69–76.

[17] Chiang C Y, et al. Medial Prefrontal Cortex and Nucleus Accumbens Core are Involved in Retrieval of the Methamphetamine-associated Memory. *Behav Brain Res*, 2009, 197(1): 24–30.

[18] Roiser J P, et al. A Genetically Mediated Bias in Decision Making Driven by Failure of Amygdala Control. *J Neurosci*, 2009, 29(18): 5985–5991.

[19] Vorhold V, et al. The Neural Basis of Risk Ratings: Evidence from a Functional Magnetic Resonance Imaging (fMRI) Study. *Neuropsychologia*, 2007, 45(14): 3242–3250.

[20] Acuna C, Pardo-Vazquez J L and Leboran V. Decision-Making, Behavioral Supervision and Learning: An Executive Role for the Ventral Premotor Cortex. *Neurotox Res*, 2010, 18(3-4): 416–427.

[21] Curtis C E and Lee D. Beyond Working Memory: The Role of Persistent Activity in Decision Making. *Trends Cogn Sci*, 2010, 14(5): 216–222.

[22] Forbes C E and Grafman J. The Role of the Human Prefrontal Cortex in Social Cognition and Moral Judgment. *Annu Rev Neurosci*, 2010, 33, 299–324.

[23] Browning M, Holmes E A and Harmer C J. The Modification of Attentional Bias to Emotional Information: A Review of the Techniques, Mechanisms, and Relevance to Emotional Disorders. *Cogn Affect Behav Neurosci*, 2010, 10(1): 8–20.

[24] O'Reilly R C, Herd S A and Pauli W M. Computational Models of Cognitive Control. *Curr Opin Neurobiol*, 2010, 20(2): 257–261.

[25] Campell A, Whitehead J and Finkelstein S. Why Good Leaders Make Bad Decisions. *Harv Bus Rev*, 2009, 87(2): 60–66, 109.

[26] Nadler D A and Tushman M L. Organizational Frame Bending: Principles for Managing Reorientation. *The Academy of Management Executive*, 1987, 3(3): 194–204.

[27] Marchewka A, et al. False Recognition of Emotional Stimuli is Lateralised in the Brain: An fMRI Study. *Neurobiol Learn Mem*, 2008, 90(1): 280–284.

[28] Kim H and Cabeza R. Trusting Our Memories: Dissociating the Neural Correlates of Confidence in Veridical versus Illusory Memories. *J Neurosc*i, 2007, 27(45): 12190–12197.

[29] Hammond J S, Keeney R L and Raiffa H. The Hidden Traps in Decision Making. *Clin Lab Manage Rev*, 1999, 13(1): 39–47.

第二章

积极思维如何影响商业大脑

在商业领域，**积极心理学**（positive psychology）是指聚焦思维和情绪积极方 25
面的心理学，它关注的是那些可以使员工和企业成长的特征。与传统心理学的*问题导向*不同，积极心理学采用的是*优势导向*，即密切关注个体拥有的优势，因此能帮助领导者提升这些优势并加以使用。

积极心理学在商业领域的应用已经有文献进行了阐述。[1]例如，研究显示，持有积极人生观（如充满希望和心怀感激）的消费者对企业的社会责任更敏感。[2]此外，也有研究发现，积极情绪（positive emotions）有助于员工获得职场上的成功，如获得来自上司的良好评价和同事的支持。[3]

从神经科学的视角来看，积极心理学能够提高大脑的学习能力。[4,5]学习不仅要倾听，还要持有信息（保持信息）、固化信息（打包信息并且将信息转化为长时记忆）、储存信息、提取信息（当需要时），保持积极情绪可以提升所有这些过程的学习效率。[6,7]因此，在面对公司中的混乱状态或困境时，如果有员工没有按照要求去关注逆境中的积极方面，管理者就可以对他/她说：我们关
注积极方面的重要原因是为了激活大脑中的奖赏系统，提升大脑解决当前问题 26
所需的学习能力。

管理人员有时候会想，积极心理学会不会堵上情绪的出口，阻碍我们表达挫折和失望？没错，如果不合时宜地使用积极心理学，就可能导致这种结果。因此，我们需要对此保持敏感，循序渐进地在适当的场合使用积极关注。当出现消极情绪时，有许多微妙的方法可以把这些消极情绪转化为积极情绪。例如，你可以这样提问：“你的情绪告诉了你什么？如果我们把你现在的愤怒当

作一种信息，这种信息对公司的发展计划有何促进作用？”这种方式比简单地告诉员工“不要生气，因为你需要保持积极情绪”更好。面对逆境时，积极心理学不是喊动听的口号，它更重要的作用是提醒我们：应该关注问题的解决方案，而不是问题本身。

在本章里，我们会详细介绍商业领域的积极心理学，包括希望（hope）、乐观（optimism）、快乐（happiness）、正念（mindfulness）、同情（compassion）。

一、背景

积极心理学之所以有效，是因为它为解决商业领域的问题提供了一种不同的情绪背景。除此之外，积极心理学努力去关注那些运行良好的事物，而不是那些运行不佳的事物。在管理情境中，做到这一点是非常困难的，尤其是在困难时期——证券市场难以预测，经济衰退，投资风险增大，人们关注更多的是生存而不是发展。当大脑进入生存模式（survival mode），它通常会忽略细节，从而更好地应对威胁。但是，如果我们更深入地分析这个问题，就会发现即使在这种以生存为核心的心智模式下，积极心理学也有用武之地，尤其是当我们聚焦于问题的解决方案时。

27 在管理工作中，积极心理学可能会让我们处于矛盾状态：我们往往在遇到问题时才想起积极心理学，但积极心理学却让我们不去关注问题本身（而要关注问题的解决方案）。积极心理学的高明之处在于让我们知道该如何对问题放手（在大脑中，眼窝前额皮层负责认知的灵活性，这可以帮助我们转移注意力）。当你对一个问题放手，开始关注其解决方案时，最初的阶段会比较困难，通往目标的道路上充满荆棘，但是积极心理学可以让你朝着目标坚定地走下去。

二、消极情绪对大脑的影响

脑科学概念　大脑最为重要的功能是让我们远离危险，因此，恐惧、焦虑等消极情绪在大脑中有很高的优先权。不管我们有没有意识到，人类的大脑随时都处于警戒状态，这种状态对思维有着深远的影响。

领导者在工作中常常要面对不同的挑战，如一桩本应顺利完成的交易无法完成、出现新的竞争对手等。领导者有些时候会取得成功，有些时候则会失败，由于人类的本性，他们对失败情境的记忆比成功场景更为深刻。如果你是一名领导者或管理者，你会如何化解失败带来的恐惧并继续前行？你如何从这些放大的恐惧中恢复过来？你如何“承受打击”并且不气馁？当目标看起来无法实现时，你去哪里寻找勇气？

IBM公司前董事长老托马斯·沃森（Thomas Watson Sr.）曾说过：“最快成功的方法就是将你的失败率乘以2……”[8]是的，这听起来似乎有悖于我们的直觉。因为没有人喜欢失败，对失败的恐惧可以使任何领导者都感到崩溃。

领导者常常会有下面这些恐惧。

- **恐惧失败**——“我的公司不会再像以前那样强大了，如果我再失败可怎 28
么办？”
- **恐惧裁员**——“如果我决定裁员这么多，公司员工应有的士气还在吗？”
- **恐惧衰退**——“经济状况如此糟糕，我永远无法挽回这些经济损失了。”
- **恐惧成功**——“如果我成功了，我如何维持这种成功？我如何保持领先状态？人们会对我有这样高的期望，我无法承担这种压力。”

可见，恐惧是领导者生活中重要的组成部分，对他们的决策有很大的影响。当训练（或自我训练）一名领导时，你如何处理恐惧的影响？换句话说，当我们恐惧时，大脑中发生了什么？为什么这对领导者非常重要？

如果领导者可以克服自己的恐惧，他们就能更好地思考和决策。同时，他们也可以更有效率地对下属进行指导（我们接下来就会谈到这个问题）。脑科学的一系列实验已经发现大脑如何对恐惧进行加工，这也可以解释为什么理解恐惧的脑机制如此重要。

三、脑科学概念

接下来这些脑科学概念阐述了意识中和意识外的恐惧对我们大脑的影响。

（一）概念1

当我们察觉那些令人恐惧的事物，大脑深处的杏仁核就会被点亮。实际上，杏仁核不仅是恐惧探测器，也是所有其他情绪的探测器。杏仁核按照情绪的重要性来对其进行加工，而恐惧是大脑中最为重要的情绪，只要探测到恐惧，杏仁核就会被点亮。

当躺在核磁共振扫描仪里面的被试看到研究人员给他们呈现的恐惧表情时，他们的杏仁核就亮了起来。[9]恐惧激活杏仁核的示意图见图2.1。

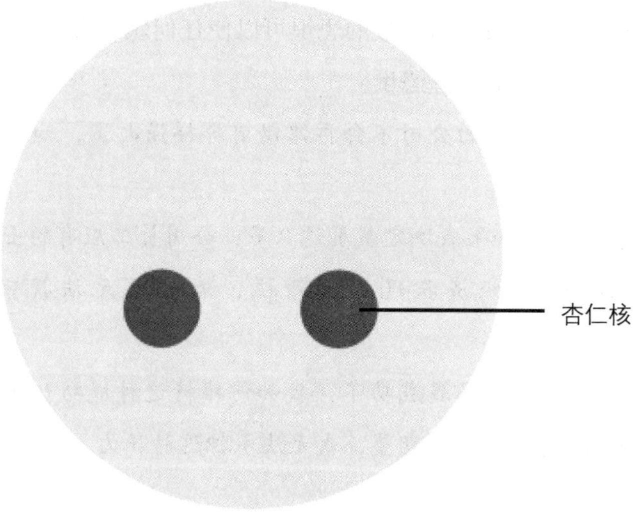

图2.1 恐惧激活杏仁核的示意图

29 **结论** 恐惧是大脑中最为重要的情绪，它消耗无意识大脑（unconscious brain）的资源，通常来说，无意识大脑的信息加工速度是最快的。由于无意识大脑的资源被恐惧消耗了，所以本来可以用于商业领域的大脑资源就减少了。虽然我们并不完全清楚杏仁核点亮的意义，但现有证据确凿地表明杏仁核会对恐惧进行加工。

举例来说，杰克是一位企业家，他放弃了稳定的项目经理工作，追寻自己的创业梦想。辞职之后，他阅读了很多如何取得创业成功的资料。通过阅读，他了解了相当多的创业知识，也看到不少统计数据显示创业的成功率很低。虽然他不主动去想那些统计数据，但他每次浏览到那些数据时，都会被吓到。在这种情境中，他的杏仁核会被激活，使他更焦虑。因此，即使在想其他事情，他的“无意识恐惧车轮”仍然在飞速转动。

以上只是研究者掌握的部分知识，接下来还有更多令人印象深刻又出人意料的发现。

（二）概念2

由于恐惧可以激活无意识大脑，研究者就思考，恐惧本身是否也有可能是 30
无意识的？如果你周围充斥着许多坏消息、可怕的事情和令人恐惧的事物，即使你并没有有意识地去想它们，它们也会对你产生影响吗？为了回答这个问题，研究者使用一种被称为“后向掩蔽”（backward masking）的技术来对大脑进行探测。

背景知识　**后向掩蔽**是一种实验技术，具体指被试躺在核磁共振扫描仪中，研究者给他们呈现一些跟情绪有关的图片，但是呈现时间非常短（10～30毫秒），以至于大脑无法意识到。此外，呈现这些图片之后，给被试呈现另一张图片，这张图片呈现的时间相对较长，使个体知道他们看到了什么。一般而言，一张图片至少需要呈现30毫秒，我们的大脑才能意识到它——我们至少需要30毫秒时间来给意识大脑留下印记。那么，无法被意识大脑加工的图片会被无意识觉察到吗？

研究发现　科学家发现，恐惧的图片即使呈现时间非常短——被试并不知道他们看到了什么，但他们的杏仁核仍然被激活了。[10-13]也就是说，在没有意识大脑参与的情况下，杏仁核也可以无意识地探测到恐惧信号。

结论　当你被恐惧的资讯包围——来自新闻、带有负性情绪的同事、分分钟更新的股市等，即使你并没有有意识地去听或看，你的杏仁核仍然会过度劳累。

在杰克的例子中，有许多无意识因素导致他的“无意识恐惧车轮”快速转动。由于没能赚钱养家，他妻子开始生他的气，虽然他试图安慰妻子，但他妻子仍然经常在他周围发脾气。虽然他并没有注意到妻子的情绪，但他的杏仁核探测到了。同样地，早晨他准备送孩子去学校的时候，电视里充满了关于破
产、紧急财政援助、经济衰退的新闻。虽然他没有注意到这些新闻，但这些信 31
息仍然加剧了其杏仁核的激活程度。只需要10～30毫秒，这些新闻就足以影响

他大脑中的无意识情绪处理器。如此多恐惧和威胁信息轮番轰炸，他的大脑几乎没有任何机会来加工其他情绪，其他情绪只能排队等候。接下来的实验中，我们会继续看到恐惧的威力。

（三）概念3

杏仁核除了可以在个体意识之外收集恐惧信号，现有研究发现，杏仁核甚至能帮助患有皮质盲（cortical blindness）的个体获得恐惧信息。皮质盲指的是个体由于大脑中跟视觉有关的区域（枕叶皮层）受损而导致失明。换句话说，对这些失明的个体来说，恐惧也可以激活杏仁核。[14]

结论 自然赋予人类情绪大脑一个极为灵敏的恐惧探测器，在不需要思维大脑参与的情况下，这个探测器就能正常工作。这既是一种优势，同时也是一种劣势。如果你“感觉到”某个地方出问题了，不要因为找不到问题根源就忽视这种感受。由于大脑持续不断地从周围环境中获取各种细微线索，因此需要注意大脑传递给你的任何信息。

就杰克的情况而言，仅仅搜寻在大脑中登记的信息是不够的。他需要知道，一些带来恐惧的信息——甚至那些在他周边视觉（peripheral vision）中的信息，通过瞳孔进入了他的大脑。

既然如此，恐惧究竟如何影响你的思维和决策呢？

（四）概念4

实验研究表明，当恐惧激活杏仁核时，杏仁核其实并不是大脑中唯一受影响的区域，因为杏仁核与多个脑区有紧密联系。前额叶就是一个与杏仁核有联
32 系的脑区，许多重要的（商业）决策在这里做出。如果杏仁核被激活，会对前额叶（前额叶皮层）的多个区域产生影响，从而影响我们的决策。

结论 为了更高效地进行领导，管理者需要对自己的情绪有足够的控制权，使之不干扰他们对当前事务的处理。他们需要认识到，如果自己容易受到恐惧和焦虑情绪的影响，他们处理商业事务的能力就会被削弱。我们在后面部分会看到，有许多有效的方法可以用来影响前扣带皮层功能的发挥，从而对杏仁核进行干预。

对杰克来说，所有恐惧——不管意识到的还是没有意识到的——都会激活杏仁核，让他的“无意识恐惧车轮”飞速转动。这种影响消耗了杰克大脑中的思维资源，因为杏仁核的激活干扰了前额叶中的思维过程。前额叶的重要组成部分——前额叶皮层尤其会受到影响，前额叶皮层的部分区域负责短时记忆，还有部分区域是大脑的“会计师”（这位“会计师”负责计算决策的风险和收益）。我们的大脑这位才华横溢的“企业家”——正常情况下它是非常有创造力的，但在恐惧干扰下，它的记忆能力和决策能力在很大程度上被削弱了。

（五）概念5

如果对本书前面的内容已较为熟悉，你会知道，杏仁核会根据情绪的重要性来探测它们。由于恐惧非常重要，通常它是排第一位的。但是，如果其他情绪非常强烈或者意义重大，也可能优先被杏仁核处理。大量研究显示，杏仁核是针对所有情绪的探测器，而不仅仅是恐惧探测器。[15]

这为杰克提出了一个很关键的问题：他应该怎样做，才能让恐惧不成为被优先加工的情绪？也就是说，他不能完全忽略电视上的新闻，也不能无视妻子的抱怨，但是他确实*可以*从容不迫地保持乐观，并且每天都保持这种状态，这样他的大脑才可能从“杏仁核地震”中解脱出来，让思维大脑从容不迫地工作。恐惧导致了“杏仁核地震”，积极情绪则可以减缓这种震动，让大脑更高效地做决策。

（六）总结

不管在意识之中还是意识之外，恐惧都会激活杏仁核，我们应该认识到恐惧这种“悄无声息”的影响。下面是杏仁核过度激活、干扰决策的具体例子。

- **CEO或高级经理过于霸道。**有些时候，强迫员工在压力之下做事，可能确实能够把工作完成，但是让员工着眼大局的重要思维资源也会消失。
- **员工家庭出了问题或者刚刚与配偶吵了一架。**这种焦虑使他们无法做出最优的决策。
- **有不合理的时间压力。**这会导致焦虑，最好使用预防措施（如时间管理）来防患于未然，而不是在极端压力下开展工作。

• **员工不知道如何完成一项任务，又害怕向其他人求助或者过于依赖别人。**通过创造一种相互帮助的企业文化，这种情况是可以避免的。相互依赖有助于生产率的提高。

杏仁核与大脑多个区域都有联系，如果影响了杏仁核，也就影响了整个大脑的思维。如果杏仁核受到影响，反过来它也会影响大脑中的记忆中心、决策中心、注意和动机中心。

换一种思考方式，如果领导者发现自己“陷入困境”，即使他们当前没有
34 意识到恐惧和焦虑，他们也应该问问自己，是否有无意识的焦虑在阻碍自己通向成功。领导者并没有意识到的威胁也会过度激活杏仁核，降低领导者的工作效率。下面是具体例子。

- “我可以维持自己的边际利润吗？如果失去一切，我该怎么办？”
- “我不知道自己怎么会落到今天这个地步。”
- “在经济衰退大环境中，我的生意正在萎缩。”
- “政府不会支持这种小企业，还会把我的钱分给那些穷人。”
- “如果失业了，我该怎么办？”

无意识焦虑的线索有以下这些：

• **回避相关场景**——当领导者错过会议、不能够平衡好家庭生活与工作、开会迟到时，可能就存在无意识焦虑。

• **孤立**——当领导者整天都在独自工作，或者让其他人来处理重大任务时，就应该怀疑自己是不是存在无意识焦虑。

• **愤怒**——与焦虑状态相比，许多领导者对愤怒状态更能泰然处之，但愤怒常常也是无意识焦虑的表现形式。

• **自我设限信念**——当领导者说“我不走运”“我必须拥有更多资本才能成功”“当政府没有站在我这边，我怎么能成功呢”的时候，就需要仔细考量，是不是无意识焦虑导致这种自我设限信念。

在本书第七章中，我们会通过对相关实验的分析，了解脑科学在促进高效

领导力方面的独特贡献。从现有的研究证据来看，焦虑会大张旗鼓或静悄悄地劫持大脑，导致大脑“地震”，在很多时候，人们甚至没有意识到焦虑对大脑的掌控。留意相关线索是一种重要的干预方法。杏仁核隐藏在大脑深处，很难触及，不过由于它与意识有多条路径相联系，我们可以通过有意识的干预来降低它的活跃程度。

管理应用　管理者、领导者和管理教练都可以了解，他们的大脑（以及共 35
事者的大脑）会在意识之外“捡起”焦虑。对高层领导者而言，由于商业挑战的本质，他们大脑的默认状态是优先留意危险。这会分散领导者的注意力，对他们的思维产生重大影响。积极心理学的一些方法可以帮助他们的大脑摆脱这种默认模式，这些方法我们会在后面部分具体介绍。在这里，我们必须了解，即使是最为卓越的领导者，如果他们的杏仁核被恐惧、威胁、焦虑不断轰炸，也无法很好地解决自己面临的问题。

在我们考察积极心理学是否影响以及如何影响大脑之前，让我们来看看，当我们聚焦消极事物时，大脑会发生什么。

四、负性思维对大脑的影响

脑科学概念　当管理教练训练领导者和管理者，或者当管理教练、领导者和管理者进行自我训练时，他们面临的最重要挑战之一都是如何摆脱担忧状态，进入问题解决的心智模式。前面已经介绍过，我们需要了解如何从问题中走出来。领导者经常犯的一个错误是：将关注问题当作解决问题。虽然在某种程度上，关注问题的确可以增加对问题的了解程度，但是，如果对问题的担心变得固化、思维变得强迫，反而会对领导者的工作效率产生重大影响。为了帮助他人或自己摆脱这种担忧的状态，有必要了解聚焦消极事物时大脑的生物机制。接下来我们进行详细介绍。

（一）概念1

许多研究发现，与没有注意到疼痛相比，当我们注意疼痛时，疼痛的主观 36
体验会更强。一项研究在两种情况下给被试施加相同的疼痛量：在第一种情况下，让被试对他们的疼痛进行评价（即被试注意到疼痛）；在另一种情况下，安排被试进行分散注意力的算术任务。实验结果显示，不关注疼痛的被试，体验到的疼痛感更轻，但是前扣带皮层的激活程度更高，这表明关注疼痛与关注算术任务之间的内在冲突激活了前扣带皮层。[16]另一项研究有相似的发现：分散注意力的任务中前扣带皮层活跃程度提高，与大脑疼痛中心活跃程度的降低是相联系的。[17]其他研究也支持这种结果。[18]

结论 从这些实验的结果可以发现，如果我们关注疼痛，前扣带皮层就不会处于冲突状态，我们体验到的疼痛感也就更为强烈。如果我们的注意力不在疼痛上，前扣带皮层就处于冲突探测（或分心）状态，这时疼痛体验便会减轻。这个实验结果可以帮助我们采取恰当的措施来降低“大脑疼痛”——如果领导者或管理者处于苦恼之中，转移其注意力到其他地方，从而降低其疼痛体验。疼痛感降低可以释放大脑的思维和决策资源，而这些资源可以用于重要的商业决策。因此，与聚焦消极事物相比，关注中性或积极的事物可以降低不舒适感，同时思维能力很可能会提高。这里的核心观点不是*聚焦于*疼痛，而是将注意力从疼痛上*转移*开。因此，从本质上说，“提高前扣带皮层的活跃程度”并不总是不好的：整体而言，如果它反映的是注意水平的降低，这可能是不好的；但如果它反映的是从疼痛中分散注意力，那么就是积极的。

安茜经营着一家“组合基金”公司，主要业务是帮客户投资对冲基金（hedge funds）。当市场低迷时，她自己的状态也不好，经常请假不去上班。
37 对安茜而言，面对市场低迷的情形实在是太困难了。但是，离开工作反而强化了不好的状态，当她独处时，她一味地关注那些正在下降的回报。当她向我讲述她的情绪困境时，我告诉她，她情绪波动的主要原因在于注意力僵化，她总是将自己的注意力放在那些不顺畅的事情上，这麻痹了她的前扣带皮层。当她最终学会转移注意力之后，她的前扣带皮层就不再受公司困境的影响了，实际上，她竟然能够开始关注公司的成长，如去争取更多客户，将更多注意力聚焦于提升对冲基金经理的业绩。降低她的“大脑疼痛”，使她的思维大脑有了更多用武之地。

（二）概念2

前扣带皮层活跃本身并不意味着更好或者更坏。实际上，我们对脑区活跃程度提高或降低的精确含义仍然理解有限。当实验研究将大脑具体活跃水平与一种情绪状态联系起来，我们就有了回答这个问题的脑科学基础：为什么我们会有这样的感觉？举例来说，分散注意力可以提高前扣带皮层的活跃水平，同时降低“大脑疼痛”；而社会排斥（social exclusion）则可以在提升前扣带皮层的活跃程度的同时[19,20]，也提高杏仁核的活跃程度[21]。在社会排斥情境中，增加情感支持（emotional support）能够降低腹侧前扣带皮层的激活水平，也可以减少痛苦体验（详见本书第三章）。此外，情感支持也可以提升左侧额叶皮层的活跃水平。[19]虽然我们需要进行更为深入的分析，才能更清晰了解这些不同结果的意义，不过基本理念是清楚的。

在了解这些不同结果的具体含义之前，我们需要对这些不同结果进行更为深入的分析。换句话说，对生理上的疼痛，通过提升前扣带皮层的活跃水平来分散注意力，可以缓解这种疼痛；对社会疼痛（social pain）①而言，通过降低前扣带皮层的激活水平来降低情绪大脑的活跃程度，缓和的情绪可以缓解社会疼痛。在这两种情况下，前扣带皮层都有助于将注意焦点从疼痛上转移：对生理疼痛来说，前扣带皮层活跃程度提高是因为大脑需求的冲突——是聚焦疼痛 38
还是当前的任务；而对社会疼痛来说，情感支持使前扣带皮层和杏仁核都平静下来。两种情况中，我们都看到，当不聚焦疼痛时，负责疼痛的脑神经系统活跃水平降低了。

结论　我们需要将注意焦点从社会疼痛转移到社会支持上，这可以消解杏仁核的破坏性作用，为大脑释放更多思维资源。如果安茜感受到更多支持，她就更可能摆脱消极事物的羁绊。当接触消极事物时，处于紧张状态的个体会感觉更舒服，因为他们认为盯着威胁对象自己反而会更安全，虽然听起来似乎有些奇怪，但是完全可以理解。以安茜为例，生活的其他情境也会让她感到焦虑——她与母亲和姐姐的关系非常糟糕，但是由于她无法很好处理这种关系，所以她在工作中也选择去体验类似的焦虑情绪。

---

①　译者注：社会疼痛和生理疼痛是相对应的，后者是指身体受到伤害时带来的痛觉；前者一般指没有生理伤害，个人的社会联系或社会声望受到损害时带来的疼痛，比如被重要他人拒绝会带来社会疼痛，嫉妒也会带来社会疼痛。

管理应用 借助这些脑科学实验，我们可以知道：（1）聚焦于负性或痛苦的情境会增加大脑的“疼痛”，甚至在疼痛量相同的情况下也是如此！在完全相同的情境中，将你的注意力从痛苦上转移开，通过改变大脑对疼痛的登记，可以降低你的不适感，并且可以释放思维资源，帮助你更好地决策。（2）让人从聚焦疼痛的情境中撤出来，是非常有价值的事。在与疼痛相联系的环境中，释放大脑思维资源非常困难。离开这种环境可以转移注意力，让领导者能更好回避这些环境带来的疼痛。（3）通过让杏仁核平静下来，利用社会支持①帮助我们聚焦思维大脑。当你注意到业绩在衰退的时候，可以考虑将社会支持作为提升思维能力的途径。

（三）概念3

39 *脑科学概念* 最近的一篇研究综述指出，负性情绪状态可以增强大脑的疼痛感。[22]在大脑的多个水平上，负性情绪状态与疼痛系统都会相互影响。例如，克劳姆贝兹（Crombez）等研究者在1999年对患慢性腰疼的病人进行了一系列研究，他们发现疼痛恐惧比疼痛强度更易预测疼痛导致的失能。换句话说，对疼痛的恐惧加剧了疼痛带来的伤害。不管领导者有怎样的疼痛状态，恐惧都会加重这种状态。同样地，许多研究显示，积极情绪能降低疼痛感知[23-25]，而负性情绪会增加疼痛感知[26,27]。在特定的压力情境中，疼痛的恐惧是可以降低的。[28]不过，总的来说，负性情绪会增强对疼痛的敏感性。在大脑中，对恐惧的敏感性与杏仁核、前扣带皮层、导水管周围灰质（periaqueductal gray, PAG）和脑岛等脑区有关。

管理应用 我们需要记住，负性情绪会增加大脑的疼痛感知。如果安茜聚焦的所有事物都是负面的，那么她的感受比真实情况更糟糕，这有点像戴了一副放大镜在眼睛上。我们现在已经知道，聚焦疼痛会增加疼痛感知，保持负性情绪状态也会如此。这种结果告诉我们，即使在最为黑暗的日子里，我们也需要抽出时间来想点积极的东西，因为这可以降低“大脑疼痛”，释放大脑的更多资源以用于思考。如果你的大脑陷入疼痛难以自拔，你应该主动将注意力转移到其他地方。

---

① 译者注：社会支持一般指的是来自家人、同事和其他社会联系人员的情感上的鼓励和支持。

（四）概念4

脑科学概念　作为大脑对恐惧的反应，担忧（worry）被认为是一种抵御来自无意识中负性情绪的大脑反应。[29]研究者将担忧描述为“一种认知回避 40
（cognitive avoidance）策略，即用内部语言表达（internal verbalization）的方式来抑制有威胁的情绪表象（emotional imagery）”。[30]最近的脑成像研究显示，那些处于担忧状态的个体，将负性情绪（而不是积极或中性情绪）信息从大脑左半球转移到右半球的时间会有所增加，这很可能是因为连接大脑左、右半脑的“桥梁”——胼胝体受到了干扰。因此，担忧会减缓思维的运行，实际上，担忧是一种回避加工负性情绪的途径。所以如果领导者陷入担忧状态，他们可能会错过许多重要信息。

管理应用　管理者应该知道，担忧很可能导致他们错过跟决策息息相关的负性信息（比如风险，这些信息通常是处于无意识当中）。他们需要知道，担忧会干扰胼胝体的工作，使信息在左、右半脑之间的传输变慢。因此，担忧只会占用我们的时间，而无助于问题的解决。

五、为什么领导者要保持乐观

对管理教练而言，富有挑战的事是遇上以下两种领导者：一种是深陷悲观情绪之中的领导者，另一种是对自己或他人所犯错误念念不忘的领导者，因为很难鼓励他们去看到事物光明的一面。消极的态度、混乱的思维方式、不关注问题解决的思维模式等都可能影响领导者的工作效率。那些持续处于担忧状态的管理者或领导者，试图藉由担忧来找到问题的解决方案，但结果往往事与愿违，这反而会让他们继续深陷担忧的泥潭。

当你向人们提及“乐观”这个词语时，他们经常会对你翻白眼。在当前的经济形式下，做到收支平衡、工作和家庭平衡是非常困难的，想着乐观似乎让人心更累。许多商业领袖非常现实，他们认为乐观只属于天空中飞翔的小鸟， 41
觉得乐观是“天上掉馅饼”——没有任何根据、不切实际——的积极心态。然而，基于神经科学，我们对乐观可以有完全不同的看法：

如若乐观并不是成功的结果，而是成功的原因——有这种可能吗？许多领导者有疑问：在这个挑战越来越大的时代，乐观究竟有什么用？下面这些例子说明在商业领域乐观为什么如此重要。

- 当情绪低落导致生产率降低时，乐观是非常重要的。
- 当存在威胁员工离职或者增加员工内耗的因素时，乐观是非常重要的。
- 当悲观阻碍员工行动力时，乐观是非常重要的。
- 当缺乏足够的工作动机时，乐观是非常重要的。
- 当高度焦虑妨碍正常工作，需要临时解决方案时，乐观是非常重要的。

脑科学概念 希望和乐观并不是“软技能”，而是大脑必需的状态调整措施，可以让大脑再次为你指引成功之路。接下来我们会继续介绍一些关于希望和乐观的实验，这些研究结果在商业领域有着非常重要的价值。

六、脑科学概念及其商业价值

接下来介绍的这些脑科学概念可以解释为什么乐观在商业领域如此重要。

（一）概念1

在医学实验中，特定药物的效果通常需要与非活性药物或糖丸进行比较，
42 研究者常常以此来确定药物的疗效。这里的核心问题在于：如果糖丸可以对大脑产生显著影响，为什么会有影响？究竟是对什么脑区起作用？

在一项实验中，研究者考察安慰剂（placebo）对疼痛的作用，并分析乐观和焦虑是否会影响安慰剂的效果。[31]他们发现，对那些焦虑水平较低和乐观程度较高的被试，安慰剂的效果更好。或许有人会说，乐观只是“愚弄”人们，并且只有一点点作用。但是，即使不提供实际的疼痛缓解措施，仅仅是这种希望的信念，就可以作为一种止痛剂（analgesic）了。换句话说，那些低焦虑的乐观人士，有额外的机制来治疗自己的疼痛。

作为领导者或管理者，如果体验到较高水平的焦虑或悲观情绪，他很可能被疼痛——或者说疼痛导致的杏仁核激活——分散注意力。但是，如果他的焦

虑水平较低并且有保持较高乐观心态的能力，大脑的注意力就会从疼痛转移到对奖励的期望上，甚至他自己都可以感受到这一点。积极期望可以构建积极情绪，而积极情绪可以帮助人们不去关注疼痛。被疼痛分散的注意力越少，人们就可以更多聚焦于有价值的活动上。

（二）概念2

在前一项实验中，我们推断，由于杏仁核的联系，所以乐观情绪可以降低“大脑疼痛”。大脑中真的会产生这种变化吗？答案是肯定的。一项关于乐观情绪的脑研究发现，乐观情绪可以提高杏仁核和前扣带皮层的活跃程度，即乐观情绪与前扣带皮层有联系。[32]图2.2呈现了有、无乐观态度时，杏仁核与前扣带皮层的激活情况。

图2.2　有、无乐观态度对前扣带皮层和杏仁核的影响示意图

原理在于前扣带皮层——尤其是前扣带皮层头端——对未来积极事件的偏好超过了对未来消极事件的偏好，也超过对所有过去事件的偏好。未来积极事 43
件可以激活前扣带皮层，前扣带皮层与杏仁核有联系，因此杏仁核同时也被激活了。在这种情况下，恐惧变得不那么重要，不再是被优先处理的情绪了。

是乐观好还是悲观好？在这项研究中，作者提供数据来证明如下观点：“虽然极度乐观是有害的，因为它可能会导致低估风险以及计划欠佳的结果……但悲观则可能导致严重的抑郁症状……因此，适度的乐观……可以激励当前的行为，使之适应未来之目标，适度乐观还可以使心理和身体均保持健康……”

作者认为：“对积极事件的期望以及据此在大脑中构建的美好场景，通过激励指向未来目标的行为，是具有适应功能的……想象的消极事件则会通过焦虑、抑郁这类负效应干扰日常生活……”

管理应用 领导者必须了解，对未来事件保持适度的乐观是很重要的，因为这可以帮助大脑少关注恐惧信息，而将注意力放在领导目标上。与过去的积极事件相比，未来积极事件对前扣带皮层和杏仁核的影响更大（实际上，人们会觉得未来积极事件发生的时间离自己更近）。换句话说，未来积极事件取代恐惧，占领了杏仁核，大脑中的乐观使领导者可以更好地聚焦于自己的目标，
44 因此，领导者只需要开始想象，并且将想象与行动联系起来就可以了。

对领导者和管理教练而言，关注未来积极事件对大脑的目标聚焦能力有巨大的影响（超过过去积极事件的影响，也超过任何消极事件的影响）。图2.3呈现了思考过去积极记忆和未来积极事件对大脑的不同作用。

图2.3 积极记忆和未来积极事件预期影响杏仁核和前扣带皮层的示意图

这种对未来的积极想象看起来更容易触及，因为大脑通过某种方式，使未来积极事件看起来与自己更接近。如果你准备进行想象训练，聚焦潜在的积极事件是非常有帮助的，因为这使你可以有更多目标导向加工。领导者、管理者和管理教练可以通过提问来聚焦乐观情绪，提升目标导向性（也让前扣带皮层和杏仁核远离恐惧）。下面是一些具体的问题：

- 未来我们希望在怎样的位置？
- 如果我们达成预期目标，我们会得到什么？

• 我们会获得怎样的收益？

• 花一点时间，让我们来想一下，如果我们相信自己达成了目标，那对我们意味着什么？

• 如果这件事情成功了，我们会怎样描述自己？

基于这些脑科学知识，乐观情绪会如何影响领导行为呢？下面是我们需要 45
记住的关键点：

1. 领导者可以通过回顾过去来开始新征程，但大脑应该想象未来积极事件。换句话说，如果你希望提高目标导向性，则一定要通过想象来减少甚至消除不确定性。在体育训练中有不同类型的表象，包括一般的认知表象（cognitive general）、特定的动机表象（motivational specific）、一般的掌握动机的表象（motivation general-mastery）、一般的唤起动机的表象（motivation general-arousal）[33]，所有这些表象训练都是使用积极想象来提高运动成绩①（详见本书第五章）。

2. 多次讨论预期的积极结果，鼓励员工拟定出指向目标的时间线和进度表。

3. 如果员工陷入困境，告诉他们，不要去想*如何*达到目标。“困境”诱发消极和悲观情绪，强迫处于困境的员工想出完成目标的方法，只会增加他们的杏仁核的活跃程度，无法帮助他们提高目标的导向性，因此也不能帮助他们摆脱困境。更为恰当的做法是：首先要他们远离困境和悲观状态。举个例子，上司可以告诉下属：“好吧，让我们接受处于困境这个现实。但是现在，让我们先忘记这种处境。我希望你们想一想，如果达到了你们的目标，这对你们来说意味着什么呢？”（人们经常会发现，许多困境都是想象出来的。）

4. 当员工之间起了冲突，不要简单地分析谁对谁错。若冲突较激烈，一种更富成效的方法是：询问冲突双方，如果他们都以自己的方式来达成公司的目标，结果会怎样。然后，以这种乐观心态来倒推，来解决当前面临的问题。

希望和乐观态度都是非常重要的工具，领导者可以用它们来“重启”自己和下属的大脑。请记住：脑科学研究表明，乐观不是“狂热的”投机或者啦啦

---

① 译者注：一般的认知表象将某一战术运用作为表象对象，例如足球比赛中的进攻战术；特定的动机表象将某一特定目标或行为视为表象对象，比如观众的欢呼；一般的掌握动机的表象用于对抗性较强的竞技项目（如拳击）中，用于训练自己的心态；一般的唤起动机的表象指唤醒和调节情绪状态。

队。实际上，乐观是一种重构措施，强调未来目标，也强调不唤醒焦虑的未来
46 愿景。或许有领导会争辩说，保持乐观并不真实，这听起来有些道理，然而，我们在这里的核心观点是：乐观态度可以以一种与现实主义不同的方式来建立大脑内部的联结，让正在燃烧的、炽热的杏仁核冷静下来。

通常情况下，杏仁核会优先处理恐惧情绪，但当一个人拥有希望和乐观情绪时，这两种情绪就可以自动取代恐惧情绪的位置。换句话说，希望和乐观情绪降低了由恐惧情绪引起的分心，从而可以让领导者更有效地思考。现在我们知道，乐观实际上“重启”了大脑，减少了焦虑对大脑的影响。因此，希望和乐观并不是“软”态度，它真实地改变了大脑解决问题的方式。在乐观状态下，恐惧不再是杏仁核“优先”处理的情绪。

七、为什么积极情绪如此重要

脑科学概念　快乐本身就会影响我们的记忆。虽然处于悲伤状态的人们相信，他们的记忆是“客观”现实，但研究显示，在记忆过程中，我们的感受决定我们所关注的内容。[34]此外，研究还发现，人们在做跟自己有关的决策时，更快乐的人获得了更大的成功。[35]例如，去参加面试的时候，情绪的作用就会体现出来。情绪表达也会影响社会优势认知：与悲伤的男性相比，人们倾向于认为更快乐、情绪温和或者更愤怒的男性更有可能处于优势地位；同时，悲伤的女性也被认为处于劣势地位。因此，当领导者去关注社会认知时，了解这些知识是很有价值的。[36]

研究还显示，当人们处于积极情绪状态时（不管是自然产生的还是实验诱导的），在解决顿悟型问题（insight problems）和创造型问题（creative problems）上都有更好的成绩。最近的一项研究发现，在解决这两类问题之前，积极情绪就可以提升个体的洞察力和分析能力，从而促进这两类问题的解决。[37]具体而言，在准备阶段，积极情绪就改变了前扣带皮层的活跃程度，从
47 而提高个体的注意力、洞察力和问题解决能力。值得注意的是，这项研究考察的是基于顿悟型问题的解法，而不是分析解法。因此，当领导者需要调整情绪时，我们可以提醒他们：当人们更快乐时，大脑产生顿悟解法的能力提高了。

更进一步讲，积极情绪既可以提升思维灵活性，也可以提高大脑对“全局的注意力”。[38]我们在这里还需要注意，顿悟型问题和分析型问题的解决有不同的脑运行机制，这两种问题解决的区别如下（你不需要记住每个脑区——只要了解顿悟型问题和分析型问题的解法有所不同就好）：（1）顿悟型问题的解法更多激活右半脑；（2）顿悟型问题的解法更多激活右颞叶（right temporal lobe）；（3）言语顿悟型问题的解法激活分布式神经网络（distributed neural network），包括脑岛双侧、右侧前额叶皮层和前扣带皮层都被激活。[39]此外，在参与者看到具体问题之前的准备时间里，背侧前扣带皮层头端的神经活跃水平持续升高；与解决分析型问题相比，在尝试解决顿悟型问题的时候，前扣带皮层的激活水平更高。[40]这些研究结果表明，在快乐状态下，负责顿悟型问题解决的脑区，其活跃水平更高。

管理应用　管理教练可以告诉那些思维“卡住”的领导者，他们解决问题更需要顿悟过程，而不是分析过程。为了提高顿悟的可能性，领导者可以聚焦于积极事物，提升积极情绪状态，提高顿悟相关脑区（如前扣带皮层）的活跃水平，以此来提升思维灵活性。这些结果还可以解释为什么积极情绪状态促进了顿悟型问题的解决，但是对分析型问题却没有太多帮助。

就我涉足的商业领域而言，分析型问题很少依靠顿悟方式一蹴而就地加以解决。这给人们造成一种印象：只有尚未被解决的问题才是需要去解决的问题。分析型问题常常被拆解成不同模块或部分，再以不同的方式组装回去。顿 48
悟产生了一种新的整体思维方式。积极思维允许你的大脑去探索那些未知的领域。这或许更令人费神，因为未知领域辽阔而深远，但这种探索更有可能让你找到顿悟的解法——脑科学的研究结果也支持这一点。

八、正念的心理学

脑科学概念　正念是我们的意识能力（或自我认知能力）。有一篇文献已经概述了正念在商业领域的重要性。[41]在这篇名为“商业管理者的正念实践”的论文中，作者指出：“在一定程度上，由于对日新月异的科学和技术的推崇，我们让自己与精神世界脱离，在外部世界寻找那些只有在内心才能获取

的答案，否认主观和神圣，忽略心灵的潜能。但是，在我们内心深处，存在未曾被探索的创造能力，这些大部分人做梦也想不到的能力，其实就在我们自己身上①。”在动荡不定的经济环境中，如何获得正念呢？该作者引用了这样一句话：“你无法阻挡海浪，但你可以学会冲浪。”

正念包括对思维、情绪和身体知觉不加评判的接纳，它不涉及对个体思维和情绪内容的分析。越来越多的研究显示，这种“心灵”状态可以有效降低焦虑和担忧水平。[42-44]前面我们已经了解到，降低担忧水平对思维和工作效率有积极作用，因此，意识到担忧但对担忧不加评判，对思维也有相当的促进作用。作为有很强实践性的方法，正念也可以减少闯入领导者心灵的负性思维。[45]

脑科学有助于解释人在正念状态中，大脑会发生怎样的变化。大量研究显
49 示，人们通过拥有更好的情绪状态来减少情绪困扰、提高生活质量。此外，正念训练可以影响大脑、自主神经系统、压力荷尔蒙、免疫系统和健康行为。[46]与作为认知的自我反思（cognitive self-reflection）相比，将正念看作一种情绪内省（emotion-introspection）更为准确。正念不是“思考”自己，而是源于非思考的自我知觉。研究发现，与中性状态相比，正念会降低杏仁核的活跃程度，而自我反思实际上会提高杏仁核的激活程度。[47]因此，尤其当领导者处于应激或焦虑状态时，正念技术对他们非常有用。

最近的一篇论文指出，人类大脑在空间上是由一组静息状态网络（resting state networks, RSNs）构成的。[48]静息状态网络具体包括默认网络（default-mode networks）、背侧注意网络（dorsal attention networks）、核心网络（core networks）、中央执行网络（central-executive networks）、自我参照网络（self-referential networks）、体感网络（somatosensory networks）、视觉网络（visual networks）、听觉网络（auditory networks）。自我参照网络与正念有关，它的主要作用是自我意识。该项研究还显示，自我参照网络对其他静息状态网络有最大限度的控制，对大脑其他部分也有很高的影响力。在很大程度上，大脑中代表正念的脑细胞网络决定我们看到什么、听到什么、注意什么和思考什么，所以，领导者应该理解大脑中正念回路的力量。

① 译者注：作者引用的文献里，原作者这段话引自*Walsh and Frances*，1993.

正念反映了一种注意的稳定性，不过这种稳定性也有不同的水平。例如，研究发现，聚焦注意力冥想（注意力聚焦于一项任务或一个对象）、开放监控冥想（注意力处于觉察状态）和自动自我超越冥想（与未成形知识相联系）有不同的脑电波（brainwave）模式。[49]聚焦注意力冥想与贝塔—伽马（β－γ）脑电波活跃有关（12～100赫兹），开放监控冥想与西塔（θ）脑电波活跃有关（4～7赫兹），自动自我超越冥想与阿尔法1（α1）脑电波相联系（8～10赫兹）。一篇发表在《知识管理杂志》上的文章强调："为了获得更高的市场回报，领导者需要新知识来让自己意识到、听到和抓住新兴商业机会，换句话 50
说，他们需要挖掘、关注那些尚未成形的知识。"[50]另外，这些不同意识状态之间是相互影响的。[51]

管理应用　在特定条件下，减少压力、提高专注力需要正念，但正念的产生是一个重要却难以描述的过程。脑科学可以帮我们讲述正念，正念使用一些策略让内心保持宁静（stillness），它给管理者带来的收益是实实在在的。

例如，有学者描述了盐田国际集装箱码头有限公司（Yantian International Container Terminals Limited, YICT）在信息管理（IT management）中，如何使用正念视角（如无论成功还是失败都保持全神贯注，不进行肤浅的解释，对操作保持敏感性，保持心理韧性，更多依靠专家而不是正式权力）来处理该公司面临的制度压力。[52]他们也叙述了这家公司使用正念视角处理问题获得的积极结果。

从本质上讲，正念是一种自我理解（self-understanding）形式，它更多的是一种自我意识而不是思考的结果。这种保持"宁静"的能力，让自己的身体和心灵不加干预地"共处"，对高效决策非常重要。实际上，领导者处于正念状态时的脑回路（brain circuit），或许最有利于大脑进行信息加工。缺少这种正念状态，杏仁核可能会过度活跃。脑成像研究显示，在正念状态下，杏仁核会逐渐平静下来，领导者也就可以更高效地使用大脑的思维回路。

我们需要再次强调自我超越冥想，因为它可以用于获得尚未成形的知识。换句话说，管理教练、领导者和管理者可以了解，自我超越状态时的脑电波与集中性注意状态时的脑电波不同，与安静状态的脑电波也不相同。这种状态的

51 优势在于，领导者可以更快和更直观地对未来事件做出预测。[53]这种观点的脑科学原理是：让大脑不同区域保持最高水平的联结与同步。[54]

九、同情的心理学

脑科学概念 领导者常常面临是否同情的决策，许多管理教练也将同情当作价值不大的“软”观念。虽然同情长期以来不被视为引人关注的优点，但是，它实际上会影响大脑，帮助领导者了解自己需要什么。最近有一项脑成像研究，考察有经验的冥想者（meditator）和冥想初学者在冥想期间（即激发其同情），他们的大脑对情绪记录是否有差异。[55]研究结果发现，在冥想期间，情绪困扰的声音激活了脑岛和扣带皮层（cingulate cortex），其他时间则没有这种效应。与冥想初学者相比，有经验冥想者的脑岛在冥想期间对负性情绪声音有更大的反应，但对积极或中性情绪声音却没有这种差异。因此，同情能力更高的个体更能理解他人的情绪。此外，对有经验的冥想者来说，其他几个脑区（杏仁核和“镜像神经元”区域，见本书第三章）也有更大程度的激活。这意味着可以通过同情冥想训练正念，而正念可以提高领导者的情绪智力和社会智力，为他们更好地进行决策打下基础。

同情不仅仅是一种指向他人的情绪，也是一种指向自我的情绪。领导者经常会进行深入的自我批评，而这可能会导致业绩下滑。最近有一项研究对自我批评（self-criticism）和自我肯定（self-assurance）进行了比较，发现自我批评与前额叶皮层和背侧前扣带皮层的激活有关，因此自我批评的思维常常导致错误的加工、错误的方案和行为抑制（behavioral inhibition）。自我肯定与左侧颞极（left temporal pole）和脑岛有紧密的联系，对他人同情和共情时也会激活相
52 似的脑区。[56]还有研究显示，如果一个人对自己的情绪不敏感，那么他对他人的情绪也不敏感。[57]

管理应用 那些将同情作为自己应遵从的一项原则的领导者，对公司面临的困扰更敏感，可以更快和更容易找出这些困扰，这让他们在处理这些事务中可以先人一步。因此，同情不仅是一种美好的想法，同时也真实地影响大脑对情绪信息的敏感性。我们还要记住，同情不仅指向他人，同时也指向自己。如

果没有这种效应，我们就无法对他人产生同情，我们的大脑会持续处于故障监控模式，将原本可以用于解决问题的能量消耗殆尽。从这种角度看，同情不单单是指向他人的积极心理状态，也是更高效获取周围信息的心理状态，这让领导者可以富有成效地对环境做出反应。在很多公司，领导者都是坐在自己办公室中，委派其他“有同情能力的员工”去确保公司运转良好。然而，为了做出更高效的决策，领导者必须获取真实并带有情绪温度的信息，而同情可以帮助他们做到这一点。此外，领导者还需要注意，如果自己感到愤怒和敌意，并不意味着应该立即进行自我批评——这反而会使情况变得更糟。同情的心态既包括接纳我们自己的特质，又包括在需要时后退一步的技能。一旦对人发火、事后又无法找到发火的理由，领导者常常就会陷入内疚（guilty）的状态，而内疚也会浪费大量的心智资源。因此，同情的心态（加上正念）可以让领导者更快地恢复往日风采。

表2.1对本章中介绍的脑科学发现进行了总结。

表2.1 脑科学发现及其管理应用 53

脑科学发现	管理应用
意识到的恐惧和消极情绪会激活杏仁核，而杏仁核与思维大脑是相联系的	恐惧和消极情绪会打断高效的思维过程
无意识的恐惧也会激活杏仁核	领导者和管理者都应该认识到：他们没有意识到的恐惧也会干扰思维过程，甚至周围其他人的消极情绪也会影响自己的思维。当领导者发现自己“陷入困境”，他们应该想想无意识恐惧是不是罪魁祸首
完全没有意识到的恐惧也会影响杏仁核的活跃程度	不要忽视这种内心的感受——即使不知道这些感受是从何而来
杏仁核与大脑的奖赏中心相联系	即使提供与正常人相同的奖励，处于焦虑状态的个体也无法有效感受到
关注疼痛会让疼痛体验更强烈，并且会激活大脑的前扣带皮层	有些时候需要将注意力从消极事物上移开，减轻疼痛带给大脑注意中心和决策中心的负担。因此，有些时候不去追究疼痛产生的原因，反而对我们有帮助
消极情绪信息在杏仁核、前扣带皮层、导水管周围灰质和脑岛处登记	从某种意义上讲，消极情绪会增加大脑的疼痛感知，将商业困境置于放大镜下，看起来会比实际情况更糟

续表

脑科学发现	管理应用
那些处于担忧状态的个体，将消极（而不是积极或中性）情绪信息从左脑传递到右脑花费的时间会增加，这很可能是因为连接左、右脑的“桥梁”——胼胝体受到了干扰	实际上，担忧很可能导致领导者错过那些对决策非常重要的负面信息。因为担忧会干扰胼胝体工作，降低信息在大脑左、右脑的传输效率。在商业领域，担忧情绪使个体无法有效解决问题
54 乐观态度（取代恐惧）可以提高杏仁核的激活程度	通过减少负面情绪的干扰，乐观态度可以释放思维大脑的活力
未来积极思维对杏仁核的激活水平更高	与对过去积极事件的记忆相比，大脑能更好地处理对未来积极事件的预期，因此，对未来抱有积极期望是非常重要的
积极情绪激活眼窝前额皮层和前扣带皮层	通过提高思维灵活性和提升专注力，积极情绪有助于提升解决顿悟型问题的能力
正念降低了杏仁核的活跃程度	正念有助于大脑更为有效地使用其注意和专注资源
自我参照的静息状态网络是一种最有影响力的大脑网络	就自我意识提升而言，正念是最强大的工具之一，可以影响我们如何感知事物、解决问题和做出决策。内心的宁静和主动解决问题一样重要，有些时候甚至更为重要

本章小结

在商业领域中，积极的思维和情绪让大脑处于更好的状态：可以让大脑提出新构想，通过更多细节考察，让那些看起来不可能的事情变成可能。积极的思维状态可以让大脑更快地找到解决方案，让整体效率变高。有些时候领导者需要进入正念状态，这可以减少问题聚焦带来的“分心”状态，使管理者能更好地发挥他们的才能，从而更好地解决商业问题。

55 参考文献

[1] Seligman M E P, Parks A C and Steen T. A Balanced Psychology and a Full Life. *Philosophical Transactions: Biological Sciences*, 2004, 359(1449): 1379–1381.

[2] Giacalone R A, Paul K and Jurkiewicz C L. A Preliminary Investigation into the Role of Positive Psychology in Consumer Sensitivity to Corporate Social Performance. *Journal of Business Ethics*, 2005, 58(4): 295–305.

[3] Staw B M, Sutton R I and Pelled L H. Employee Positive Emotion and Favorable

Outcomes at the Workplace. *Organization Science*. 1994, 5(1): 51–71.

[4] Daniel R and Pollmann S. Comparing the Neural Basis of Monetary Reward and Cognitive Feedback During Information-integration Category Learning. *J Neurosci*. 2010, 30(1): 47–55.

[5] Kahnt T, et al. Dorsal Striatal-midbrain Connectivity in Humans Predicts How Reinforcements are Used to Guide Decisions. *J Cogn Neurosci*, 2009, 21(7): 1332–1345.

[6] Joormann J, Teachman B A and Gotlib I H. Sadder and Less Accurate? False Memory for Negative Material in Depression. *J Abnorm Psychol*, 2009, 118(2): 412–417.

[7] Bauml K H and Kuhbandner C. Positive Moods Can Eliminate Intentional Forgetting. *Psychon Bull Rev*, 2009, 16(1): 93–98.

[8] Farson R and Keyes R. The Failure-tolerant Leader. *Harv Bus Rev*, 2002, 80(8): 64–71, 148.

[9] Whalen P J, et al. A Functional MRI Study of Human Amygdala Responses to Facial Expressions of Fear versus Anger. *Emotion*, 2001, 1(1): 70–83.

[10] Morris J S, Ohman A and Dolan R J. A Subcortical Pathway to the Right Amygdala Mediating "Unseen" Fear. *Proc Natl Acad Sci USA*, 1999, 96(4): 1680–1685.

[11] Williams M A and Mattingley J B. Unconscious Perception of Non-threatening Facial Emotion in Parietal Extinction. *Exp Brain Res*, 2004, 154(4): 403–406.

[12] Whalen P J, et al. Masked Presentations of Emotional Facial Expressions Modulate Amygdala Activity without Explicit Knowledge. *J Neurosci*, 1998, 18(1): 411–418.

[13] Morton J, Williams Y and Philpott M. New Zealand's Christchurch Hospital at Night: An Audit of Medical Activity from 2230 to 0800 Hours. *N Z Med J*, 2006, 119(1231): U1916.

[14] Morris J S, et al. Differential Extrageniculostriate and Amygdala Responses to Presentation of Emotional Faces in a Cortically Blind Field. *Brain*, 2001, 124(Pt 6): 1241–1252.

[15] Ousdal O T, et al. The Human Amygdala is Involved in General Behavioral Relevance 56
Detection: Evidence from an Event-related Functional Magnetic Resonance Imaging Go-NoGo task. *Neuroscience*, 2008, 156(3): 450–455.

[16] Dowman R. Distraction Produces an Increase in Pain-evoked Anterior Cingulated Activity. *Psychophysiology*, 2004, 41(4): 613–624.

[17] Valet M, et al . Distraction Modulates Connectivity of the Cingulo-frontal Cortex and the Midbrain During Pain—An fMRI Analysis. *Pain*, 2004, 109(3): 399–408.

[18] Bantick S J, et al. Imaging How Attention Modulates Pain in Humans Using Functional MRI. *Brain*, 2002, 125(Pt 2): 310–319.

[19] Onoda K, et al. Decreased Ventral Anterior Cingulate Cortex Activity is Associated with Reduced Social Pain during Emotional Support. *Soc Neurosci*, 2009, 4(5): 443-454.

[20] Eisenberger N I, Lieberman M D and Williams K D. Does Rejection Hurt? An fMRI Study of Social Exclusion. *Science*, 2003, 302(5643): 290-292.

[21] Krill A and Platek S M. In-group and Out-group Membership Mediates Anterior Cingulate Activation to Social Exclusion. *Front Evol Neurosci*, 2009, 1:1.

[22] Wiech K and Tracey I. The Influence of Negative Emotions on Pain: Behavioral Effects and Neural Mechanisms. *Neuroimage*, 2009, 47(3): 987-994.

[23] Zelman D C, et al. The Effects of Induced Mood on Laboratory Pain. *Pain*, 1991, 46(1): 105-111.

[24] Zillmann D, et al. Drama-induced Affect and Pain Sensitivity. *Psychosom Med*, 1996, 58(4): 333-341.

[25] Meagher M W, Arnau R C and Rhudy J L. Pain and Emotion: Effects of Affective Picture Modulation. *Psychosom Med*, 2001, 63(1): 79-90.

[26] Cornwall A and Donderi D C. The Effect of Experimentally Induced Anxiety on the Experience of Pressure Pain. *Pain*, 1988, 35(1): 105-113.

[27] Rhudy J L and Meagher M W. Fear and Anxiety: Divergent Effects on Human Pain Thresholds. *Pain*, 2000, 84(1): 65-75.

[28] Rhudy J L and Meagher M W. Individual Differences in the Emotional Reaction to Shock Determine Whether Hypoalgesia is Observed. *Pain Med*, 2003, 4(3): 244-256.

[29] Mohlman J, et al. The Relation of Worry to Prefrontal Cortex Volume in Older Adults with and without Generalized Anxiety Disorder. *Psychiatry Res*, 2009, 173(2): 121-127.

[30] Compton R J, et al. Trouble Crossing the Bridge: Altered Interhemispheric Communication of Emotional Images in Anxiety. *Emotion*, 2008, 8(5): 684-692.

[31] Morton D L, et al. Reproducibility of Placebo Analgesia: Effect of Dispositional Optimism. *Pain*, 2009.

57 [32] Sharot T, et al. Neural Mechanisms Mediating Optimism Bias. *Nature*, 2007, 450(7166): 102-105.

[33] Adegbesan O A. Use of Imagery by Athletes in Nigeria. *Percept Mot Skills*, 2009, 108(1): 43-50.

[34] Liberman V, et al. Happiness and Memory: Affective Significance of Endowment and Contrast. *Emotion*, 2009, 9(5): 666-680.

[35] Averbeck B B and Duchaine B. Integration of Social and Utilitarian Factors in

Decision Making. *Emotion*, 2009, 9(5): 599-608.

[36] Hareli S, Shomrat N and Hess U. Emotional versus Neutral Expressions and Perceptions of Social Dominance and Submissiveness. *Emotion*, 2009, 9(3): 378-384.

[37] Subramaniam K, et al. A Brain Mechanism for Facilitation of Insight by Positive Affect. *J Cogn Neurosci*, 2009, 21(3): 415-432 .

[38] Hirt E R, Devers E E and McCrea S M. I Want to be Creative: Exploring the Role of Hedonic Contingency Theory in the Positive Mood-cognitive Flexibility Link. *J Pers Soc Psychol*, 2008, 94(2): 214-230.

[39] Aziz-Zadeh L, Kaplan J T and Iacoboni M. "Aha!": The Neural Correlates of Verbal Insight Solutions. *Hum Brain Mapp*, 2009, 30(3): 908-916.

[40] Kounios J, et al. The Prepared Mind: Neural Activity Prior to Problem Presentation Predicts Subsequent Solution by Sudden Insight. *Psychol Sci*, 2006, 17(10): 882-890.

[41] Khisty C J. The Practice of Mindfulness for Managers in the Marketplace. *Systemic Practice & Action Research*, 2010, 23(2): 115-125.

[42] Behar E, et al. Current Theoretical Models of Generalized Anxiety Disorder (GAD): Conceptual Rview and Treatment Implications. *J Anxiety Disord*, 2009, 23(8): 1011-1023.

[43] Roemer L, Orsillo S M and Salters-Pedneault K. Efficacy of an Acceptance-based Behavior Therapy for Generalized Anxiety Disorder: Evaluation in a Randomized Controlled Trial. *J Consult Clin Psychol*, 2008, 76(6): 1083-1089.

[44] Roemer L and Orsillo S M. An Open Trial of an Acceptance-based Behavior Therapy for Generalized Anxiety Disorder. *Behav Ther*, 2007, 38(1): 72-85.

[45] Wilkinson-Tough M, et al. Is Mindfulness-based Therapy an Effective Intervention for Obsessive-intrusive Thoughts: A Case Series. *Clin Psychol Psychother*, 2009.

[46] Greeson J M. Mindfulness Research Update: 2008. *Complement Health Pract Rev*, 2009, 14(1): 10-18.

[47] Herwig U, et al. Self-related Awareness and Emotion Regulation. *Neuroimage*, 2009.

[48] Liao W, et al. Evaluating the Effective Connectivity of Resting State Networks Using 58
Conditional Granger Causality. *Biol Cybern*, 2009.

[49] Travis F and Shear J. Focused Attention Open Monitoring and Automatic Selftranscending: Categories to Organize Meditations from Vedic Buddhist and Chinese Traditions. *Conscious Cogn*, 2010, 19(4): 1110-1118.

[50] Scharmer C O. Self-transcending Knowledge: Sensing and Organizing around Emerging Opportunities. *Journal of Knowledge Management*, 2001, 5(2): 137-151.

[51] Raffone A and Srinivasan N. An Adaptive Workspace Hypothesis about the Neural Correlates of Consciousness: Insights from Neuroscience and Meditation Studies. *Prog Brain Res*, 2009, 176: 161-180.

[52] Wong C W Y, Lai K and Teo T S H. Institutional Pressures and Mindful IT Management: The Case of a Container Terminal in China. *Information & Management*, 2009, 46: 434-441.

[53] Segalowitz S J. Knowing Before We Know: Conscious versus Preconscious Topdown Processing and a Neuroscience of Intuition. *Brain Cogn*, 2007, 65(2): 143-144.

[54] Ramamurthi B. The Fourth State of Consciousness: The Thuriya Avastha. *Psychiatry Clin Neurosci*, 1995, 49(2): 107-110.

[55] Lutz A, et al. Regulation of the Neural Circuitry of Emotion by Compassion Meditation: Effects of Meditative Expertise. *PLoS One*, 2008, 3(3): e1897.

[56] Longe O, et al. Having a Word with Yourself: Neural Correlates of Self-criticism and Self-reassurance. *Neuroimage*, 2010, 49(2): 1849-1856.

[57] Shirtcliff E A, et al. Neurobiology of Empathy and Callousness: Implications for the Development of Antisocial Behavior. *Behav Sci Law*, 2009, 27(2): 137-171.

第三章

社会智力的神经科学：高效关系管理

有时候，一提到“关系”（connectedness）这个词语，领导者就会感到不 59
安。领导者通常是任务导向型的（task oriented），基于自身的专长，他们往往更愿意控制那些跟生产效率直接相关的可变因素，因此他们经常会独自工作。生活中的关系就已经够让人心烦意乱的了，为什么还要把它们带到工作中去呢？但是，商业环境已经发生了改变——大型机构逐渐衰退，小企业正在兴起。如果我们早一点将社会因素考虑进去，也不会出现如今严重的经济衰退。例如，如果整体效果大于各部分之和，则说明团队协作（teamwork）良好。换句话说，除了各个部分的叠加效应（additive effects），还存在团队效应（team effects）。

一开始，组织心理学家之所以关注“社会智力”（social intelligence），是为了说明它在商业领域的重要性。最早对社会智力下定义的是爱德华·桑代克（Edward Thorndike），他将社会智力定义为“让男人和女人、男孩和女孩理解人际关系并明智行动的能力”[1]。卡尔·阿尔布里奇（Karl Albrecht）将社会智力定义为“与他人和谐相处并赢得他人合作的能力”。此外，他还提出了一个包含五个维度的社会智力模型，五个维度分别为情境意识（situational awareness）、个人魅力（presence）、真诚（authenticity）、表达能力（clarity）
和共情（empathy）。[2] 丹尼尔·戈尔曼（Daniel Goleman）是研究社会智力的权 60
威，他认为社会智力包括共情、协调、共情准确性、社会认知和社交技能（包括同步性、自我呈现、影响力和关注）。[3]从这些定义，我们可以看出社会智力是一种涉及两人情境的智力。因此，任何涉及两人情境（朋友、恋人、供应商—采购商）的情况都会受益于对社会智力的理解。

在一篇发表在《哈佛商业评论》上的文章中，戈尔曼列出了拥有较高社会智力的优势，比如较少的情感耗竭（emotional exhaustion）、销售额6%的增长等。他在文中还指出，平均来说，高绩效领导者激发下属笑声的次数是中等绩效领导者的三倍，那些因为自律（self-discipline）、高驱动力和高智商而新上任的C级执行官①，不久就有人由于缺乏社交技能而被解雇。[4]

这些结果说明，社会智力对领导者有非常重要的现实意义，具体体现如下：

- 激发员工的积极情绪以挽留他们。
- 激发员工的积极情绪以提升工作效率。
- 激发员工的积极情绪以加强合作。
- 培养员工的信任感，降低他们的焦虑水平。
- 通过使命分享，提高员工对领导事业和使命的支持。
- 培养对经济决策起非常重要作用的公平意识。
- 培养员工充满希望和乐观的工作态度，降低恐惧对其工作效率的影响。
- 通过增强员工共同责任感，提高员工的士气和工作效率。
- 61 通过建立团队，减少单打独斗的状况，激发员工的创造力。

实际上，这恰好也是《哈佛商业评论》上另一篇文章的观点。[5]这篇论文的作者指出，20年之后，婴儿潮一代（Boomers）、X一代（Generation Xers）和千禧一代（Millennials）将会同时存在。不过，千禧一代将会更加具备团队精神，更多关注“团队协作、亲密的家庭关系和工作安全感（job security）……”

《哈佛商业评论》上还有一篇文章强调跨组织协作（cross-organization collaboration）的重要性，而团队合作训练则是跨组织协作不可或缺的重要组成部分。[6]麦肯锡合伙人乔恩·凯森巴克（Jon Katzenbach）和道格拉斯·史密斯（Douglas Smith）指出，最佳团队协作的本质是共同承诺，最佳团队总能取得

---

① 译者注：组织中最高级别的管理者通常被称为C级（C-level），因为这些职位都是以字母C（Chief，首席）开头，如 Chief Executive Officer（CEO，首席执行官）、Chief Financial Officer（CFO，首席财务官）、Chief Operations Officer（COO，首席运营官）等。

一加一大于二的效果。[7]实际上，对高层管理决策而言，除了理性思维之外，非理性思维也是非常关键的。[8]

许多领导者一开始并不理解为什么要去了解专业领域之外的技能，因为这些技能听起来像是“软技能”（“软技能”是指如交流能力、决策能力等软性技巧，对应的“硬技能”是指专业知识等技能）。通过精确描述社会智力的脑机制，神经科学让这些技能“变得过硬”了。在本章中，领导者、管理者和管理教练可以学到如何在自己的工作中使用这些脑科学概念。不过需要谨记的是：当前这些脑科学的发现可以帮助我们理解大脑是如何运行的，但这些发现不是绝对的真理，因为我们仍然行进在探索大脑奥秘的道路上。

一、共情的神经科学

共情的神经基础包含多个维度。在第二章中，我们看到恐惧具有传染性，
也了解到不管我们有没有意识到，恐惧都会激活杏仁核。我们首先知道情绪具 62
有传染性，因此领导者和下属之间会产生强烈的相互影响，领导者了解共情的神经基础有助于他们更好地应对情绪。但是，为什么共情对领导者和管理者如此重要呢？

（1）共情有助于团队合作和冲突管理。例如，项目经理可以从共情训练中获益颇多。[9]

（2）共情有助于跨文化沟通。最近一项关于多文化构建项目团队的研究表明，共情对有效领导是非常关键的。[10]

（3）在公益宣传广告和广告回应等任务中，共情有助于情绪管理[11]。

（4）共情对变革型领导非常重要，[12]即对领导者的影响力而言，共情很关键。

（5）在了解顾客需求，更好地进行客户关系管理等方面，共情也非常重要。[13]

镜像神经元（mirror neurons）被认为是人类大脑共情的基础，接下来我们通过实验进行具体介绍。

脑科学概念　人类拥有镜像神经元系统（mirror neuron systems），这是近

年来跟人类有关的最重要的科学发现之一。

（一）概念1

当看到他人的动作时，观察者的大脑会模拟这些动作——好像自己在做这些动作一样。[14]大脑中只有部分脑区有这种功能。令人信服的早期实验研究发现：我们的大脑会“模仿”我们观察对象的大脑。[15]我们似乎并没有真正以同样方式做动作，因为我们抑制了这种可能性。[16]这种模仿和抑制出现在相同的脑区。如图3.1所示，构成这种镜像系统的脑区是颞上沟后部（posterior superior temporal sulcus, pSTS），包括颞顶联结（temporoparietal junction，TPJ），以及内侧前额叶皮层和颞极（temporal pole）。[17]

这种大脑镜像神经元系统为什么对领导者如此重要呢?

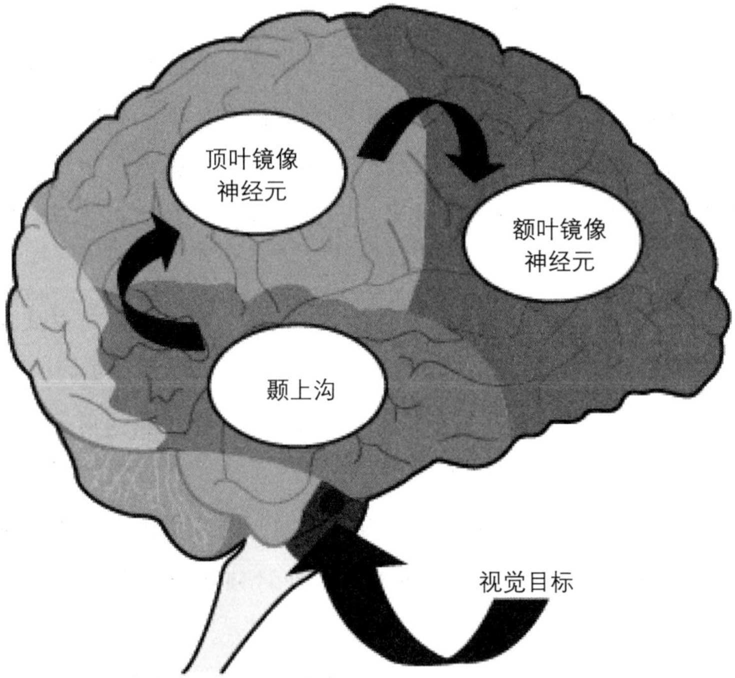

63

图3.1 镜像神经元系统的联系

（二）概念2

研究显示，我们的大脑不仅能够模拟他人的动作，也可以模拟他人的意图。[18]具体来说，研究发现，颞上沟右后部（right pSTS）与模拟他人意图有联系[19]，前运动系统（premotor system）也跟模拟他人意图有关[20]。因此，通过镜像神经元系统，领导者可以自动了解他人的部分意图。

（三）概念3

同样，我们也可以模拟他人的情绪。[21]虽然我们每个人的大脑都有这种功能，但是那些共情能力高的个体做得更好。[22]情绪模拟与前面提到的脑区有关，除此之外，最近一篇研究综述指出，情绪模拟涉及情绪、运动和躯体感觉（somatosensory）成分。换句话说，情绪模拟除了依赖感知情绪，也依赖感知运动和更微妙的变量，比如感知空间运动。[23]不管怎么说，情绪镜像神经元系统的确存在。

管理应用　戈尔曼指出：“镜像神经元在组织管理中有非常重要的价值，64
因为下属会模拟领导者的情绪和行动。激活下属大脑的神经元回路可以带来巨大回报……”[24]从本质上讲，如果你能够激活下属的镜像神经元回路，你就更有可能让他们的行动与你的意图和情绪保持一致。

领导者的情绪和行动可促使下属模拟这些情绪和行动。前面已经提到，通过意义分享、合作、相互联系（孤独则对工作效率有负面的影响）、相互理解、建立一致性等途径，共情调适最终可以提升工作效率。[25]公司上下保持一致的核心价值观（core values）非常重要，而镜像神经元和社会智力能够实现这一点。

一致性（alignment）是决定组织效能的重要因素，它也包括情绪一致性。两个互动的员工，通过镜像神经元就可以无意识地建立一致性。他们再与其他员工互动，就可能在组织中自动建立起情绪事件链，从而对组织产生影响。通过理解镜像神经元系统，管理教练可以帮助领导者在组织中建立更高效的一致性。如果不理解镜像神经元，“情绪敏感”和“公平公正”这些想法看起来就会过于理想化，不适合应用于工作场所。镜像神经元也告诉我们，逆镜像干预（countermirroring interventions）对商业领域的领导者是多么重要（参见本书第八章）。

除了情绪的共情，领导者也可以从意图的共情中获益。知道镜像神经元

（当领导者与其下属交流时）也可以带来意图共享，领导者、管理者和管理教练就会明白：与下属交流可以激活无意识的镜像机制，这种机制可促使双方的意图保持一致。在了解双方的意图后，领导者在制订计划时就会更加得心应
65 手，[25,26]而独自在办公室工作的领导者则无法做到这一点。

二、超越共情：观点采择的神经科学

脑科学概念 共情是一种理解人们思维、情绪和计划的重要途径，按照传统看法，在有些情境中，观点采择（perspective-taking，即使用理智和认知理解他人）或许比共情（借助情绪了解他人）更为重要。例如，在一项关于民营银行服务质量的研究中，研究者发现，就顾客满意度而言，服务的响应性（responsiveness）和可靠性（reliability）的作用大于保证（assurance）和共情。[27]另一项针对英国合作银行（Cooperative Banks, CB）和伊斯兰银行（Islamic Banks, IB）的研究发现，对合作银行而言，共情和响应性是影响顾客满意度的重要因素；而对伊斯兰银行来说，顺从（compliance）因素对顾客满意度影响更大。[13]这说明在不同组织中，影响顾客满意度的因素是不同的，因此每个组织应该具体评估影响本公司顾客满意度的因素。观点采择是提高服务响应性的重要途径，接下来的实验会详细阐释。

（一）概念1

一项最新研究结果显示，在谈判桌前，观点采择提高了个体发现潜在一致性的能力，这可以让他们在谈判过程中占有优势。与之相对，在发现潜在交易和争取个人收益方面，共情几乎没有表现出优势（详见本书第八章）。[28]因此，虽然我们强调共情的重要性，但我们也需要在共情和观点采择之间取得平衡，毕竟这是两个既有联系又相互区别的概念。

（二）概念2

66 脑科学研究显示，共情在大脑中出现的时间比观点采择早，[29]与第一人称视角（first-person perspective）不同，使用第三人称视角（third-person

perspective）激活了顶叶下部、后内侧顶皮层和内侧前额叶皮层，[30,31]这表明不同视角可以激活不同脑区。这项研究还发现，观点采择能力（与理解他人情绪相对）的发展伴随着大脑激活区域的转移：从额部脑区到后部脑区，从顶叶下部双侧到顶叶下部左侧。[30]此外，观点采择还与背外侧前额叶皮层的谷氨酸（DLPFC glutamate）变化有关，[32]这表明观点采择有短时记忆参与。观点采择是聚焦和“即时”的，这种聚焦和“即时”的观点采择有重要作用，并且与分散和“长时”的情绪联结在大脑中有不同的加工过程。对他人观点的推理（与对他人情绪的体验相对）引起的大脑变化，与共情是不同的。

管理应用　领导者、管理者和管理教练应该认真思考共情和观点采择的相互作用，即情绪和认知之间的动态相互作用。观点采择可以整合来自不同（注意到的）视角的信息，在交流过程中有助于发现潜在共同利益，使双方更容易达成共识。因此，在特定场景中，与仅仅体验他人情绪相比，理解他人的想法（观点采择）可能更有价值。观点采择会影响大脑的“会计师”、短时记忆（背外侧前额叶皮层）和大脑的“领航员”（后顶叶皮层，posterior parietal cortex，PPC）。当共情导致紊乱时，观点采择尤其重要——清醒地了解各方观点有助于恢复秩序。领导者、管理者和管理教练需要记住，脑科学告诉他们：体验他人情绪和从第三人称视角理解他人在想什么是不同的。有时候，我们大脑的注意力应该从他人的情绪体验那里移开，去理解他人在想什么。 67

举个例子，丹尼斯是一家公司的CEO，他发现每次与销售经理交谈都非常别扭。销售经理总是在抱怨，无论怎样激励销售人员，他们的业绩都非常糟糕，销售计划看上去似乎永远都完成不了。丹尼斯以前总是“共情地”倾听，要求销售经理继续坚持，说自己已经知道这是个老问题，试图以此来支持销售经理。丹尼斯觉得通过支持销售经理，减缓其压力，销售经理就可以继续激励下面的销售人员。

后来，丹尼斯聘请一位管理教练来帮助了解为什么销售策略总是无法奏效。在管理教练的帮助下，丹尼斯意识到自己没有恰当地使用观点采择。换句话说，他以前并没有意识到对销售经理的激励措施是无效的，并且他的“共情”误导了销售经理，使其在错误的道路上越走越远。管理教练告诉丹尼斯需要退后一步来重新思考，他马上茅塞顿开——自己以前犯了方向性的错误：以前的“激励交谈”都是在每天下班前一个小时进行的，使用的主要是共情技术，并且忽视了对方的心智模式（mindset）；销售经理在与销售人员沟通时也犯了同样的错误。丹尼斯很快纠正了自己的错误，重新构建了销售模式（更多关注销售员电话约请量，同时增加销售员的休息时间），销售人员也有了可喜的变化，他们的电话约请量和顾客转化率有了显著的提升。

三、公平的神经科学

脑科学概念 人们对公平的反应非常强烈，不公平的奖惩会对工作效率产生巨大影响。接下来的实验会介绍大脑如何处理公平问题。

（一）概念1

68 一系列实验研究显示，就奖赏而言，仅仅有金钱激励是不够的。人类对奖惩的公平极度敏感，在近期的一项神经成像研究中，研究者将参与者分为两组，一组参与者获得公平的金钱奖励，另一组是不公平的奖励，虽然最后两组参与者获得数量相同的金钱奖励，但获得公平奖励那组参与者的快乐水平更高，大脑中与奖赏相关脑区的活跃程度也更高。另一些神经影像研究显示，参与者与具有合作精神的搭档共事或者完成合作性任务时，他们大脑中的奖赏脑区也得到了激活。[33]因此，正像塔比尼娅（Tabibnia）指出的那样，人类行为不单单受到物质结果的驱动，也受公平和公道因素的驱动。

（二）概念2

当人们可以掌控所处环境时，他们对待他人的方式会显著影响该群体如何作为一个整体发挥作用。研究发现，偏好人人平等社会关系（egalitarian social relations）和偏好等级社会关系（hierarchical social relations）的个体，他们左前脑岛和前扣带皮层的神经反应有所不同。[34]这项研究还发现，个体的社会支配倾向（social dominance orientation）越高，他们感知他人疼痛的脑区（前脑岛和前扣带皮层）的活跃水平就越低，这意味着他们对他人的不幸遭遇不敏感。

（三）概念3

脑岛对于不公平判断起着非常重要的作用，当人们厌恶不公平时，脑岛就会被激活。[35,36]如果认为所获奖励与他人相比并不公平，脑岛会促使人们拒绝这些金钱奖励（回忆一下，脑岛除了会对厌恶信息进行登记，也会登记直觉信息并将它们送往相应的大脑皮层）。因此，不公平的直觉会让人们拒绝到手的奖赏，此时与社会共情联系的前扣带皮层也更为活跃。[37]然而，大脑共情反应受情绪强度、所处情境、共情对象特征（如感知公平）、共情者特征（如性 69
别、以前的相关体验）等因素的影响，[38]即共情是可变的，所以对公平的反应取决于管理者或领导者的共情能力。

（四）概念4

如果人们的确接受了不公平的奖励，至少部分原因在于情绪控制，即个体腹外侧前额叶皮层（VLPFC）和背外侧前额叶皮层的活跃水平提高，前脑岛的活跃水平下降，这让他们能够忍受这种不公平待遇。[39]因此，接受不公平的奖励需要思维大脑的控制，通过思维大脑来使情绪大脑冷静下来，即决策中心控制住了直觉。

（五）概念5

互惠利他（reciprocal altruism）的概念也属于公平的范畴。研究显示，与互惠的合作相比，个体有非互惠的利他行为时，双侧前脑岛、左侧海马、左舌回（left lingual gyrus）的活跃程度更高。[40]同样，为了应对非互惠合作（unreciprocated cooperation），前脑岛和眼窝前额皮层之间会出现功能联结（functional connectivity），这种功能联结可以预测接下来的不履行义务的行为。具体来说，前脑岛会对直觉反馈进行解释，并将这种信息传递给眼窝前额皮层，以此来影响未来的决策。因此，当利他是非互惠形式时，大脑也会做出相应反应。

虽然商业领域的领导者通常认为保持公平和同情心是“软技能”，实际上并非如此。为了留住员工和提升合作水平，商业领域的领导者需要知道员工为什么离开、会如何离开。脑科学有助于我们深入了解这方面的知识，也为我们提供了一些干预措施来提高组织绩效。

管理应用 将这些概念结合起来，我们可以得出结论：工作环境中出现不公平对待时，员工能够感受到。例如，当领导者表现出不公平意图时，员工的
70 镜像神经元很可能会被激活。领导者不应该假装自己可以“蒙骗”下属，因为下属对不公平对待非常敏感，甚至在领导行动之前就感受到了（脑岛登记这些“直觉”信息），所以领导者的不公平表现对团队协作有很大的干扰。另一方面，公平也可以作为领导者的优势，因为如果下属感受到公平，就会更愿意合作，也更愿意与领导者保持同一战线，而这最终有利于组织生产率的提高。管理教练可以使用这些脑科学发现来向领导者解释——为什么公平对公司如此重要。在实践中，管理教练可以不直接指责领导者的不公平表现，而是向他们解释：不公平会降低奖赏大脑的活跃水平、干扰情绪大脑和思维大脑的运转，最终导致工作效率降低。

许多领导者相信，他们可以用钱来解决所有问题。毫无疑问，员工不会嫌钱多，但他们对金钱的来龙去脉同样敏感。他们会问：“就我所做的工作而言，这是公平的吗？与其他员工相比公平吗？”如果答案是否定的，这种物质上的收益就无法激活他们大脑的奖赏中心，因为不公平的感受会干扰奖赏中心的激活。

领导者经常将公平放在一边，认为下属不关心这一项目标。然而，现在我们已经明白，公平会激活大脑奖赏中心，激发员工热情，因此有助于员工工作效率的提升。虽然人们确实也会接受不公平的奖励，他们的大脑的侧额叶皮层会对此予以登记，但随着时间的推移，这种自我控制将无法持续下去。

为了改变人们偏好社会支配和不平等的心智模式，需要提升他们的共情水平，还要让他们有主人翁的感觉——这不仅可以提高他们的自我控制，还有助于激发合作。从大量研究中可知，共情不是一成不变的，领导者可以通过学习来获得共情这种技能，以使他们更好地达成组织的使命。

71 研究表明，对于非互惠利他的行为大脑会直觉地进行登记，并且会影响潜在的合作，这也是不公平的一种形式。

总结大量实验研究结果，我们发现：（1）不公平意图可以被镜像神经元自

动探测，所以那些没有明说的意图也要做到真诚、真实。（2）大脑不仅会对金钱做出反应，也会对公平做出反应。如果领导者期望提升组织效率，就需要考虑金钱奖励是否公平，否则想要通过物质刺激来提升员工士气的努力就会落空。（3）当领导者寻找和提升下属的合作意识时，下属大脑中的奖赏中心会被激活，这对他们的工作热情和工作效率都有积极影响。（4）在大脑中，非互惠利他行为会对合作产生巨大影响。如果下属不计回报为一位领导工作，该领导也应该寻找途径给予员工补偿，以保证未来继续合作。这种显而易见的道理得到了脑科学研究的支持，并且脑科学的证据显示，对于非互惠利他行为，大脑甚至会以不易觉察的“直觉”方式进行登记。

四、信任的神经科学

脑科学概念　创设信任的氛围对组织成长非常关键。[41,42]从消费者一直到CEO，信任对于商业组织的每个环节都非常重要。如果消费者不信任企业的产品，企业不可能有好的业绩。同样地，如果员工对组织没有信心，组织就无法最优地运转。通常，许多领导者没有意识到信任的重要性，没有认识到这是将公司各部分黏合成为一个整体的最关键要素之一。例如，如果消费者不信任销售员，他们就不愿意购买相关的产品；如果销售人员不信任高级经理，销售员 72
就无法百分之百地投入工作。信任即使以文字形式呈现，也可以提升员工的安全感[43]、促进新产品联盟形成[44]、优化群体功能[45]。有调查者在欧洲选取三个国家进行了一项大规模调查，结果显示，企业成功不仅依赖于合作的数量，更依赖合作的质量，而信任则是合作质量的关键组成部分[46]。

在危机时期，建立信任是组织稳定运转的支柱力量。了解信任的生物学基础有助于理解信任的重要性，同时也有助于换一种视角来思考信任建设问题。研究者对四个不同组织的调查数据进行分析，发现个体、组织的价值观主要通过员工对组织和同事的信任来发挥作用。[47]具体而言，较高的信任会带来较高工作满意度和组织认同，也会使员工更愿意留在组织中，同时也带来较高的组织绩效。[47]另一项研究显示，面对两个人（其中一个人因为同盟关系而可信，另一个人因为制度安排具有可信度）提供的信息，个体的行为选择是相似的，不过他仍然认为前一个人提供的信息，价值更大些。[48]

我们不会无缘无故地信任，而且信任过度也可能带来伤害，比如我们已经熟知的前纳斯达克主席伯纳德·麦道夫（Bernie Madoff）、安然公司、世界通信公司的所作所为①[49]。在这些案例中，管理失去了合法性（legitimacy）。因此，建立适度水平的信任是非常重要的。[50]最近发表在《哈佛商业评论》上的文章写道："调查显示，80%的美国人不相信他们公司的高管，更为糟糕的是，甚至有大约一半的管理者也不相信自己的上级。并购、裁员和全球化加快了组织变革的步伐，导致了几十年前未曾有过的信任危机……"[51]

所以，我们需要尽可能深入地了解信任，而脑科学可以帮助我们做到这一点。

（一）概念1

73 杏仁核在登记威胁信息方面扮演着关键角色，甚至在威胁信息还很模糊时就可以探测到。[52]当信任与合作受损时，杏仁核会被异常地激活，[53]前脑岛和前扣带皮层也会牵涉其中。在前面章节我们已经了解，恐惧会加剧杏仁核的活跃程度；现在我们知道，破坏信任也会产生同样的结果。

人们会根据面孔自发地对他人的人格特征进行推断，尽管这种推断的准确性有待检验。[54]最近一项研究发现，随着对他人面孔不信任（untrustworthiness）程度的提高，观察者的右杏仁核的激活水平也会提高，左右壳核（putamen）和前脑岛也会有类似的反应（或许这意味着不可信也可以在大脑中以"直觉"方式进行登记）。[54]其他研究者指出，面孔的可信度与面孔拥有者的身份无关，而可能与其他因素有联系。[54,55]

（二）概念2

在高信任和低恐惧的情境中，催产素（oxytocin）这种荷尔蒙可以降低杏仁核的激活程度。[56]实际上，当你的信任受到破坏，但后来又重新恢复时，催产

① 译者注：伯纳德·麦道夫是前纳斯达克主席，制造了美国历史上最大的诈骗案，金额超过600亿美元。2009年，麦道夫被判150年监禁。安然公司原本是世界上最大的能源公司之一，在2000年《财富》杂志"世界500强"中排名第16位，由于长期财务造假丑闻曝光，安然公司2001年宣告破产。世界通信公司（WorldCom）一度是美国最大的互联网供应商、第二大长途电话公司，2001年公司会计丑闻被曝光，财务造假超过38亿美元，2003年宣告破产。

素可以减少先前信任被破坏时杏仁核所受的影响。[57]通常，当信任被破坏时，杏仁核就会被激活，并且将信息传递给背侧纹状体（dorsal striatum），接下来个体的行为就会与杏仁核的反应保持一致。[57]但是对于那些催产素水平较高的人而言，并不会出现这样的情况，因为杏仁核的激活水平还不够高。

（三）概念3

在两个人互动的过程中，信任的建立与旁扣带皮层（环绕在前扣带皮层的周围）是否活跃有关。当个体试图去了解他人意图时，旁扣带皮层就会被激活。如果满足相关条件，人们之间产生了信任，大脑的奖赏中心和腹侧被盖区（ventral tegmental area, VTA）①会被激活；而无条件信任（unconditional trust）激活的是隔区（septal area）。[58]因此，不同类型的信任会激活不同的脑区，如 74
图3.2所示。

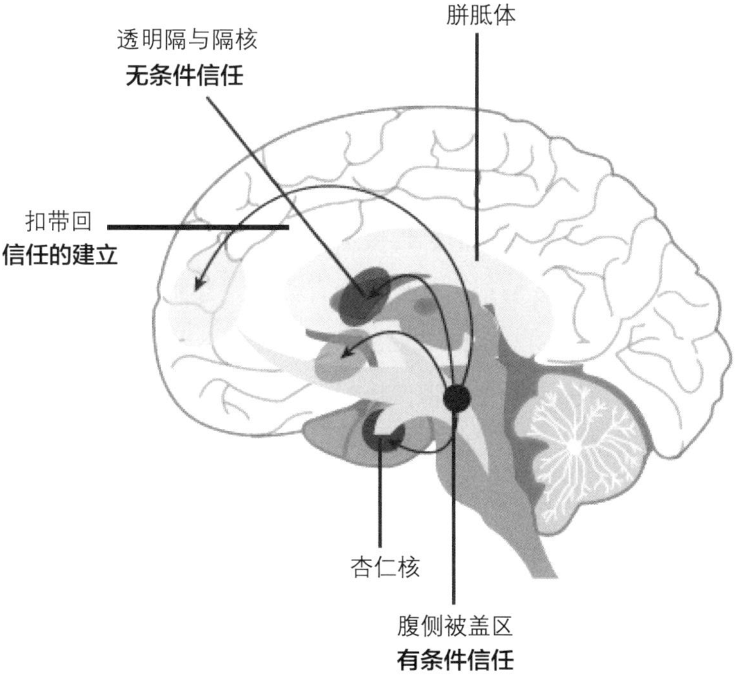

图3.2　与信任有关的脑区

① 译者注：原书有误，此处应为ventral tegmental area而不是vental tegmental area。

（四）概念4

最近的一项研究表明，当人们被欺骗（而不是互惠信任）时，腹内侧前额叶皮层会被激活。[59]实际上，如果腹内侧前额叶皮层受到破坏，个体会减少对他人的关注。[60]在这项研究中，当信任方为了保持信任关系承担更多风险，或者被信任方从信任关系中获得更多收益时，腹内侧前额叶皮层的活跃程度并没有改变，因为互惠的信任让信任主体从社会交往角度认识和评价这个问题。该实验还发现，这种社会价值导向是在颞顶连接处、双侧前脑岛和前扣带皮层等脑区进行登记。如果信任方再冒更大的风险，这些脑区的活跃水平就会提高，反之亦然。当被信任方从信任关系中获得的收益增加时，他们的前扣带皮层、
75 右脑背外侧前额叶皮层都会被激活。这里需要记住的关键点是：当大脑的“会计师”停止工作时，大脑就不再对风险和收益进行权衡，对他人的关心和信任也会减少。

（五）总结

当信任受到破坏时，大脑的冲突探测器（前扣带皮层）会拉响“警报器”（杏仁核），然后这些信息会传到大脑的奖赏中心（腹侧被盖区、腹侧纹状体和隔核）和脑岛，接下来这些信息再被送往背侧纹状体并反馈给杏仁核。这些脑区之间传递的主要信息是：接下来不会有奖励。背侧纹状体会把这种信息传递给大脑的运动—规划区（motor-planning regions），从而影响个体接下来的行动。信任被违背的情况越严重，杏仁核的活跃水平就会越高。此外，通过“告诉”杏仁核，接下来不会有奖励，其他脑区也会让杏仁核保持激活状态。这些大脑活动会限制大脑运动中心的激活，从而抑制个体的行动。

管理应用　信任和恐惧之间有负向关联，它们以相反的方式影响大脑。恐惧会提高杏仁核的激活水平，而信任则会降低杏仁核的活跃程度。因此，在工作场所创设一种信任氛围和减少恐惧同样重要。信任释放思维大脑，使之聚焦于当前的问题，而不是将大脑资源消耗在冲突处理中。

信任也是一种奖赏，因为它会影响与奖赏有关的主要脑区。这些奖赏脑区会将相关信息传递给大脑的运动中心，进而影响个体的行动表现。如果缺乏信

任，个体的行动会受到恐惧的抑制或干扰，因为缺乏信任意味着大脑下达的每个指令都会被怀疑，消耗过多大脑资源。如果员工缺乏信任，待在当前岗位只是因为需要一份工作，他们就不得不克服自身情绪带来的困扰。情绪是我们智慧的重要组成部分，如果完全忽视员工的情绪，就如同将孩子和洗澡水一起倒掉，领导者就会只剩下没有任何作用的决策。

在登记信任直觉（gut feelings of trust）并将这些信息传递到意识里的过程中，前脑岛起着非常重要的作用。但是，当怀疑（mistrust）过度激活脑岛时， 76
脑岛就无法完成这项任务。因此，怀疑会从根本上破坏思维大脑和情绪大脑的平衡，让领导者无法完全充分挖掘自身的潜力。他们的下属会左顾右盼——看会不会发生不好的事情，领导们自己的大脑也是如此（见本书第八章）。

因此，信任和恐惧对大脑的作用是相反的。恐惧激活恐惧中心，蚕食大脑的思维资源，信任的作用则恰好相反，它可以减少恐惧中心的活跃程度，保护大脑的珍贵思维资源。

五、替代奖励的神经科学

脑科学概念 在有些情境中，当他人获得奖励时，个体也可以体验到奖赏的感受。例如，在看比赛节目时，当一名参赛选手获得胜利，观众也可以分享他的喜悦。值得注意的是，由于相似性效应（similarity effect）的存在，这种分享喜悦或替代快乐的感受真的会发生。一项脑成像研究显示，腹侧纹状体（大脑奖赏中心）和前扣带皮层（冲突探测器）的交互作用促进相似性带来的替代奖励。[61]换句话说，由于注意到相似性，大脑确实可以体验到奖赏的感受。

管理应用 这就是组织中管理者、领导者需要和下属“共同进退”的原因。领导者需要了解，通过分享自我和他人的感知，替代奖励（vicarious reward）确实会在前扣带皮层和奖赏中心等脑区出现，因此与下属交流时，领导者应强调相似性，从而激活下属的奖赏系统。即使领导者想要与下属保持距离，甚至当他们拥有专家权威（expert power）时，如果他们希望通过共享相似性来激励下属，他们也必须和下属“保持统一战线”。

简而言之，领导者、管理者和下属对公司的投入程度不同，如果领导者对

获得成功充满热情，只有当下属将自己与领导者联系在一起的时候，他们才能
77 感受到替代奖励。只有当下属认为自己与领导者有很高的相似性，体验到较高的替代奖励，他们才会有更强的动力与领导一起奋斗。

六、共同体及其成员的神经科学

脑科学概念 神经科学的实验已经开始探讨大脑如何包容那些与自己不同的人。回想一下，本书前面章节曾经介绍社会排斥会提高前扣带皮层的活跃水平[62]（前扣带皮层是大脑的冲突探测器，因此它会让大脑远离放松状态）。对动物来说，它们中风之后的社会隔离（social isolation）会增加大脑中的梗塞范围和积液面积，降低其生存率。[63]实际上，最近科学研究发现，社会疼痛是客观存在的，其强度和生理疼痛相似，社会疼痛系统在大脑中的位置紧挨着进化更早的生理疼痛。[64]同样，体验到社会隔离也会让人充满压力，越来越多的证据显示，对人类来说，压力会导致个体形成一些习惯，让个体无法专注绩效。[65]此外，孤独的人会更多关注心理困扰，[24,66]因为他们从积极社会反馈中获得的奖赏更少，例如，有一项研究显示，对孤独的人而言，同样的社会刺激对大脑奖赏中心（腹侧纹状体）的激活程度更弱。前面提到社会隔离会增加前扣带皮层的活跃水平，与之类似，如果青年人被他人拒绝，他们的前扣带皮层激活水平同样会增加。[67]这项研究发现，大脑的奖赏中心与心理困扰呈负相关。另一项研究发现，在受排斥期间，大脑右腹前额叶皮层被激活，并且与自我报告的心理困扰呈负相关。[68]这项研究表明，大脑前额叶皮层试图扭转由前扣带皮层导致的大脑紊乱和心理困扰。

管理应用 加里·哈默尔（Gary Hamel）领导的由学术精英［如普哈拉（C.K. Prahalad）、彼得·圣吉（Peter Senge）、杰弗瑞·菲佛（Jeffrey
78 Pfeffer）］、新时代思想家［如詹姆斯·索罗维基（James Surowiecki）］和具有进取精神的商业领袖［如全食超市公司CEO约翰·麦基（John Mackey）、戈尔公司CEO泰瑞·凯莉（Terri Kelly）、IEDO公司CEO蒂姆·布朗（Tim Brown）］组成的团队，提出了世界范围管理创新应优先考虑的问题（“管理2.0”），排在清单第一位的是：除了为股东创造价值，我们还可以做什么？[69]他们强调，

工作应该服务于更高层次的目标，领导者应该将“关于共同体和成员的理念嵌入组织中”。

为什么这个问题如此重要？回想一下我们前面介绍的内容，社会排斥会提高前扣带皮层的激活水平。[62]因此，从实践的角度来看，社会排斥降低了大脑的注意力和高效思考的潜能，使大脑进入冲突侦测状态和威胁模式。同样，由于个体被社会排斥的体验会导致一些不良习惯——这些习惯会损害目标导向绩效，[65]作为领导，如果你抑制目标导向绩效，你就会影响公司的整体效率。当然，更好的办法是预防社会排斥的出现，因为孤独的员工很难感受到积极社会刺激带来的奖励，脑成像研究显示，积极社会刺激对孤独个体大脑奖赏中心的作用更弱。在你策划公司派对的时候，如果发现有孤独或疏离的员工存在，那么可以预知派对可能达不到预期效果。（回想一下，以前是不是举办过没有人想要参加的公司“社交日”。）此外，孤独的员工会更关注心理困扰，包容他们可以避免更大危机的出现。[24,66]值得注意的是，腹侧纹状体（奖赏中心）可以降低前扣带皮层的活跃水平，如果我们能够提升纹状体的激活水平，就可以降低前扣带皮层的活跃水平。

通过提升注意力和目标导向绩效，激发共同体的意识对公司工作效率有很大的帮助。员工在共同体中更有可能产生新的想法（因为避免了孤独带来的坏习惯），如果领导者在组织中建立起“我们是一个共同体”的观念，下属会对奖励更为敏感。换句话说，这种共同体观念的效应与社会排斥的效应恰好相反，后者会减少大脑奖赏中心的活跃水平，使员工无法感受到来自领导的激励。

七、说服的神经科学

脑科学概念　领导者经常需要说服他人接受某个观点或者采取某种行动。 79

（一）概念1

有研究者使用两个不同语言和文化的参与者样本，发现文本信息带来的说服感受激活了颞上沟后部双侧（回忆一下，颞上沟后部是镜像神经元系统的组成部分，因此说服与观点分享有一定的联系）、颞极双侧和背内侧前额叶皮层。[70]此外，基于视频信息（video-based messages）的说服也与这些脑区的激活有关。因此，“促进共识”是说服的组成部分。[71]换句话说，镜像神经元系统的重要组成部分（分享情绪）与说服的艺术有关，这表明镜像机制可以提升说服效果。

（二）概念2

更高的专业性可以带来更好的说服效果，这被称为“专家权威”。一项研究发现，仅仅是将专家和某件物品一起呈现给参与者，他们对该物品的记忆就会更为深刻，同时对该物品的态度也更为积极。[72]换句话说，专家让我们记忆某件物品变得更容易了。从脑科学的角度来看，这种专家权威之所以生效，一方面是因为促进了在颞叶（海马区和海马旁回）的记忆形成，另一方面是因为通过刺激尾状核（caudate nucleus），提升了行为可信度、奖赏加工和学习效率，即背侧纹状体（尾状核）涉及专家信息的加工。

80 *管理应用* 为了提升说服效果，领导者和管理者必须激活听众大脑中的镜像神经网络。激活镜像神经元系统，很大程度上取决于分享情绪的能力（而不是强加于人或下命令），要求领导者放弃自身对某个问题的情感认同，并用代表公司所有人需要的情感认同取而代之（详见本书第八章）。

对于那些聘请专家对员工进行管理训练或其他培训的管理者，管理教练可以告诉他们，与普通人相比，专家更可能激活与说服相关的脑区。换句话说，专家可以带来与普通人不同的说服效果。

八、依恋的神经科学

脑科学概念 依恋风格对领导能力有巨大影响。在过去，依恋被认为是导致优秀领导做出糟糕决策的三大罪魁祸首之一——另外两个是利益冲突和错误记忆。[73]依恋可以分为两类：安全依恋和非安全依恋。非安全依恋（insecure attachment）可能表现为焦虑或回避。依恋在多种商业情境中均发挥着巨大的作用，比如形成跨部门伙伴关系[74]、知识产权分享[75]、管理销售经理和销售员的关系等[76]。了解依恋的脑机制有助于处理好这些以及其他场合的依恋关系。

（一）概念1

最近一项研究显示，领导者的成功需要安全的依恋。那些没有形成安全依恋、处于焦虑和逃避状态的领导者无法带领下属高效前进。[77]

（二）概念2

另一些研究发现：如果领导者的依恋焦虑较高，那么他可能有更高的自我 81
服务（self-serving）动机，在任务导向情境中有更糟糕的领导质量，同时对下属的指导也更差劲。领导者在依恋方面的回避表现让他们无法成为安全感的提供者，这会使下属的社会情绪功能变得糟糕，并损害他们长期的心理健康。因此，领导者的依恋风格对下属的幸福感以及整个公司都非常重要，我们在这里只是介绍了一点研究成果而已。[78-81]

（三）概念3

依恋焦虑与个体的下丘脑—垂体—肾上腺（hypothalamic-pituitary-adrenal, HPA）轴密切相关。下丘脑—垂体—肾上腺轴有许多功能，比如压力调节、维持积极情绪状态等。有研究显示，依恋焦虑与压力的皮质醇（cortisol）反应呈正相关，与觉醒过程的皮质醇反应呈负相关。[82]因此，在压力情境中，那些无法形成安全依恋的领导者有更多的皮质醇反应，下丘脑—垂体—肾上腺轴会过度活跃。[82]

（四）概念4

还有研究发现，与拥有安全依恋的个体相比，那些对依恋回避的个体对消极情绪信号的自发反应更弱。[83]换句话说，他们的大脑（躯体感觉皮层）可能无法像有安全依恋的个体那样获得来自他人的消极情绪信号。

（五）概念5

非安全依恋型的个体，其杏仁核和大脑奖赏中心的激活方式也与安全依恋
型个体不同。对那些回避依恋的个体来说，面对笑脸的积极反馈，他们的纹状 82

体和腹侧被盖区（大脑奖赏中心）激活水平相对较低，这意味着他们对社会奖励相对较冷漠。与之相反，他们的左杏仁核更可能被愤怒面孔（代表消极反馈信息）激活，表明他们对社会惩罚敏感程度更高。因此，那些非安全依恋型的领导者（根据依恋风格量表的结果来区分）对奖励更不敏感，但是对惩罚更为敏感。[84]

管理应用 就提升领导效能而言，领导者的依恋风格非常重要。领导者、管理者和管理教练可以思考，在组织内部和组织之间构建伙伴关系需要怎样的合作能力，安全依恋在其中起着怎样的作用。领导者、管理者和管理教练可以思考：与组织和商业伙伴保持一致，对他们大脑依恋风格有怎样的要求。非安全依恋型（焦虑型或回避型依恋）的个体会提高领导对压力的反应，降低大脑对奖励的敏感性，同时提高大脑对惩罚的敏感性。（在大脑中，减少奖励和增加惩罚是可叠加的。）这种依恋风格会降低领导者对他人消极情绪信号的敏感性，这意味着当他们大脑对惩罚有过度反应时，他们也无法像安全依恋型领导者那样体验到其他人的痛苦。管理教练可以帮助领导者了解自己的依恋风格，提高阅读他人情绪的能力，锻炼与他人深入交流的技能，防止自己的依恋风格在不知不觉中对组织产生消极影响。

表3.1对于社会智力的相关脑科学发现进行了总结，并且简述了其对领导者、管理者和管理教练的作用。

83 表3.1 神经科学视角下的社会智力

脑科学发现	管理应用
情绪可以激活镜像神经元	领导者和管理者需要了解逆镜像方法，通过这些方法来应对自发情绪对自己的影响，同时提升共情能力，以便激活下属的镜像神经元
意图也可以激活镜像神经元	为了随时掌握公司的脉搏跳动，领导者不应该自我孤立
观点采择激活的脑区与共情不同	领导者不仅需要提高自己的共情技能，也需要提升观点采择能力，神经科学有助于后者的提高
不公平意图可以被大脑中镜像神经元觉察到	领导者不应该试图隐藏他们的意图
公平对大脑奖赏中心的激活水平与金钱相当	缺乏公平的经济奖励无法解决眼前的问题
合作激活大脑奖赏中心	通过提升合作水平，领导者可以强化员工的工作动机

续表

脑科学发现	管理应用
大脑在直觉层面对非互惠利他进行自动登记	领导者需要恰如其分地给予员工奖励
信任降低了杏仁核的活跃水平	培养个体之间信任的领导者同时也就创设了无压力的工作环境
信任可以激活大脑奖赏中心	信任和恐惧对大脑有相反的影响。恐惧激活大脑的恐惧中心，蚕食大脑的思维资源；而信任则相反，它降低恐惧中心的活跃水平，保护大脑的思维资源
替代奖励对下属是有效的，因为它同样会在大脑中进行登记	即使领导者想要与下属保持距离，甚至当他们拥有专家权威时，如果他们希望通过共享相似性来激励下属，他们也必须和下属“保持统一战线”
社会排斥会削弱大脑思维中心的功能	领导者应该重视组织内部的共同体建设，以便提升组织整体工作效率
有效的说服可以激活听众大脑中的镜像神经元	这种激活很大程度上取决于分享情感的能力（而不是强加于人或命令别人），同时这也要求领导者真正放弃自己对某个问题的情感认同，采纳代表公司所有人需要的情感认同 84
与普通人相比，专家更可能激活与说服有关的脑区	如果领导者希望提升说服效果，他们应该聘请专家来进行说服
非安全依恋型领导者对他人情绪的敏感性更低，同时他们对自己的积极情绪敏感度较低，而对消极情绪的敏感度较高	领导者应该意识到他们的依恋风格会体现在自己的大脑中（可以推测，也会体现在下属的大脑中），因此他们应该尽量提升安全依恋水平

本章小结

社会智力绝不仅仅是一种“软技能”，它对领导团队、理解公司运营、深入了解消费者需求都非常重要。在一篇开创性的论文中，戈尔曼进行了这样的总结：“发展大脑社会智力回路唯一有效的方法是努力改变自己的行为……一个注重领导力发展的公司，一开始就要评估个体的变革意愿。储备干部首先应该构筑起渴望变革的个人愿景，然后经过一个类似于体检的诊断性评估，明确自己在社会智力方面的优势和劣势。在这些反馈的指引下，对这些储备干部可以有针对性地进行训练——学习那些可以带来最大回报的社会技能。训练内容可以是争取将每个细节做到最好的人际互动训练，也可以是接受管理教练的督导，听取他们的专业建议，还可以是直接向榜样学习……”[4]

社会智力发展对任何领导者都是非常关键的。通过自我反思、学习关于社会 85

智力的知识，领导者不仅可以提升个人绩效，也可以带领公司取得更好的业绩。

参考文献

[1] Thorndike E L. Intelligence and Its Use. *Harper's Magazine*, 1920: 227-235.

[2] Albrecht K. *Social Intelligence: The New Science of Success*. San Francisco: Jossey-Bass (Wiley), 2006.

[3] Goleman D. *Social Intelligence: The New Science of Human Relationships*. Bantam Dell (Random House), 2006.

[4] Goleman D and Boyatzis R. Social Intelligence and the Biology of Leadership. *Harv Bus Rev*, 2008, 86(9): 74-81, 136.

[5] Howe N and Strauss W. The Next 20 Years: How Customer and Workforce Attitudes Will Evolve. *Harv Bus Rev*, 2007, 85(7-8): 41-52, 191.

[6] Weiss J and Hughes J. Want Collaboration? Accept—and Actively Manage—Conflict. *Harv Bus Rev*, 2005, 83(3): 92-101, 149.

[7] Katzenbach J R and Smith D K. The Discipline of Teams. *Harv Bus Rev*, 1993, 71(2): 111-120.

[8] Burciu A and Hapenciuc C V. Non-Rational Thinking in the Decision Making Process. *Proceedings of the European Conference on Intellectual Capital*, 2010: 152-160.

[9] Clarke N. The Impact of a Training Programme Designed to Target the Emotional Intelligence Abilities of Project Managers. *International Journal of Project Management*, 2010, 28(5): 461-468.

[10] Ochieng E G and Price A D F. Managing Cross-cultural Communication in Multicultural Construction Project Teams: The Case of Kenya and UK. *International Journal of Project Management*, 2010, 28(5): 449-460.

[11] Taute H A, Huhmann B A and Thakur R. Emotional Information Management: Concept Development and Measurement in Public Service Announcements. *Psychology & Marketing*, 2010, 27(5): 417-444.

[12] Clarke N. Emotional Intelligence and Its Relationship to Transformational Leadership and Key Project Manager Competences. *Project Management Journal*, 2010, 41(2): 5-20.

86 [13] Sadek D M, et al. Service Quality Perceptions between Cooperative and Islamic Banks of Britain. *American Journal of Economics & Business Administration*, 2010, 2(1): 1-5.

[14] Gazzola V, Aziz-Zadeh L and Keysers C. Empathy and the Somatotopic Auditory

Mirror System in Humans. *Curr Biol*, 2006, 16(18): 1824-1829.

[15] Chartrand T L and Bargh J A. The Chameleon Effect: The Perception-behavior Link and Social Interaction. *J Pers Soc Psychol*, 1999, 76(6): 893-910.

[16] Spengler S, von Cramon D Y and Brass M. Control of Shared Representations Relies on Key Processes Involved in Mental State Attribution. *Hum Brain Mapp*, 2009.

[17] Frith C D. The Social Brain. *Philos Trans R Soc Lond B Biol Sci*, 2007, 362(1480): 671-678.

[18] Iacoboni M, et al. Grasping the Intentions of Others with One's Own Mirror Neuron System. *PLoS Biol*, 2005, 3(3): e79.

[19] Noordzij M L, et al. Brain Mechanisms Underlying Human Communication. *Front Hum Neurosci*, 2009, 3: 14.

[20] Gallese V. Before and Below "Theory of Mind": Embodied Simulation and the Neural Correlates of Social Cognition. *Philos Trans R Soc Lond B Biol Sci*, 2007, 362(1480): 659-669.

[21] Gallese V and Goldman A. Mirror Neurons and the Simulation Theory of Mindreading. *Trends Cogn Sci*, 1998, 2(2): 493-501.

[22] Kaplan J T and Iacoboni M. Getting a Grip on Other Minds: Mirror Neurons, Intention Understanding, and Cognitive Empathy. *Soc Neurosci*, 2006, 1(3-4): 175-183.

[23] Bastiaansen J A, Thioux M and Keysers C. Evidence for Mirror Systems in Emotions. *Philos Trans R Soc Lond B Biol Sci*, 2009, 364(1528): 2391-2404.

[24] Cacioppo J T, et al. In the Eye of the Beholder: Individual Differences in Perceived Social Isolation Predict Regional Brain Activation to Social Stimuli. *J Cogn Neurosci*, 2009, 21(1): 83-92.

[25] Van Overwalle F. Social Cognition and the Brain: A Meta-analysis. *Hum Brain Mapp*, 2009, 30(3): 829-858.

[26] Van Overwalle F and Baetens K. Understanding Others' Actions and Goals by Mirror and Mentalizing Systems: A Meta-analysis. *Neuroimage*, 2009, 48(3): 564-584.

[27] Kumar S A, et al. Influence of Service Quality on Attitudinal Loyalty in Private Retail Banking: An Empirical Study. *IUP Journal of Management Research*, 2010, 9(4): 21-38.

[28] Galinsky A D, et al. Why It Pays to Get Inside the Head of Your Opponent: The Differential Effects of Perspective Taking and Empathy in Negotiations. *Psychol Sci*, 2008, 19(4): 378-384.

[29] Li W and Han S. Perspective Taking Modulates Event-related Potentials to Perceived Pain. *Neurosci Lett*, 2009.

[30] Dosch M, et al. Learning to Appreciate Others: Neural Development of Cognitive Perspective Taking. *Neuroimage*, 2009.

[31] Shamay-Tsoory S G, Aharon-Peretz J and Perry D. Two Systems for Empathy: A Double Dissociation between Emotional and Cognitive Empathy in Inferior Frontal Gyrus versus Ventromedial Prefrontal Lesions. *Brain*, 2009, 132(Pt 3): 617-627.

[32] Montag C, et al. Prefrontal Cortex Glutamate Correlates with Mental Perspective-taking. *PLoS One*, 2008, 3(12): e3890.

[33] Tabibnia G and Lieberman M D. Fairness and Cooperation are Rewarding: Evidence from Social Cognitive Neuroscience. *Ann N Y Acad Sci*, 2007, 1118: 90-101.

[34] Chiao J Y, et al. Neural Representations of Social Status Hierarchy in Human Inferior Parietal Cortex. *Neuropsychologia*, 2009, 47(2): 354-363.

[35] Hsu M, Anen C and Quartz S R. The Right and the Good: Distributive Justice and Neural Encoding of Equity and Efficiency. *Science*, 2008, 320(5879): 1092-1095.

[36] Sanfey A G, et al. The Neural Basis of Economic Decision-making in the Ultimatum Game. *Science*, 2003, 300(5626): 1755-1758.

[37] Olsson A and Ochsner K N. The Role of Social Cognition in Emotion. *Trends Cogn Sci*, 2008, 12(2): 65-71.

[38] Hein G and Singer T. I Feel How You Feel but Not Always: The Empathic Brain and Its Modulation. *Curr Opin Neurobiol*, 2008, 18(2): 153-158.

[39] Tabibnia G, Satpute A B and Lieberman M D. The Sunny Side of Fairness: Preference for Fairness Activates Reward Circuitry (and Disregarding Unfairness Activates Self-Control Circuitry). *Psychol Sci*, 2008, 19(4): 339-347.

[40] Rilling J K, et al. The Neural Correlates of the Affective Response to Unreciprocated Cooperation. *Neuropsychologia*, 2008, 46(5): 1256-1266.

[41] Hamel G. Strategy as Revolution. *Harv Bus Rev*, 1996, 74(4): 69-82.

[42] Hassan F. "Leading Change from the Top Line." Interview by Thomas A Stewart and David Champion. *Harv Bus Rev*, 2006, 84(7-8): 90-97, 188.

[43] Luria G. The Social Aspects of Safety Management: Trust and Safety Climate. *Accident Analysis & Prevention*, 2010, 42(4): 1288-1295.

[44] Bstieler L and Hemmert M. Trust Formation in Korean New Product Alliances: How Important are Pre-existing Social Ties. *Asia Pacific Journal of Management*, 2010, 27(2): 299-319.

[45] Tanghe J, Wisse B and Van Der Flier H. The Role of Group Member Affect in the Relationship between Trust and Cooperation. *British Journal of Management*, 2010, 21(2): 359-374.

88 [46] Fink M and Kessler A. Cooperation, Trust and Performance—Empirical Results from

Three Countries. *British Journal of Management*, 2010, 21(2): 469-483.

[47] Edwards J R and Cable D M. The Value of Value Congruence. *J Appl Psychol*, 2009, 94(3): 654-677.

[48] Boudreau C, McCubbins M D and Coulson S. Knowing When to Trust Others: An ERP Study of Decision Making after Receiving Information from Unknown People. *Soc Cogn Affect Neurosci*, 2009, 4(1): 23-34.

[49] Kramer R M. Rethinking Trust. *Harv Bus Rev*, 2009, 87(6): 68-77, 113.

[50] Khurana R and Nohria N. It's Time to Make Management a True Profession. *Harv Bus Rev*, 2008, 86(10): 70-77, 140.

[51] Hurley R F. The Decision to Trust. *Harv Bus Rev*, 2006, 84(9): 55-62, 156.

[52] Maratos F A, et al. Coarse Threat Images Reveal Theta Oscillations in the Amygdala:A Magnetoencephalography Study. *Cogn Affect Behav Neurosci*, 2009, 9(2): 133-143.

[53] Seres I, Unoka Z and Keri S. The Broken Trust and Cooperation in Borderline Personality Disorder. *Neuroreport*, 2009, 20(4): 388-392.

[54] Said C P, Baron S G and Todorov A. Nonlinear Amygdala Response to Face Trustworthiness: Contributions of High and Low Spatial Frequency Information. *J Cogn Neurosci*, 2009, 21(3): 519-528.

[55] Brown D, Rose D and Lyons E. Self-generated Expressions of Residual Complaints Following Brain Injury. *NeuroRehabilitation*, 2009, 24(2): 175-183.

[56] Pessiglione M, et al. Subliminal Instrumental Conditioning Demonstrated in the Human Brain. *Neuron*, 2008, 59(4): 561-567.

[57] Baumgartner T, et al. Oxytocin Shapes the Neural Circuitry of Trust and Trust Adaptation in Humans. *Neuron*, 2008, 58(4): 639-650.

[58] Krueger F, et al.Neural Correlates of Trust. *Proc Natl Acad Sci USA*, 2007, 104(50): 20084-20089.

[59] van den Bos W, et al. What Motivates Repayment? Neural Correlates of Reciprocity in the Trust Game. *Soc Cogn Affect Neurosci*, 2009, 4(3): 294-304.

[60] Krajbich I, et al. Economic Games Quantify Diminished Sense of Guilt in Patients with Damage to the Prefrontal Cortex. *J Neurosci*, 2009, 29(7): 2188-2192.

[61] Mobbs D, et al. A Key Role for Similarity in Vicarious Reward. *Science*, 2009, 324(5929): 900.

[62] Krill A and Platek S M. In-group and Out-group Membership Mediates Anterior Cingulate Activation to Social Exclusion. *Front Evol Neurosci*, 2009, 1: 1.

[63] Karelina K, et al. Social Isolation Alters Neuroinflammatory Response to Stroke.

Proc Natl Acad Sci USA, 2009, 106(14): 5895-5900.

89 [64] Cao Z, et al. Anterior Cingulate Cortex Modulates Visceral Pain as Measured by Visceromotor Responses in Viscerally Hypersensitive Rats. *Gastroenterology*, 2008, 134(2): 535-543.

[65] Schwabe L and Wolf O T. Stress Prompts Habit Behavior in Humans. *J Neurosci*, 2009, 29(22): 7191-7198.

[66] Bowles D P and Meyer B. Attachment Priming and Avoidant Personality Features as Predictors of Social-evaluation Biases. *J Pers Disord*, 2008, 22(1): 72-88.

[67] Masten C L, et al. Neural Correlates of Social Exclusion during Adolescence: Understanding the Distress of Peer Rejection. *Soc Cogn Affect Neurosci*, 2009, 4(2): 143-157.

[68] Eisenberger N I, Lieberman M D and Williams K D. Does Rejection Hurt? An fMRI Study of Social Exclusion. *Science*, 2003, 302(5643): 290-292.

[69] Hamel G. Moon Shots for Management. *Harv Bus Rev*, 2009, 87(2): 91-98.

[70] Falk E B, et al. The Neural Correlates of Persuasion: A Common Network across Cultures and Media. *J Cogn Neurosci*, 2009.

[71] Adams D M. Ethics Consultation and "Facilitated" Consensus. *J Clin Ethics*, 2009, 20(1): 44-55.

[72] Klucharev V, et al. Reinforcement Learning Signal Predicts Social Conformity. *Neuron*, 2009, 61(1): 140-151.

[73] Campbell A, Whitehead J and Finkelstein S. Why Good Leaders Make Bad Decisions. *Harv Bus Rev*, 2009, 87(2): 60-66, 109.

[74] Le Ber M J and Branzei O. (Re)Forming Strategic Cross-Sector Partnerships: Relational Processes of Social Innovation. *Business & Society*, 2010, 49(1): 140-172.

[75] Belk R. Sharing. *Journal of Consumer Research*, 2010, 36(5): 715-734.

[76] Mallin M L, O'Donnell E and Hu M Y. The Role of Uncertainty and Sales Control in the Development of Sales Manager Trust. *Journal of Business & Industrial Marketing*, 2010, 25(1): 30-42.

[77] Popper M and Amit K. Influence of Attachment Style on Major Psychological Capacities to Lead. *J Genet Psychol*, 2009, 170(3): 244-267.

[78] Davidovitz R, et al. Leaders as Attachment Figures: Leaders' Attachment Orientations Predict Leadership-related Mental Representations and Followers' Performance and Mental Health. *J Pers Soc Psychol*, 2007, 93(4): 632-650.

[79] Bresnahan C G and Mitroff I I. Leadership and Attachment Theory. *Am Psychol*, 2007, 62(6): 607-608.

[80] Mayseless O and Popper M. Reliance on Leaders and Social Institutions: An Attachment Perspective. *Attach Hum Dev*, 2007, 9(1): 73-93.

[81] Berson Y, Dan O and Yammarino F J. Attachment Style and Individual Differences in 90
Leadership Perceptions and Emergence. *J Soc Psychol*, 2006, 146(2): 165-182.

[82] Quirin M, Pruessner J C and Kuhl J. HPA System Regulation and Adult Attachment Anxiety: Individual Differences in Reactive and Awakening Cortisol. *Psychoneuroendocrinology*, 2008, 33(5): 581-590.

[83] Suslow T, et al. Attachment Avoidance Modulates Neural Response to Masked Facial Emotion. *Hum Brain Mapp*, 2009, 30(11): 3553-3562.

[84] Vrticka P, et al. Individual Attachment Style Modulates Human Amygdala and Striatum Activation During Social Appraisal. *PLoS One*, 2008, 3(8): e2868.

第四章

创新、直觉与欺世盗名：卓越领导者的隐患

卓越的领导者总有一些特定的品格，如创新、说服力、韧性、直觉敏锐， 91
以及善于鼓舞人心等。然而，不是所有卓越的领导者都能一直保持卓越，有成为卓越领导者潜质的人也并非都能真正成为卓越的领导者。是什么原因使他们无法达到或保持卓越？神经科学可以帮助我们更深入地了解这些问题。

大量文献关注的都是那些可以操作化界定的特征，但对那些难以形容的概念却很少关注。然而，这些难以形容的事物常常会让领导者困惑不解，要求领导者思考他们身上那些习惯成自然的事情并不容易。这好比他在高速公路上以120千米的时速驾车飞驰，你却要求他立刻停下来，因为你要捡回刚刚掉下去的硬币。

对卓越领导者而言，挑战是不一样的。他们不需别人告诉他们如何分析问题，通常也不需要训练如何设置目标及如何提高基本管理技能。实际上，这些卓越的领导者反而需要理解直觉等听上去有些神秘的事物。

例如，为什么在不断取得成功之后，仍然感觉自己处于失败之中？为什么 92
工作不再让人兴奋？直觉是真实存在抑或是一种想象？哪些行为称得上专家表现？成为一名创新者意味着什么？这些问题的答案在本章中都可以找到。

一、创新的神经科学

脑科学概念　在最近一篇名为“创新者DNA”的文章中，杰弗里·戴伊（Jeffrey Dyer）及其合作者[1]勾勒出最具创造力管理者拥有的五种探索技能：乐

于联想、敢于质疑、善于观察、勇于尝试和精于沟通。这些技能帮助管理者与他人建立起良好关系，打破常规，了解新见解，尝试新方法，听取来自不同背景的人的各种想法。例如，在不确定的商业环境中，新产品开发之前勾勒“正确的”市场愿景可以增加组织的竞争优势,[2]而这不仅需要理性分析，也需要管理者拥有创造性的远见。

此外，“释放下属的创造力”是高效领导的关键内容。管理大师加里·哈默尔在《管理登月计划》这篇文章中描述了激发管理创新的四个基本过程：（1）致力于解决重大的管理问题。问题越是重大，创新的机会就越大。（2）寻找新的管理原则。要解决前所未有的问题，必须采用前所未有的方法，这就需要公司抛开已经被充分挖掘的管理智慧金矿，转而采用非传统原理打开管理创新的新“矿层”。（3）解构正统的管理思想。要充分认识到新管理原则的威力，必须对过去的习惯做法进行重新评估，摆脱其对新思维的束缚。（4）充分利用类比的力量。要摆脱传统管理思维的束缚，不妨研究一下那些明显不遵守传统的组织的一些实际做法，从中会得到很多启发。[3]实际上，管理创新也是竞争优势的重要来源。[4]既然创新对公司发展如此重要，那么从神经科学的视角如何帮助我们更深入地理解创新呢?

在有关神经科学的文献中，创造性发挥作用包含四个阶段：准备期、酝酿期、明朗期和验证期——跟胎儿在妈妈子宫中的成长是相似的。培养创新
93 能力需要理解如下这些概念：发散思维（divergent thinking，DT）、新颖寻求（novelty seeking，NS）和潜伏抑制压抑（suppression of latent inhibition）[5]（有时候我们会压抑那些最有创造力的想法，因为我们无法立刻对它们进行解释）。这要求大脑额叶皮层不像通常那样进行抑制（有人甚至认为应有轻微的机能失调），以便使创造性想法和问题解决方案通过。除了大脑额叶皮层的“放松”，高创造力个体拥有较高水平的连接性（connectivity），即在思维过程中将那些看起来不相关的脑区关联起来，以便创造出新的连接，图4.1对抑制和创造过程进行了总结。

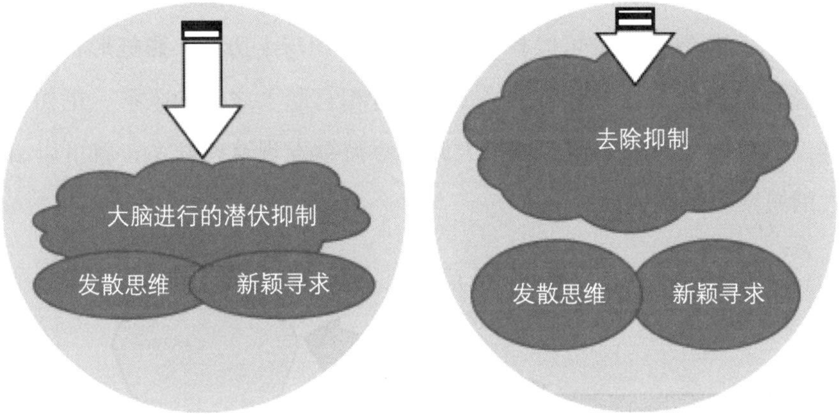

图4.1　抑制和创造过程的关系

那么，为什么我们不能持续保持高创造力呢？如果可以轻易地“去抑制”（disinhibition），为什么我们不这么做？安巴尔·查克拉瓦蒂（Ambar Chakravarty）认为，主要原因在于创造力带来的“益处”是一条倒U形曲线。部分抑制（而不是全部抑制）是有价值的，我们需要的是适度的发散思维而不是胡思乱想。因此，创新和创造力需要风险管理——对狂热的“恐惧”是创造力的大敌，因为这种态度会阻碍创造力的产生。此外，大脑额叶皮层也需要预防倒U形曲线“下降”的风险。为了更为有效地管理这条曲线，需要引入外部资源（如咨询师），与公司内部创造力资源一起进行创新活动。[6]

对创新型领导者来说，发挥创造力也意味着将自己置于U形曲线后半部分 94
的风险之中，见图4.2。

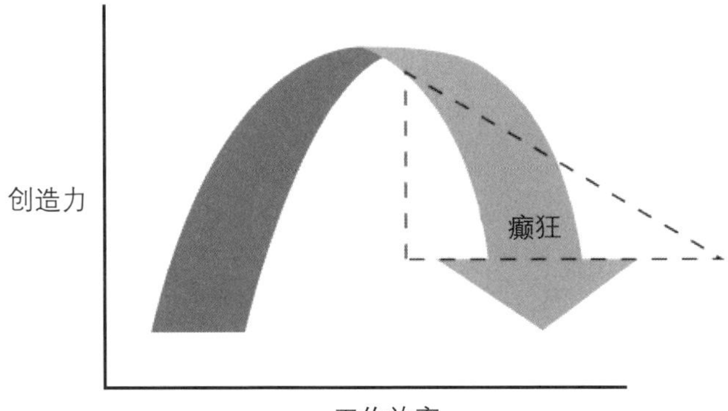

图4.2　创造性思维风险的示意图

一些研究证据显示，创新需要类比推理（找到不同概念之间的相似性）。在图4.3中，高创造力大脑可以找出十色方盒分别与十边形、**彩虹**形状（因为盒子上有彩虹的颜色）、唐宁街十号（英国首相官邸）之间的联系。正如你看到的那样，这些联系有强有弱，如果大脑能够持续发现这些联系，就可以给出有创造性的答案。

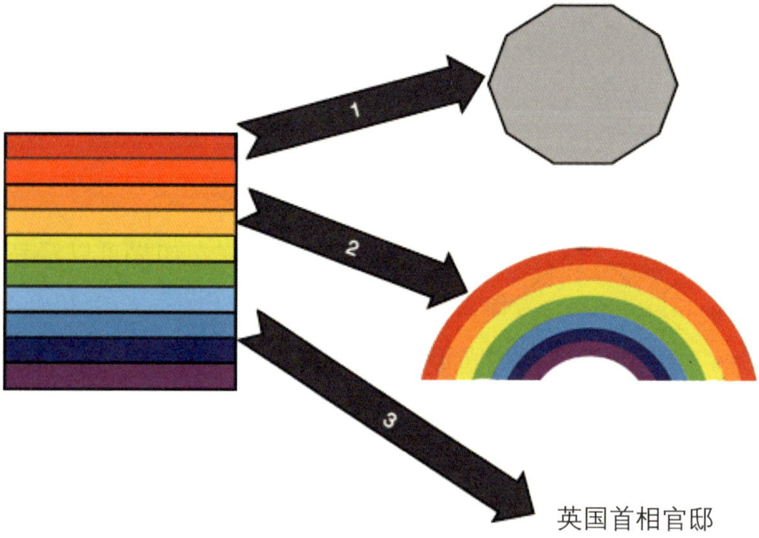

图4.3　高创造力大脑形成的联系

两个概念之间的关联程度被称为**语义距离**（semantic distance）（在图4.3中，英国首相官邸与彩色方盒的语义距离更大）。创新要求找到有较大语义距离的概念之间的相似之处。大脑中左额极皮层（left frontopolar cortex，额叶皮
95 层的最前端）与语义距离密切相关。[7]因此，如果将这种关联呈现给大脑足够长的时间，左额极皮层就能发现这种相似性。虽然不一定立刻就能发现这种联系，但大脑一直处于寻找联系的状态。

创造力（发散思维和创造性成效）本身与大脑中舌回（通常也在梦境回忆中起到重要作用[8]）、左外侧眼窝皮层（如果这部分脑区受到破坏，就会出现严重的去抑制表现——通常表现为赌博、药物滥用、说脏话、性欲亢奋等[9,10]）等较小的脑区有关，也与扣带回右后侧（如果该脑区机能失调，则会出现时间和空间的定向障碍[11]）、角回［对理解隐喻、跨模型信息提取（cross-model abstractions）和空间关系非常重要[12]］等较大的脑区有联系[13]。

如果这些与创造力有关的脑区受到破坏，会出现怎样的结果？表4.1对此进行了总结。

表4.1 区域性脑损伤的后果 96

受损脑区	导致的问题
舌回	不再做梦
左外侧眼窝皮层	去抑制（如性欲亢奋、赌博、说脏话）
扣带回右后侧	时间和空间的定向障碍
角回	不能理解隐喻、跨模型信息提取、空间关系

虽然我们不能推断这些或大或小的脑区在创造力中究竟起到怎样的作用，但是我们知道，这些脑区的相关功能，如做梦、去抑制、对时间和空间的定向、对隐喻的理解、跨模型信息提取等对创造力都非常重要。举一个跨模型信息提取的例子：当要求人们将kikki、bouba与锯齿状（jagged shape）、变形虫（amoeba）关联起来时，98%的人将kikki与锯齿状放在一起，而将bouba与变形虫联系在一起①，但是角回受损的人却无法做到这一点[14]。

在脑成像研究中，测量创造力的主要方法是考察发散思维，即探索一个问题多种解法的思维过程。虽然一些研究推测，高创造力个体左、右脑之间的网络连接更好，但是最近的研究却发现，具有高发散思维的个体，其胼胝体反而更小，这使得研究者相信——决定创造力的是大脑中连接的质量而不是数量。此外，由于可以让新观点保持在其最初出现的大脑半球，这种连接性的降低反而可以促进新观点的“酝酿”。[15]

另一项探索创造力脑机制的研究发现，创造力与大脑中后顶叶区域和右半球的脑电波同步化（synchronization）有关。[16]其他研究也显示，当个体处 97
于高创造力状态时，这些脑区有更大的脑电波同步化表现。[17]此外多项研究表明，有些时候创造过程会带来额叶皮层的活跃，这与顶叶皮层的活跃是相关的[16,18,19]，虽然在这种情况下，同时也存在抑制分析过程的额叶功能低下（hypofrontality）[20]。

许多研究发现，不同脑区（尤其是在涉及思维、记忆、情绪和新异反应的

① 译者注：jagged shape意为“锯齿状”，此处kikki看起来如锯齿状；amoeba意为“变形虫”，一种单细胞生物，此处bouba和amoeba这两个词语都是以ba结尾，因此人们会将这两个单词联系起来。

前额叶区域）之间的关键整合对创造力非常重要。[21,22]

管理应用 那么，管理教练如何使用这些脑科学知识来激发领导者的创造力？领导者和管理者如何使用这些知识来提升自己的创造力？首先，我们总结一下实用的脑科学发现：（1）脑成像研究显示，创造力和狂热之间存在某种联系，产生创造力的脑区，如果“过度激活”，就可能导致狂热或者去抑制状态的出现［想想高尔夫球星泰格·伍兹（Tiger Woods）的失利以及几名音乐家自杀的例子］。因此，为了减少这种与创造力相关状态的出现，领导者和管理者可以聘请管理教练使用表4.1的内容来进行连续追问，“训练”大脑，使其提高对上述脑区的认知控制。[19]对大脑的训练可以直接影响左顶叶皮层，本书第八章将具体介绍这些干预措施。（2）当前，关于这些脑区应该激活到怎样的程度才最有利于创造力发展尚无定论，但是我们可以从表4.1推测出，为了提升创造力和创新能力，我们需要关注什么。简而言之，领导者可以做更多的梦（利用无意识），不要担心失去控制，也不要担心失去时间感和空间感（并且知道怎么样做到这一点），增加隐喻和跨模型信息提取的使用。（3）从本质上
98 讲，领导者和管理者都需要进行有关语义距离和联想的训练，这可以刺激大脑左额极皮层，从而提升创造力。（4）我们可以刺激发散思维，同时鼓励创意，因为这可以让新观点更安全地涌现。这是我们在本书第八章中要讨论的内容，届时我们会探讨具体如何做。

到目前为止，我们已经了解了这些关于创新的内容：（1）尚未做到创新的一个很可能的原因是，创新总是伴随着失常的威胁（如大脑中眼窝前额皮层的损伤与躁狂和自杀密切相关[23,24]）；（2）然而，我们可以识别这些威胁，并且克服它们；（3）我们知道，需要将不同事物联系起来，以便于刺激大脑的创造力，因此即使事物之间的联系看起来很远，我们也不能停止联想；（4）在回答如何做和为什么做之前，先坚持并发展自己最初的想法（后面部分我们会讨论具体怎么做）。

从本质上说，关于创造力的脑科学告诉我们，跟创造力有关的脑区容易受到恐惧的影响，这有助于我们制订计划来克服这种影响。脑科学研究也告诉我们，任何干扰脑电波同步性的事物，同时也都会干扰创造力的产生。

二、直觉的神经科学

脑科学概念 许多领导者都是直觉型的，但他们常常对此感到很纠结，不知道是否应该相信自己的直觉。直觉是关于某事正在发生的“抢先”知觉。抢先知觉意味着在知道目标之前，大脑已经决定如何行动了。[25]换句话说，因为有足够多经验的支持，大脑已经可以自动提出一套方案。大脑将获得的信息绘制在顶叶皮层生成的“重要”地图上。[26]从某种意义上说，这是一种准确的预期。使用科学术语，我们可以将直觉解释为在完整理解目标之前的模式识别。[27]直觉也可以被理解为预期的行为。脑科学可以帮助我们更好地理解直觉。 99

1. **在体验到强烈的情绪之前，我们的身体已经做出了反应。**例如，在一项实验研究中，给参与者呈现一些唤醒情绪的图片和中性图片，参与者在看见情绪图片之前，就有眨眼、瞳孔放大等反应，尤其是没有给定任何线索的情况下。[28]该项研究中的水平眼动（horizontal eye movements）表明大脑双侧具有不对称性。

2. **逐步推理和直觉推理激活不同脑区。**另一项研究表明，逐步的审慎推理会激活额中回（middle frontal gyrus）、顶下小叶和楔前叶（precuneus），而直觉（被认为是纯粹的协调）激活的是脑岛和前扣带皮层。[29]脑岛位于大脑深处，当行动选择更为自动化时（如决定心率为多少），脑岛可以发挥更大的作用。令人惊奇的是，对于可以指引行动的情绪而言，脑岛与前扣带皮层在许多功能上具有一致性。[30]

进一步的证据显示，楔前叶的激活与优势可解博弈①（dominance-solvable game）呈正相关，而脑岛则与无须意志努力协调博弈②（coordination game）呈正相关。因此，脑岛会促进直觉的产生，脑岛很可能作为“直觉登记器”，将信息送往大脑皮层进行加工。

3. **之所以出现直觉，是因为大脑使用早期细微的信息来“做决定”。**如果我们将直觉界定为模式识别或者连贯的模糊知觉，那么眼窝前额皮层就与直觉有较为密切的联系，在我们对信息进行有意识加工之前，眼窝前额皮层就已经对

① 译者注：一种可以按照特定程序和步骤推理，寻找最佳策略和均衡点的博弈。
② 译者注：在协调博弈定义的收益空间中，任何均衡点都符合：在了解其他人的行为策略后，没有人愿意改变其行为策略；没有参与人希望其他参与人愿意改变其行为。

传入大脑的信息进行了粗略的加工。[31]这里的核心观点在于：来自视觉皮层（一旦你看某种东西）的信息会直接传递到前额叶，在大脑的感觉中枢对这些信息进行加工之前，前额叶已经对这些信息做出了反馈，因此我们会有早期识别。[32]除
100 了眼窝前额皮层，直觉也跟眼窝前额皮层中部、杏仁核外侧、前脑岛、颞枕腹侧（ventral occipito-temporal regions）等脑区有关。[33]

这意味着直觉定位于“快速而粗糙”的脑区（我们不需要记住这些脑区的名字），即它比审慎的思考要快（因为大脑的情绪中枢反应更快），但并不总是精确。我们应该考察这种快速知觉的准确性，而不是忽视它们。

珍妮是我指导过的一名经理，有一次她去参加求职面试，一切都非常完美，除了她的“情绪”。她应聘的是一个高级管理岗位，有着很诱人的薪资待遇、很强的工作灵活性，也需要肩负相当大的责任——所有这些都是她渴望的。同时，她面试的这家公司（是一家“世界财富500强”公司）也真心希望聘请她。但是当她在这家公司的大厦中与招聘方交流时，她感觉自己探测到他们员工身上的一种“恐惧”或“威胁”。虽然这是她生涯发展的重要机会，并且这种体验也不是她理性思考的结果，但她还是决定拒绝这份工作邀请，因为自己体验到了不适——她的“直觉大脑探测器”在持续发出警报。在拒绝邀请几个月之后，这家公司“崩塌”了，必须进行重组。如果她当时接受了这份工作，现在就不得不重新找工作了。她的脑岛和前扣带皮层为她提供了非常重要的信息。幸运的是，她听从了这些来自大脑的信号。

4. 潜意识深处整合输入信号的脑区促进了直觉的产生。研究发现，语义连贯系统（semantic coherence systems）增加了大脑中处理相异信息的脑区（即整合输入信息、产生关于世界的连贯图像的脑区）的神经活跃水平，这些脑区主要分布在大脑的顶叶双侧和颞叶皮层右上部分。[34]在另一项研究中，甚至在没有意识到线索是奖励还是惩罚的情况下，人们对奖励的选择都超过了惩罚，并且这种联系与腹侧纹状体的激活有关。[35]因此，大脑的奖赏中心有接收无意识信息的通道。你可能不知道为什么自己会做出这种选择，但是你的大脑在你选择之前就已经“知道”了。

101 **5. 直觉可以自动出现。**与直觉可以自动出现相关的还有镜像神经元（当他人有动作、意愿或者表现出某种情绪状态时，镜像神经元会自动激活）。[36]

管理应用　与领导者或管理者共事时，这些关于直觉的神经科学知识有什么用呢？我们来总结一下。（1）科学证据显示，在我们意识到之前，大脑已经对一些信息进行了加工，因此我们需要关注这种加工，不要让直觉溜走。（2）直觉会在几个脑区进行登记和加工，主要包括：脑岛、眼窝前额皮层（与认知灵活性有关的脑区）和前扣带皮层（大脑的注意中心）。因此，我们可以理解为什么在我们意识到之前大脑就已经知晓了。（3）在明确目标或最终数据出来之前，大脑就已经在进行信息加工。随后，通过数据可以提高判断的准确性。为了不让直觉丢失，我们可以绘制直觉地图并且对其进行探索（参见本书第八章）。（4）如果我们有直觉却忽略它们，我们就可能失去尽早探索的机会——我们给大脑这个“领航员”更多的信息，我们就可能更早开始新的行动。（5）镜像神经元是自动激活的，因此我们可以读懂他人的情绪和意图。管理教练可以帮助我们更好地使用这些脑科学知识来开发直觉，而不是抛弃它们。

三、身体语言的神经科学及其应用

脑科学概念　在本书中我们已经多次提到镜像神经元了。镜像神经元是被他人的行动、意图或情绪激活的位于特定脑区的脑细胞。[37]因此，当他人身体移动时，即使你自己没有意识到这一点，你的大脑却记录下来了。如果两人之间感到尴尬，可能是因为你不喜欢这个人，但真正的原因也可能是你不喜欢*自己*大脑中已经自动登记的关于这个人的信息。领导者应该意识到，他们的身体语言会自动影响他人，意识到这一点对领导者非常有价值。一旦这种行动在 102
你的大脑中进行了登记，它就很可能刺激相应的情绪脑区。

此外，“具身认知”（embodied cognition）这个概念也开始出现在神经科学文献中。从本质上讲，具身认知理论基于如下假设：思维会创造或引起动作（movement），动作本身也可以塑造思维（thoughts）。换句话说，特定种类的动作可以促进顿悟的产生或问题的解决。[38]实际上，一些研究者相信，当人们理解彼此的情绪时，他们分享的并不是情绪镜像系统（emotion mirror systems），而是可以产生思维和情绪的动作镜像系统（movement mirror system）。[39]

管理应用 大脑在多个层次都可以“阅读”身体语言。人类大脑中的镜像神经系统可以自动“阅读”身体语言，这种“阅读”可以刺激观察者的思维和情绪。同样，动作也可以改变我们的思维模式和洞察力。针对具体问题，虽然我们还不能精确地了解什么动作有助于解决它，但我们确实知道，动作有利于顿悟的产生和问题的解决。因此，管理教练可以鼓励管理者多运动，或者甚至在解决问题的过程中，使用运动来放松一下，比如摆动手臂、拉伸胳膊。这里使用的原理是：动作是一种探索（而不是知晓）的途径，可以用于提升自己的洞察力，甚至适当的转移注意力的行为，也有助于洞察力的提高。[40]

举例来说，研究者常常在实验中使用双绳问题（two string problem）[38]，如图4.4所示。

图4.4 双绳问题

从天花板上垂下来两根绳子，这项任务的目标是抓住一根绳子不放，然后

用手去抓另一根绳子。这项任务的挑战在于两条绳子隔得比较远，并且另一根
绳子的下方还有一张放有许多零碎物品的桌子。解决这个问题需要在另一根绳
子的下方系上某个物品，使之变重，然后将绳子摆动起来，这样就容易抓住
了。如果把不知情的被试分为两组，让一组在思考过程中进行摆臂动作，另一
组则进行拉伸动作，前一组被试往往更有可能解决这个问题。因此，与任务相 103
匹配的动作提供了一种心理上的解决方案（mental solution）。激活大脑中的运
动中心对思维也有益处。

四、“欺世盗名综合征”的神经科学

曼弗雷德（Manfred F. R. Kets de Vries）在《哈佛商业评论》上撰文，描 104
述了“欺世盗名之感的危险性”[41]。通常来说，欺世盗名综合征（impostor
syndrome）的特征包括恐惧失败、恐惧成功、完美主义（perfectionism）、拖延
（procrastination）和工作狂（workaholism）。曼弗雷德描述了欺世盗名综合征
如何毁掉高成就者的职业生涯，同时还将组织带向下坡路。这些人的焦虑导致
自己过度恐惧，从而抑制了自己天赋的发挥。

之所以会出现欺世盗名综合征，部分原因在于有才干的人在体验自己的成功时，出现了“鸿沟”。因为飞跃式的成功涉及许多无意识过程，无意识过程的累积促使他们去寻找自己成功的原因，然后他们认为自己的成功中有一些不可思议的成分。因为意识到的思维和行动只是起到部分作用，而无意识过程难以被记住，所以他们无法完全了解自己成功的原因。

同样，当个体成为领导者获得更高层次技能后，他们常常发现自己丢失了技术知识（technical knowledge）。由于他们在很久以前学到过这些知识，虽然已经很难提取出来，但他们仍然可以指导下属（经理或员工）使用这些知识。换句话说，他们的技术记忆（technical memory）有所减少，但是概念记忆（conceptual memory）则有所增加。

记忆变差带来的焦虑很可能会激活大脑中的杏仁核，干扰个体思考和做计划，损害其对未来的规划和目标的导向性。

人什么时候会去做那些自己并不擅长的事情？最近一篇论文对此进行

了解释。之所以有这种行为，是因为大脑中的无意识监控系统（unconscious monitoring system）发出很大的噪声，导致意识大脑无法正常工作，[42]因此我们的大脑被消极想法“启动”。换句话说，大脑只“听到”我们不想要的事情带来的恐惧。在这个过程中，压力尤其会让意识大脑系统无法运转。当领导
105 害怕犯错误时，他们就会将自己置于压力之中。这种压力会让他们陷入谨慎陷阱（prudence trap）。过于谨慎会干扰思维流畅性，因为这种谨慎其实是焦虑的一种形式，会干扰思维。此时大脑会进入“过度警觉模式”，如果压力超过一定限度，就会导致意识大脑关闭，留下无意识大脑继续工作。在这种状态下，虽然领导者试图避免犯错，但无意识大脑只会对最重要的词语做出反应，而忽略其他的表示否定的指令。因此，当领导者在想“开会时千万不要失误！”的时候，处于压力之中的无意识大脑听到的是“失误！”，并且服从这种指令。

管理应用　我们最好是去预防欺世盗名综合征，而不是等待它发生。为了做到这一点，管理教练必须告诉领导者，他们的成功也会带来消极后果，即可能带来自我质疑（self-questioning）。无法回答自己为什么会成功，意味着成功的“关键答案”是处于无意识之中的。管理教练可以鼓励领导者像以前一样，适时坦然放手。同时，管理教练可以陪伴领导者完成这个过程。

如果一名花样滑冰运动员突然问自己这些花样滑冰的动作是怎么做到的，他/她反而会失误。如果一名音乐家突然问自己为什么演奏得如此流畅，他/她反而会失去音乐的灵性。对领导者来说同样如此，过于关注自己的意识反而会丢失思维的流畅性。人们需要自我接纳，这样才可能保持思维流畅，让意识大脑和无意识大脑各司其职。本书第八章会具体介绍如何对相关脑区进行干预。

五、镜像自我迷失的神经科学

脑科学概念　如果人们照镜子，却不认识镜子中的人，就会有麻烦，因为这是一种较难应付的症状，称为镜像自我迷失。由于成功可激发出自恋危机，领导者可能因为这种症状而招人嫌弃。其实，无法认出镜中自己的重要原
106 因，在于害怕人们了解他们成功以外的东西。这样，领导者可能仍然希望他们

继续代表社会的核心价值——虽然他们并非如此。

研究显示，大脑右半球受损会改变一个人的自知感（sense of self-knowing）。[43]也有病例显示，镜像自我迷失（无法认识镜子中的自己）可能是因为大脑右半球有功能障碍。[44]

那些常常思考复杂管理问题、不找到合理方案决不罢休的领导者，更有可能陷入这种自我迷失。如果领导者长期处于这种状态，就更可能导致较为严重的自我迷失。

管理应用　如果领导者缺乏自我意识，来自他人的赞美就无法维持他们对自己的积极反应。这是因为他们不是缺少来自别人的赞扬，而是不明白如何去认识自己。这是一个非常关键的问题，我在许多领导者的身上都发现了这个问题。

马丁是一家知名公司的CEO。当他接手该公司时，公司处于非常糟糕的状态，他花了五年时间才让这家公司重新走上正轨。马丁将自己这几年的表现视为职业生涯的高峰，每个人都称赞他，他也为这种结果感到高兴。但是，在他内心深处，这种获胜的感受只会持续一分钟，然后就烟消云散。无论人们告诉他他有多优秀，他都会感到沮丧，因为他无法将别人的赞扬与自己的体验匹配起来。这让他感到焦虑，工作效率变低，业绩也开始下滑。马丁的表现是右脑机能受损导致无法进行自我认识的一个例子，也是下面我们要介绍的顶峰综合征（summit syndrome）的例子。

有人或许会指出，管理教练可以通过加强领导者的自我价值观来应对这个问题，但这只会取得暂时的成绩，一旦管理教练离开，领导者就会很快恢复原样。实际上，使用自我知觉工具对领导者进行赋能（empowering）是非常重要的，但这里我们只需要了解：这些领导者的大脑是不知道如何自动做到这一点的。在后面我们会介绍具体的干预措施。

六、顶峰综合征的神经科学

脑科学概念　领导者常常由于其杰出表现而获得晋升。实际上，许多人在一生中都是不断处于上升状态的，直到他们在某个地方被“卡住”。发生什

么事情导致他们被“卡住”？他们能够立刻认识到自己的不足吗？是不是因为压力太大了？他们以前的成功是不是虚假的？以后也就这样了吗？

这是那些处于顶峰的领导者心里面常会掠过的一些想法。《哈佛商业评论》中有两篇文章提到了顶峰综合征。在其中一篇文章中，作者描述了在一个岗位上如鱼得水后，有杰出解决问题能力的领导者如何失去平衡，开始对自己的目标进行质疑。[45]他们一开始体验到模糊的不满意，这些不满意导致内心困惑，再导致内心变得动荡和混乱。研究者发现顶峰综合征有下面三个阶段。

1. **迫近期**——在这个阶段，领导者对其所在岗位的工作已经驾轻就熟，许多事情对他们而言都是自动化的。由于所有事情都显得如此简单，他们开始想念解决困难问题时那种肾上腺激素飙升（adrenalin rush）的感觉。因此，他们试图重新找回那种攀登的感觉，但通常无法如愿。

2. **高原期**——在这个阶段，领导者已经征服了当前岗位的所有难题。没有什么事情需要付出过多努力了。刚开始他们还觉得有点意思，循规蹈矩地继续工作，希望获得更出色的成果，但是他们已经开始减少努力，并且不满意（dissatisfaction）的情绪开始增加。

3. **下降期**——在这个阶段，领导者的业绩有非常明显的下滑。他们不再处于“攀登”状态，高原状态已经让他们感到厌倦。实际上，他们开始怀念自己失去的超级明星地位，但是结果却是要么拂袖而去，要么接受降级的事实，要么平级调整到其他岗位。从本质上说，他们处于对未来没有愿景的高原期，“腐烂”在当前的岗位上。

108 下面是一些与顶峰综合征有关的脑科学原理。

• **减速或“停止”会让人体验到焦虑。**这种焦虑会提高杏仁核的活跃水平，活跃的杏仁核则会干扰思维大脑的工作。

• **由于大脑变“麻木”，领导们更容易厌倦。**那些容易感染顶峰综合征的领导者，更可能对工作感到厌倦。最近一项研究显示，给两组参与者（一组的参与者乐于寻求刺激，另一组的参与者则不喜欢这样做）重复呈现一个视觉刺激，乐于寻求刺激的参与者的腹内侧前额叶皮层的参与水平相对更低。这个脑区是大脑的“会计师”，在行动之前负责对实际风险和情绪风险进行计算。如果没有获得必要的信息，它也无法向大脑的行动中心传递信息。从本质上说，如果参与水平低，则说明这个脑区变得“麻木”了。脑电研究也有相似的发现——易于厌倦与前额叶的异常有关。[46]

- **处于厌倦中的领导者，其大脑中的交流变少。**刺激的单调性会降低大脑左、右半球的同步化程度，同时大脑中缺乏自我调节能力的慢波（slow waves）会有所增加。[47]

- **厌倦感会杀死脑细胞。**厌倦会导致脑力锻炼减少，从而导致神经元萎缩和神经元数量减少，进而影响神经元功能的发挥。[48]

- **必须用不同的方式来对待新颖寻求的领导者和伤害回避性的领导者。**目前已经有大量关于新颖寻求的神经生物学研究。最近研究显示，高新颖寻求者的海马区（长时记忆中心）对新颖刺激有更大的反应，而伤害回避性（harm-avoidant, HA）个体对熟悉的刺激有更强烈的反应。[49]此外，新颖寻求者有更小的眼窝前额皮层、顶叶皮层和枕叶皮层，而奖励依赖性（reward-dependent, RD）个体有更小的尾状核和额叶肠回（rectal frontal gyrus）。[50]我们在这里只需要记住新颖寻求和伤害回避性、奖励依赖性会激活不同的脑区即可。

管理应用　当领导者对工作感到厌倦或者发现他们的工作单调乏味时，他们应该有所警惕，预防顶峰综合征的产生。与普通人相比，新颖寻求者对日常事务有不同的应对方式。其一，对那些重复出现的信息，他们的大脑“会计师”的活跃水平更低，而不熟悉的信息则可以刺激他们大脑中的长时记忆。常见的激励措施对他们来说用处不大。其二，或许是因为他们与创造力有关的脑区（眼窝前额皮层和顶叶皮层）相对较小，激发他们创造力所需的刺激应该更大。因为他们的大脑更容易“麻木”，所以他们必须一直去主动寻求新颖的事物。如果缺乏新颖性，他们的神经元可能会萎缩，其业绩也会随之下降。我们在本书后面部分会具体讨论相应干预措施。 109

对领导者、管理者和管理教练而言，我们在这里需要学习的是：如何确定一个人是否容易感到厌倦以及如何帮助他们自己了解这一点。如果为了避免顶峰综合征，就将领导者改造得不愿意进行新颖寻求，显然是因噎废食，并且无助于他们绩效的提升。例如，在帮助那些有较高新颖寻求的领导者时，管理教练应该意识到他们大脑对新颖刺激的需求，并且将更多精力放在创新上。如果对新颖寻求领导者的特点视而不见，只会给组织带来潜在的风险。管理教练应该帮助这些领导者意识到——他们的大脑更容易“麻木”，处于厌倦时大脑中的信息交流变少，而且让他们的大脑减速并不是正确的做法。

七、心理韧性的神经科学

脑科学概念 是什么让领导者有更强的心理韧性？与心理韧性相关的脑科学概念有：

1. 心理韧性与大脑中的网络数量有关。对一些人而言，大脑中有多种网络服务于一个目标，即使由于某些原因主要的网络受到损害，也有后备网络能够加以使用。

2. 压力杀死脑细胞。压力会导致大脑边缘系统的神经元和神经胶质（一种
110 类型的脑细胞）萎缩或死亡，但是通过刺激保护神经和滋养神经的路径、拦截压力的破坏效应，某些行为干预措施和治疗手段可以扭转这种结构性变化。[51]动物研究显示，应对压力的心理韧性与皮质醇水平有关，这意味着下丘脑—垂体—肾上腺轴（该区域负责登记压力和进行情绪调节）在心理韧性中扮演着关键角色。[52,53]细胞韧性（cellular resiliency）被界定为一个细胞适应外来侵害和压力源的能力。这种细胞水平上的韧性可以让领导者更有韧性。[54]

3. 教会领导者少顾虑消极情绪，有助于其前额叶神经元的整合。研究显示，心理韧性有助于减少对消极情绪的反应，使大脑中前额叶皮层的活跃水平下降。[55]换句话说，就是让大脑中的情绪登记器将情绪的音量调小。就动物而言，通过应对早期生活的压力，前额髓鞘化①水平提高了，同时心理韧性水平也有所提高。[56]

4. 情绪灵活性是关键。心理韧性也被界定为灵活地使用情绪资源。有一项研究发现，当低心理韧性个体受到威胁时，负性或中性图片对他们大脑的前脑岛的激活时间变长了，同样情况下，对于高心理韧性的个体，只有负性图片可以带来类似的神经反应。因此，高心理韧性个体能够恰当地节省自己的情绪资源。[57]

---

① 译者注：髓鞘是神经细胞轴突外的一层膜，可以提高神经信号的传递速度，跟记忆等有较为密切的联系。

5. 社会支持对大脑有帮助。通过提高大脑中的催产素水平等路径，社会支持可以减轻杏仁核在应对压力方面的负担，提高个体的心理韧性水平。[58]

管理应用　这里我们对心理韧性的大脑机制进行简要的总结，管理教练可以使用这些知识来与领导者进行沟通，领导者和管理者也可以据此进行自我反思。（1）先前应对压力的经验可以给你信心，让你的大脑发展出“额外的神经网络”，这可以帮助你应对当前面临的问题。（2）进行管理训练可以激活大脑中的神经保护路径，减轻大脑能量消耗，减少细胞受损。（3）在现实生活中，我们可以使用对称的方法（systematic approach）来控制情绪，提高情绪应对能力（详见本书第七章和第八章）。（4）我们需要对涉及灵活应对压力的脑区进行训练，通过训练降低这些脑区对压力的反应。（5）经常与你信任的其他高管进行交流非常有用，因为这可以提高你大脑中的催产素水平，而催产素通过提高杏仁核的应对能力，可以提升你的心理韧性，降低压力对你心理资源的消耗。[59]

八、专家行为的神经科学

脑科学概念　许多研究都考察了在不同情境中专家的大脑与新手的大脑有什么不同。这些内容可以帮助管理教练训练领导者和管理者的专家行为，同时领导者和管理者也可以用这些知识来进行自我训练。

1. 随着时间的推移，声乐训练对整个大脑都有作用，可以提升意识大脑的功能，也可以提升无意识大脑的功能。在一项神经扫描实验中，研究者要求专业歌剧演员、音乐学院学生和普通人唱一首意大利咏叹调，并且对他们演唱过程中的大脑变化进行考察。[60]该研究发现，演唱技巧的训练伴随着意识大脑和无意识大脑功能的激活而提升。激活的意识脑区包括与喉音相关的双侧初级躯体感觉皮层（primary somatosensory cortex）和整个右侧初级躯体感觉皮层。此外，这种训练还会激活下顶叶（提升大脑的导航能力）和双侧背外侧前额叶皮层（提升短时记忆）。就皮质下层（subcortical level）而言，专业歌剧演员的基底核、丘脑（thalamus）和小脑（cerebellum）都会被激活。

2. 即使是算术也可以靠直觉，不一定要一步步来。有一项研究考察参与者成为数学专家之后，大脑中发生的变化。这种变化主要表现为从前额叶到顶

112 叶（parietal lobe）和左侧角回的变化，尤其是左侧角回的变化较大。[61]回忆一下，角回跟创新和创造性能力有关，也跟形成抽象（forming abstractions）能力有关。因此，当信息以更具有创造性的方式进行加工时，甚至数学这种抽象任务的成绩也可以有所提高。关于如何对数字进行直觉性的加工，可以阅读2009年发表的一篇综述论文。[62]

3. 专家大脑表现出更高的专注和效率。一般而言，专家行为有更高的神经效率。一项对专家和新手弓箭手的研究[63]发现，当专家弓箭手进行瞄准时，他们的枕回（occipital gyrus）和颞回（temporal gyrus，在大脑的侧面和背面）会被激活，而当新手进行瞄准时，主要是额叶脑区被激活。此外，专家弓箭手的前扣带皮层也会被激活，而新手的扣带回后侧会被激活。[64]这里需要记住的是，专家和新手的差异也表现在大脑中。实际上，“aha！”①答案（即顿悟）是双侧脑岛、右侧前额叶皮层和前扣带皮层激活的结果。[65]在这里，我们可以看到，工作中一些行动与相应脑区功能，如直觉、思维和决策、冲突监控和注意之间的联系。专家之所以是专家，是因为他们拥有这些技能，在培养专家行为的过程中，应该了解这些技能。

4. 更为专注及行动前有更多调整的专家大脑，应该尽量避免情绪的干扰。通过对专家型冥想者的研究，学者发现与持续注意有关的脑区是可塑的。[66]在训练专家行为过程中，额顶叶皮层（注意大脑）发挥着重要作用。[67]例如，在专业高尔夫球手培养过程中，额顶叶机制起着重要的作用。[68]此外，在击球准备过程中，高尔夫球新手的后扣带皮层、杏仁核—前脑联合体（amygdala-forebrain complex）、基底核会得到激活，而专业高尔夫球手则主要激活顶上小叶（superior parietal lobule）、背外侧前运动区（dorsal lateral premotor area）和枕叶区。[69]即在准备击球的时候，高尔夫球新手的情绪登记器和过滤器仍然较为活跃，而专业高尔夫球手已经学会让这些脑区平静下来，以期获得更好的成绩。

管理应用　为了养成专家行为，我们可以使用下面这些脑科学知识。（1）如果要训练遇到问题保持冷静的技能，我们需要“训练”大脑保持专注
113 度。（2）虽然做决策需要情绪参与，但是在行动之前，专注是非常关键的，在即将行动之前，专家会过滤掉所有情绪信息。（3）专家之所以有卓越表现，

① 译者注：“aha”指的是突然想出问题的答案（比如突然猜出谜语）时恍然大悟的感觉。

部分原因在于他们依赖大脑中的创造力脑区，直线式思维或者直线式干预都无法达到专家水平。（4）在行动过程中，专家大脑中的直觉中心会保持活跃。因此，在管理训练过程中，需要对大脑和身体提供的所有信息保持开放态度。（5）显然，按部就班并不是解决问题的唯一路径，所以管理训练有时候也不需要按部就班。为了激发解决问题的直觉，管理教练在对领导者进行训练的过程中要保持一定的灵活性。要求专家按部就班地解决问题，就如同要求钢琴家“思考”他/她怎样弹钢琴——这会让他/她的乐感消失。

九、提建议的神经科学

脑科学概念　领导者经常需要指导其他领导者，在这种过程中，他们常常需要提建议。虽然提建议确实反映了领导者的能力，但最近脑科学研究显示，提建议可能实际上限制了能力的分享[70]。这是因为对大脑的扫描发现，当个体提出建议时，其听众的大脑脑区（顶内沟、后扣带皮层、楔叶、楔前叶、额下回和颞中回）对决策选项的价值判断会出现“偏离”，因此大脑激活与价值评估之间没有联系。此外，与平常不提建议时相比，提建议时听众的“概率权衡”脑区（前扣带皮层、背外侧前额叶皮层、丘脑、枕回内侧和前脑岛）的活跃水平更低。

管理应用　提建议不一定有用的原因之一是：它关闭了下属（接收者）
大脑中负责“概率权衡”和“价值判断”（对有效决策非常关键）的脑区。换 114
句话说，建议让接收者的大脑暂时处于“离线”状态。有些领导者非常相信自
己的经验，因而好为人师，喜欢提建议，显然，这些脑科学研究结果值得他们
反思。管理教练给领导者介绍这些脑科学结果，可以帮助他们从提建议转变为
提供愿景。

需要重申的是，我们对脑科学的发现及其意义的理解仍然处于发展之中，随着相关知识的增加，更为精细的应用成为可能。表4.2列出了脑科学如何帮助领导者克服隐形的缺陷。

表4.2 对领导者隐形缺陷的干预措施

脑科学发现	管理应用
个体在创新时，眼窝前额皮层去抑制水平应该最低	创新需要一些去抑制——虽然这可能带来部分威胁，但是通过管理训练可以控制这种威胁
创造力和创新与舌回有密切联系	我们需要启动大脑的梦想中心（希望、信念）
扣带回右后侧与创新也有密切联系	领导者需要做一些不受时间和空间限制的决策
创新跟角回有联系	管理教练可以使用跨模型信息提取和隐喻来刺激个体创新，并且沿着创新之路进行思考
高创造力者的胼胝体更小	领导者应该让他们的想法在孵化状态保持一段时间
训练可以提高左顶叶皮层的活跃水平	训练过程中可以加入必要的认知控制，从而提升领导者处于不确定状态时的信心
在知晓之前，直觉激活了多个脑区	领导者应该相信直觉，因为它真的会在大脑中留下印记
直觉会激活脑岛	直觉是来自大脑内部的重要信息。管理教练可以通过绘制脑岛地图来帮助领导者训练直觉
激活镜像神经元可以阅读他人的意图和情绪信息	领导者需要对他们自己的“镜像神经元”信息进行检查
激活镜像神经元可以阅读他人的身体动作信息	领导者会自动阅读他人的身体语言，并且其大脑会在无意识中对这些信息进行加工
当领导者感觉自己是“欺世盗名者”时，杏仁核会被激活，从而打断其思维	当领导者感觉自己是“欺世盗名者”时，他们的大脑已经将技术信息转化为抽象信息，大脑的许多加工都是在无意识中进行的
压力不会关闭意识大脑	领导应该有意识地去考虑：自己最害怕什么
大脑右半球功能失调，人们就会缺乏自我意识	管理教练可以给领导者反馈，帮助他们恢复这种功能
对某些个体而言，新颖寻求脑区的激活水平更高	领导者应该意识到顶峰综合征的存在，也要了解其对大脑决策过程的干扰
心理韧性需要提高神经元的效率，以便更好地应对情绪和压力相关脑区	领导者可以在管理教练帮助下学习情绪控制和社会支持技能，从而提升心理韧性
专家在行动之前，会关闭情绪脑区	领导者需要理解，他们一方面需要通过了解情绪来提升智慧，另一方面需要在行动之时控制情绪
提建议会关闭接收者计算价值和概率的脑区	提建议无法帮助下属（接收者）更好地决策

115

本章小结

大脑中有许多隐形缺陷，通过脑科学知识来了解这些隐形缺陷，并对它们进行干预，领导者和管理者就可以提高自己的绩效。

参考文献

[1] Dyer J H, Gregersen H B and Christensen C M. The Innovator's DNA. *Harv Bus Rev*, 2009, 87(12): 60-67, 128.

[2] Reid S E and de Brentani U. Market Vision and Market Visioning Competence: Impact on Early Performance for Radically New, High-Tech Products. *Journal of Product Innovation Management*, 2010, 27(4): 500-518.

[3] Hamel G. Moon Shots for Management. *Harv Bus Rev*, 2009, 87(2): 91-98.

[4] Feigenbaum, A V and Feigenbaum D S. What Quality Means Today. *Sloan Manage* 116
Rev, 2005, 46(2): 96.

[5] Chakravarty A. The Creative Brain—Revisiting Concepts. *Med Hypotheses*, 2009.

[6] Mol M J and Birkinshaw J. The Sources of Management: When Firms Introduce New Management Practices. *Journal of Business Research*, 2009, 62(12): 1269-1280.

[7] Green A E, et al. Connecting Long Distance: Semantic Distance in Analogical Reasoning Modulates Frontopolar Cortex Activity. *Cereb Cortex*, 2009, 20(1): 70-76.

[8] Bischof M and Bassetti C L. Total Dream Loss: A Distinct Neuropsychological Dysfunction after Bilateral PCA Stroke. *Ann Neurol*, 2004, 56(4): 583-586.

[9] Burke K A, et al. Orbitofrontal Inactivation Impairs Reversal of Pavlovian Learning by Interfering with "Disinhibition" of Responding for Previously Unrewarded Cues. *Eur J Neurosci*, 2009.

[10] Starkstein S E and Robinson R G. Mechanism of Disinhibition after Brain Lesions. *J Nerv Ment Dis*, 1997, 185(2): 108-114.

[11] Hirono N, et al. Hypofunction in the Posterior Cingulate Gyrus Correlates with Disorientation for Time and Place in Alzheimer's Disease. *J Neurol Neurosurg Psychiatry*, 1998, 64(4): 552-554.

[12] Amorapanth P X, Widick P and Chatterjee A. The Neural Basis for Spatial Relations. *J Cogn Neurosci*, 2009.

[13] Jung R E, et al. Neuroanatomy of Creativity. *Hum Brain Mapp*, 2009.

[14] Oberman L M and Ramachandran V S. Preliminary Evidence for Deficits in

Multisensory Integration in Autism Spectrum Disorders: The Mirror Neuron Hypothesis. *Soc Neurosci*, 2008, 3(3-4): 348-355.

[15] Moore D W, et al. Hemispheric Connectivity and the Visual-spatial Divergent–thinking Component of Creativity. *Brain Cogn*, 2009, 70(3): 267-272.

[16] Fink A, Graif B and Neubauer A C. Brain Correlates Underlying Creative Thinking: EEG Alpha Activity in Professional vs. Novice Dancers. *Neuroimage*, 2009, 46(3): 854-862.

[17] Zakharchenko D V and Sviderskaia N E. EEG Correlates for Efficiency of the Nonverbal Creative Performance (drawing). *Zh Vyssh Nerv Deiat Im I P Pavlova*, 2008, 58(4): 432-442.

[18] Gibson C, Folley B S and Park S. Enhanced Divergent Thinking and Creativity in Musicians: A Behavioral and Near-infrared Spectroscopy Study. *Brain Cogn*, 2009, 69(1): 162-169.

[19] Kowatari Y, et al. Neural Networks Involved in Artistic Creativity. *Hum Brain Mapp*, 2009, 30(5): 1678-1690.

[20] Dietrich A. Neurocognitive Mechanisms Underlying the Experience of Flow. *Conscious Cogn*, 2004, 13(4): 746-761.

117 [21] Chavez-Eakle R A, et al. Cerebral Blood Flow Associated with Creative Performance: A Comparative Study. *Neuroimage*, 2007, 38(3): 519-528.

[22] Razumnikova O M. Creativity Related Cortex Activity in the Remote Associates Task. *Brain Res Bull*, 2007, 73(1-3): 96-102.

[23] Gos T, et al. Suicide and Depression in the Quantitative Analysis of Glutamic Acid Decarboxylase–Immunoreactive Neuropil. *J Affect Disord*, 2009, 113(1-2): 45-55.

[24] Stanfield A C, et al. Structural Abnormalities of Ventrolateral and Orbitofrontal Cortex in Patients with Familial Bipolar Disorder. *Bipolar Disord*, 2009, 11(2): 135-144.

[25] Bodis-Wollner I. Pre-emptive Perception. *Perception*, 2008, 37(3): 462-478.

[26] Gee A L, et al. Neural Enhancement and Pre-emptive Perception: The Genesis of Attention and the Attentional Maintenance of the Cortical Salience Map. *Perception*, 2008, 37(3): 389-400.

[27] McKyton A, Pertzov Y and Zohary E. Pattern Matching is Assessed in Retinotopic Coordinates. *J Vis*, 2009, 9(13): 191-210.

[28] Radin D and Borges A. Intuition Through Time: What Does the Seer See. *Explore (NY)*, 2009, 5(4): 200-211.

[29] Kuo W J, et al. Intuition and Deliberation: Two Systems for Strategizing in the Brain. *Science*, 2009, 324(5926): 519-522.

[30] Craig A D. How do You Feel—Now? The Anterior Insula and Human Awareness. *Nat Rev Neurosci*, 2009, 10(1): 59-70.

[31] Volz K G, Rubsamen R and von Cramon D Y. Cortical Regions Activated by the Subjective Sense of Perceptual Coherence of Environmental Sounds: A Proposal for a Neuroscience of Intuition. *Cogn Affect Behav Neurosci*, 2008, 8(3): 318-328.

[32] Segalowitz S J. Knowing before We Know: Conscious versus Preconscious Topdown Processing and a Neuroscience of Intuition. *Brain Cogn*, 2007, 65(2): 143-144.

[33] Volz K G and von Cramon D Y. What Neuroscience Can Tell about Intuitive Processes in the Context of Perceptual Discovery. *J Cogn Neurosci*, 2006, 18(12): 2077-2087.

[34] Ilg R, et al. Neural Processes Underlying Intuitive Coherence Judgments as Revealed by fMRI on a Semantic Judgment Task. *Neuroimage*, 2007, 38(1): 228-238.

[35] Murray G K, et al. Substantia Nigra/Ventral Tegmental Reward Prediction Error Disruption in Psychosis. *Mol Psychiatry*, 2008, 13(3): 239, 267-276.

[36] Simon M, et al. Mirror Neurons—Novel Data on the Neurobiology of Intersubjectivity. *Psychiatr Hung*, 2007, 22(6): 418-429.

[37] Vivona J M. Leaping from Brain to Mind: A Critique of Mirror Neuron Explanations 118
of Countertransference. *J Am Psychoanal Assoc*, 2009, 57(3): 525-550.

[38] Thomas L E and Lleras A. Swinging into Thought: Directed Movement Guides Insight in Problem Solving. *Psychon Bull Rev*, 2009, 16(4): 719-723.

[39] Gallese V. Motor Abstraction: A Neuroscientific Account of How Action Goals and Intentions are Mapped and Understood. *Psychol Res*, 2009, 73(4): 486-498.

[40] Thomas L E and Lleras A. Covert Shifts of Attention Function as an Implicit Aid to Insight. *Cognition*, 2009, 111(2): 168-174.

[41] de Vries M F. The Dangers of Feeling Like a Fake. *Harv Bus Rev*, 2005, 83(9): 108-116, 159.

[42] Wegner D M. How to Think, Say, or Do Precisely the Worst Thing for any Occasion. *Science*, 2009, 325(5936): 48-50.

[43] Morin C. Sense of Personal Identity and Focal Brain Lesions. *Psychol Neuropsychiatr Vieil*, 2009, 7(1): 1-9.

[44] Breen N, Caine D and Coltheart M. Mirrored-self Misidentification: Two Cases of Focal Onset Dementia. *Neurocase*, 2001, 7(3): 239-254.

[45] Parsons G D and Pascale R T. Crisis at the Summit. *Harv Bus Rev*, 2007, 85(3): 80–89, 142.

[46] Jiang Y, et al. Brain Responses to Repeated Visual Experience among Low and High Sensation Seekers: Role of Boredom Susceptibility. *Psychiatry Res*, 2009, 173(2):

100-106.

[47] Aslanyan E V and Kiroy V N. Electroencephalographic Evidence on the Strategies of Adaptation to the Factors of Monotony. *Span J Psychol*, 2009, 12(1): 32-45.

[48] Saunders M N. The Physiology of Boredom, Depression and Senile Dementia. *Med Hypotheses*, 1996, 46(5): 463-466.

[49] Naghavi H R, et al. Personality Traits Predict Response to Novel and Familiar Stimuli in the Hippocampal Region. *Psychiatry Res*, 2009, 173(2): 94-99.

[50] Gardini S, Cloninger C R and Venneri A. Individual Differences in Personality Traits Reflect Structural Variance in Specific Brain Regions. *Brain Res Bull*, 2009, 79(5): 265-270.

[51] Duman R S. Neuronal Damage and Protection in the Pathophysiology and Treatment of Psychiatric Illness: Stress and Depression. *Dialogues Clin Neurosci*, 2009, 11(3): 239-255.

[52] Macri S, et al. Resilience and Vulnerability are Dose-dependently Related to Neonatal Stressors in Mice. *Horm Behav*, 2009, 56(4): 391-398.

[53] Cicchetti D and Rogosch F A. Adaptive Coping under Conditions of Extreme Stress: Multilevel Influences on the Determinants of Resilience in Maltreated Children. *New Dir Child Adolesc Dev*, 2009, 2009(124): 47-59.

119 [54] Hunsberger J G, et al. Cellular Mechanisms Underlying Affective Resiliency: The Role of Glucocorticoid Receptor-and Mitochondrially-mediated Plasticity. *Brain Res*, 2009, 1293: 76-84.

[55] New A S, et al. A Functional Magnetic Resonance Imaging Study of Deliberate Emotion Regulation in Resilience and Posttraumatic Stress Disorder. *Biol Psychiatry*, 2009, 66(7): 656-664.

[56] Katz M, et al. Prefrontal Plasticity and Stress Inoculation-induced Resilience. *Dev Neurosci*, 2009, 31(4): 293-299.

[57] Waugh C E, et al. The Neural Correlates of Trait Resilience When Anticipating and Recovering from Threat. *Soc Cogn Affect Neurosci*, 2008, 3(4): 322-332.

[58] Ozbay F, et al. Social Support and Resilience to Stress across the Life Span: A Neurobiologic Framework. *Curr Psychiatry Rep*, 2008, 10(4): 304-310.

[59] Southwick S M, Vythilingam M and Charney D S. The Psychobiology of Depression and Resilience to Stress: Implications for Prevention and Treatment. *Annu Rev Clin Psychol*, 2005, 1: 255-291.

[60] Kleber B, et al. The Brain of Opera Singers: Experience-Dependent Changes in Functional Activation. *Cereb Cortex*, 2009.

[61] Zamarian L, Ischebeck A and Delazer M. Neuroscience of Learning Arithmetic–

Evidence from Brain Imaging Studies. *Neurosci Biobehav Rev*, 2009, 33(6): 909–925.

[62] Dehaene S. Origins of Mathematical Intuitions: The Case of Arithmetic. *Ann N Y Acad Sci*, 2009, 1156: 232–259.

[63] Babiloni C, et al. Judgment of Actions in Experts: A High-resolution EEG Study in Elite Athletes. *Neuroimage*, 2009, 45(2): 512–521.

[64] Kim J, et al. Neural Correlates of Pre-performance Routines in Expert and Novice Archers. *Neurosci Lett*, 2008, 445(3): 236–241.

[65] Aziz-Zadeh L, Kaplan J T and Iacoboni M. “Aha!”: The Neural Correlates of Verbal Insight Solutions. *Hum Brain Mapp*, 2009, 30(3): 908–916.

[66] Brefczynski-Lewis J A, et al. Neural Correlates of Attentional Expertise in Longterm Meditation Practitioners. *Proc Natl Acad Sci USA*, 2007, 104(27): 11483–11488.

[67] Bor D and Owen A M. Cognitive Training: Neural Correlates of Expert Skills. *Curr Biol*, 2007, 17(3): R95–R97.

[68] Baumeister J, et al. Cortical Activity of Skilled Performance in a Complex Sports Related Motor Task. *Eur J Appl Physiol*, 2008, 104(4): 625–631.

[69] Milton J, et al. The Mind of Expert Motor Performance is Cool and Focused. *Neuroimage*, 2007, 35(2): 804–813.

[70] Engelmann J B, et al. Expert Financial Advice Neurobiologically “Offloads” Financial Decision-making under Risk. *PLoS One*, 2009, 4(3): e4957.

第五章

变革前的挑战：从观念到行动 121

不管是组织内部还是组织外部的管理教练，管理训练的基本任务都是创设一种适应变革的氛围，这在很大程度上受语言和情绪的影响。我们拥有越多传递语言和情绪的工具，就越有可能把管理训练工作做好。如果领导者和管理者希望在某些领域有所改善，那么他们就要采取行动促进相应的变革，并且管理好正在进行的变革。变革的最低目标常常是提升员工满意度、工作效率或者利润，但这些目标使用常规的方法并不容易实现。

实际上，变革型领导依赖领导者自身的变革能力。[1]组织变革包括的范围很广，从组织内或组织间的跨部门重组，到兼并和并购。为了给组织中其他成员树立榜样，领导者必须知道如何领导和支持变革。[2]虽然表面的改变是容易看到的，但表面的改变并不一定是“正确”或“真实”的变革。

一、为什么大脑的变革如此困难

（一）竞争性力量

脑科学概念　当你被聘为一位管理者的教练，指导该管理者进行变革 122
时，你必须意识到，除你之外，还有许多影响变革的因素，如竞争性因素。粗略地讲，这些竞争性因素可以分为两类：促进变革的和阻碍变革的。变革需要多个脑区的参与。

1. 大脑中的“变革中心”或行动中心（action center）（见图5.1）必须被激活。

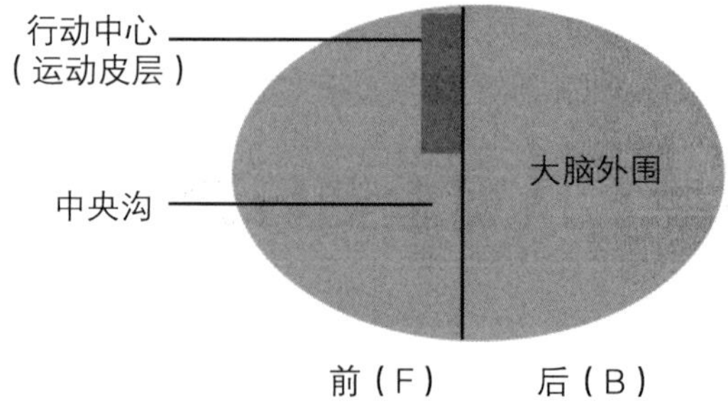

图5.1 大脑行动中心的位置

2. 大脑的“会计师”在权衡行动的利弊之后，会将决定传递给大脑的行动中心。从顺序上说，大脑的“会计师”先进行计算和权衡，再告诉行动中心是否采取行动（见图5.2）。

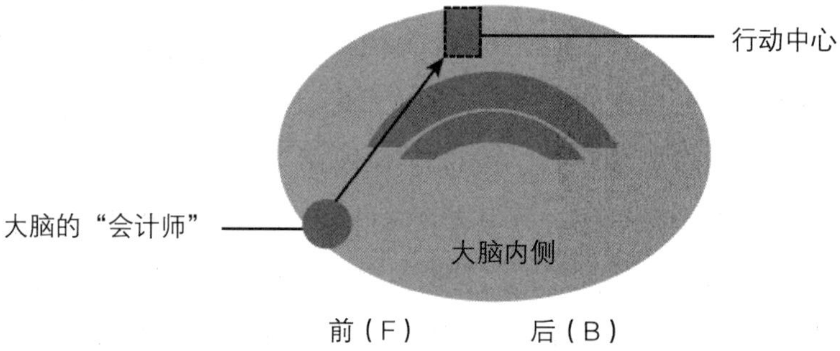

图5.2 大脑的行动中心（运动皮层）与大脑的“会计师”之联系

3. 从理论上说，大脑的“会计师”会接收来自多个脑区的信息，包括来自大脑奖赏中心（基底核）、情绪登记簿（杏仁核）、冲突探测器（注意中心/前扣带皮层）、短时记忆中心（背外侧前额叶皮层）等的信息，参见图5.3。

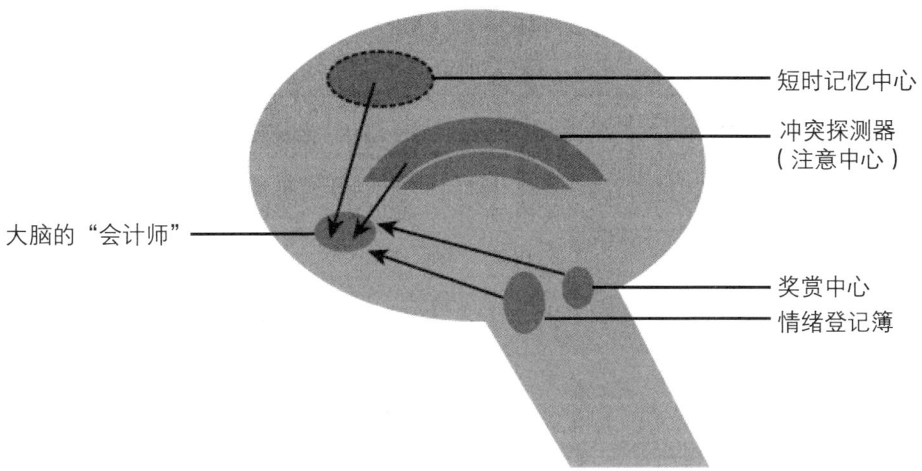

图5.3　对大脑“会计师”的信息输入

可以看到，太多信息输入会阻碍变革[3]。例如，英特尔（Intel）公司的管理人员平均每天会收到300封电子邮件。被电子邮件打扰后，微软（Microsoft）公司员工需要24分钟才能重新进入工作状态。信息超载（information overload）在商业领域非常普遍，它会导致注意力分散，干扰变革。 123

4. **长时记忆也会影响大脑中的利弊权衡。**这种影响是通过情绪登记簿来实现的——长时记忆中心为情绪登记簿提供各种素材和内容，如图5.4所示。

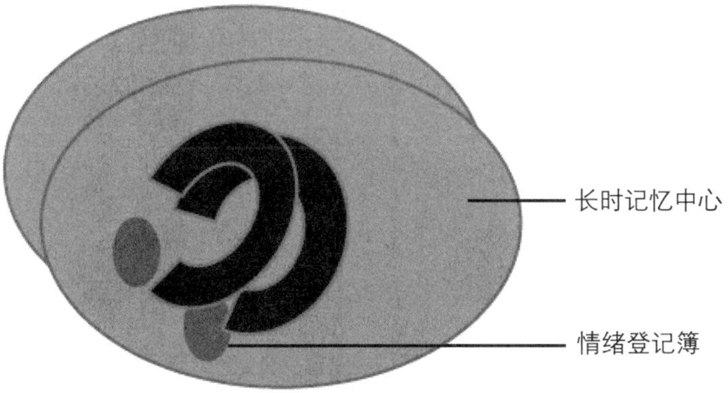

图5.4　长时记忆与情绪调节的联系

因此，行动中心的基本原理可以总结为：多个脑区之间相互交换信息，并且最终将信息汇集到行动中心，因此行动受到多个脑区的影响。表5.1对大脑各 124

中心的相关解剖学术语进行了小结。

表5.1 大脑各中心的解剖学术语

大脑各中心	解剖学术语
行动中心	运动皮层
“会计师”	腹内侧前额叶皮层
情绪登记簿	杏仁核
奖赏中心	基底核（包括伏隔核）
冲突探测器/注意中心	前扣带皮层
短时记忆中心	背外侧前额叶皮层
长时记忆中心	海马回
左、右半脑间的“桥梁”	胼胝体

虽然我们不需要记住这些名词，但可以了解一下，这些较长的术语本质上有这样的结构。下面是对个别术语的解释。

- **Dorso**：这是单词dorsal[①]的缩写，指脑区相对后部的位置。
- **Ventro**：这是ventral[②]的缩写，指脑区相对靠前的位置。
125 - **Lateral**：指脑区靠外侧的位置。
- **Medial**：指脑区中心的位置。

图5.5是从外部看大脑的侧视图。如果将大脑从中间剖开，就可以从内部看到大脑的样子，如图5.6所示。

图5.5 大脑的侧视图

① 译者注：意思是“背部的”“背侧的”。
② 译者注：意思是“腹部的”“腹侧的”。

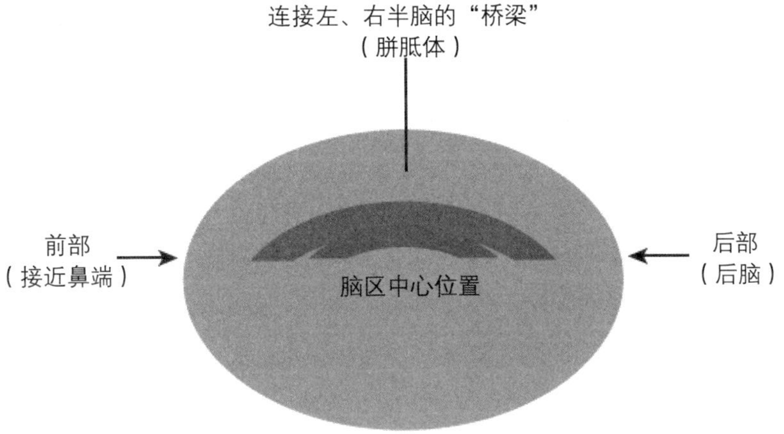

图5.6　左、右半脑间的“桥梁”所在位置

当我们思考行动的本质以及大脑活动是如何促进该行动时，就需要研究大脑中的“变革回路”（即大脑“会计师”的信息来源），如图5.7所示。

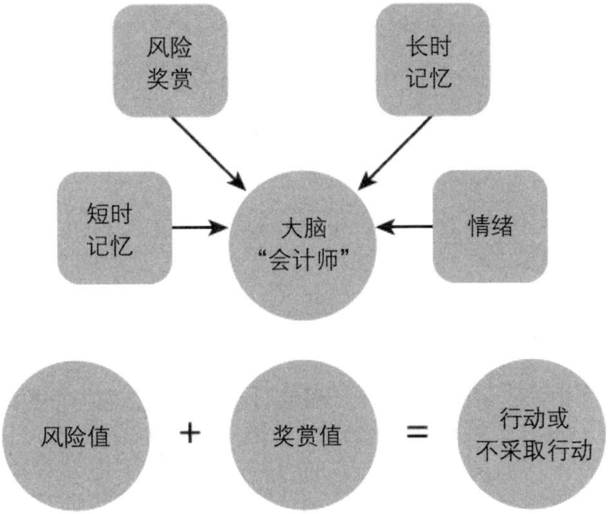

图5.7　大脑“会计师”的信息来源

管理应用　大部分人都知道，进行变革需要考虑所处情境。变革需要适 126
当的情境，但许多人在变革过程中，都忽略了情绪的作用。如果忽视情绪，大脑的“会计师”就会错失重要的信息。当变革遇到阻力时，人们通常不会忽视思考过程，但却经常忽视情绪。管理教练可以告诉领导者：“当你试图推动变

革时，你的大脑必须权衡你所做决策的利弊。在你行动之前，你大脑的‘会计师’就在进行快速的计算，然而这种计算不仅依赖你的理性思考，也依赖你的情绪，即进行这种变革时，你会有怎样的情绪感受。”管理教练需促使领导者在分析过程中考虑情绪因素，以提升变革成功的概率。

（二）有偏向的选择评价

脑科学概念 变革非常困难的另一个原因是：在做出决策后，我们倾向于高估自己所做出的选择的正确性。最近一项研究显示，这种偏好的改变（即与选择之前相比，选择后我们更喜欢自己挑选的选项）是在大脑奖赏中心（尾
127 状核、部分基底核）登记的。换句话说，在选择之前，两个备选项对大脑奖赏中心的激活程度有差异；在选择之后，这种差异变得更大了。[4]

管理应用 我们经常会认为自己在做出决策之前，已经完全认可某个选项了。然而研究结果显示，在做出决策之后，我们会更加认可自己选择的那个选项。我们可以将这种结果用在管理训练中。

1. **如果有人高估过去所做的选择，那么我们可以使用这些脑科学知识与其沟通。**例如，一名团队成员可能不愿意改变做事方式，并且一直辩解说过去的方法更好，这时不要直接告诉他/她过去的方法被高估了，而是换一种方式告诉他/她，在做出选择之后，我们的大脑如何偏好我们选择的选项，以及这种偏好会有怎样的后果。

2. **鼓励团队成员在做重大决策之前，先顺着这个重大决策的方向做几个小决策，因为他们所做的每个小决策，都会让他们强化对这个重大决策的承诺。**对大多数人而言，大步跨越是非常困难的，很多人就是因为这一点而拒绝改变。即使在生活领域，我们也需要花很长时间才能逐步适应跨越式变化。因此，可以使用这些小决策帮助自己做出改变，因为每个小决策都会增加对大变革的接受程度（也会激活大脑的奖赏中心）。

3. **帮助团队成员理解为什么对一个决策“想象”的认可与真实决策后的表现不同。**我们可以向那些犹豫不决的人解释——他们缺少的可能只是一个“实实在在”的选择。为了减少对未知（如推行一种创新战略）的恐惧，我们可以先进行选择，然后再逐渐提高对这个选择的认可。

管理者和管理教练可以这样告诉团队成员：“只有当大脑感觉行动所获得的奖励超过损失时，我们才能推行这项行动。在选择我们渴望的选项之前，大 128
脑奖赏中心必须激活到一定水平，才能向大脑行动中心传递我们需要行动的信号。从另一方面来说，我们之所以陷入旧行为模式而不能自拔，是因为我们做出选择后，大脑奖赏中心的激活水平会更高。在这种情况下，想要进行新的选择，就必须克服旧行为模式带来的额外奖赏信号的影响。”

此外，在有些情况下也可以这样对团队成员说：“大脑处理大量情绪信息是很困难的。当我们处理艰难的情绪任务时，大脑会停止工作。我们可以在一个新目标上重新开始，但是维持对新目标的认可也非常困难。为了提升对新目标的承诺，我们可以顺着这个目标做一些小决策。这些小决策可以是选择向着这个目标前进，也可以是选择休息。每当做出这样的小决策，都是在对大脑进行奖励，并且这种奖励信号会越来越强，助推我们做出期望的改变。”

因此，当我们做出某个选择，大脑倾向于让我们保持对这个选择的承诺，甚至当我们隐约地感觉到这个决策有些“不对劲”时，也会如此。要真正克服这种自动的偏差，大脑需要仔细检查我们究竟忽略了什么。这也被称为“蜜月—宿醉效应”（honeymoon-hangover effect）。例如，主动跳槽之前工作满意度很低，在跳槽之后工作满意度马上就提高了（蜜月效应），然后工作满意度逐渐降低（宿醉效应）。[5]如果个体换工作是主动进行的或者真正实施的（而不是想象的），则更容易克服宿醉效应。

（三）条件作用

脑科学概念　变革非常困难的第三个原因涉及“条件作用”现象。条件作用（conditioning）指的是大脑中预设的应对某些刺激的自动加工程序。在商业环境中的一些表述，如“为什么我不跳槽呢？”“我需要考虑赚更多钱”等都可能导致习惯化的思维方式，这种思维方式无助于带来真正的改变。

条件作用的基本原理是：一旦习得某种行为，人类大脑就会将其纳入自己 129
的行为模式中。我们可以将条件作用看作“习惯记忆系统”。（回想一下，短时记忆与背外侧前额叶皮层有关，而长时记忆与大脑海马回有关。）

由于存在这些习惯记忆系统，我们在生活中会重复这些行为模式。这些行为模式是根深蒂固的，即使进行了初期的改变，人们也经常重新回到旧的行为模式上。作为一名管理教练，你必须记住这一点：即使你训练的管理者开始改变，你也不能假定这种改变理所当然就会持续下去，因为条件作用的大脑回路的力量非常强大。

让我们以人际情境为例加以说明。假定一名女子有酗酒的父亲，并且经常被父亲虐待。成年之后，每当她的男朋友喝啤酒时，她就可能自动产生自己会被虐待的预期。如果一名男子的初次婚姻非常失败，他就可能自动产生婚姻非常可怕的预期。人类大脑似乎倾向于记住“第一次”经验，在有相关诱因出现时，就会回忆起这些经验。当旧诱因出现时，大脑就可能回到旧模式中去。通过帮助管理者识别触发回忆的诱因，管理教练可以有效帮助他们。有时候诱因的力量非常强大，并且会在家庭成员之间传递，以至于人们错误地以为这是基因在起作用。人们通常认为这些行为表现是“天生的”，实际上并非如此，后面介绍神经可塑性（neuroplasticity, 即大脑的变革能力）时，你就会知道为什么这种观点是错误的。

伊莉斯是一名行政助理，有协助多位医生工作的经验。然而，每次需要削减开支的时候，结果总是她被解雇。在我开始指导她之前的很长一段时间里，她都认为存在针对她的种族偏见——她的犹太老板不喜欢她。由于在她工作的城市中有很多犹太医生，每次当她开始从事一份新工作，她都会变得过于谨慎，有时候甚至会有些神经质，结果使自己犯下一些错误，最终导致自己被解
130 雇。只有当她直面这种“习惯记忆”之后，她才发现自己真正的问题，并且改变自己的思维模式：“我必须在短时间内让自己变得不可或缺，即使老板要削减开支裁员，我也能留下来。”

二、条件作用有怎样的脑机制

脑科学概念：长时程增强（long-term potentiation, LTP） 大脑中的神经细胞被称为“神经元”（neurons），两个神经元之间由突触（synapses）连接，一个神经细胞通过释放神经递质（比如多巴胺、五羟色胺）与另一个神经细胞联系（图5.8是该过程的示意图），由于经常同步活跃，习惯记忆可以提高神经

元之间的联系，这时就产生了长时程增强。

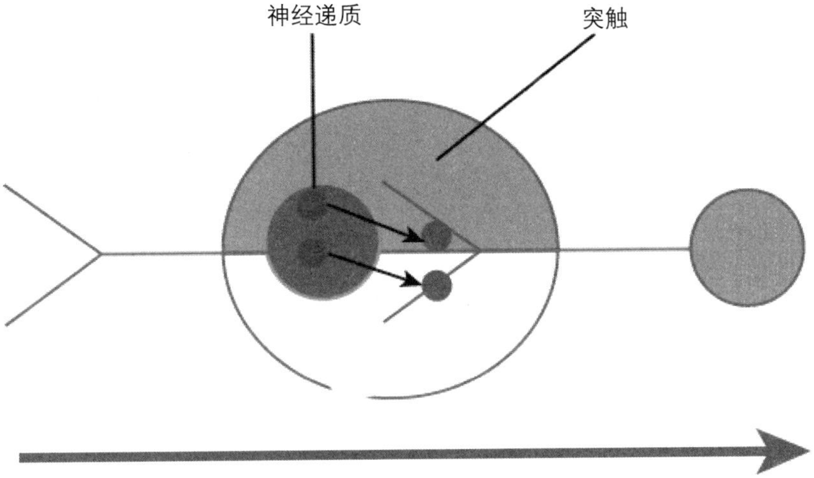

图5.8　神经元之间的联系过程示意图

若学习内容是建设性的，长时程增强就可以带来帮助；反过来，如果学习内容是破坏性的，那么长时程增强就是有害的。如果领导者受到条件作用的影响，他们会将无害的刺激与伤害记忆联系起来（像伊莉斯一样），并且可能在应对伤害时变得消极被动。这种学习过程是在海马回中发生的，而海马回是大脑中长时记忆的储存场所（见图5.9）。

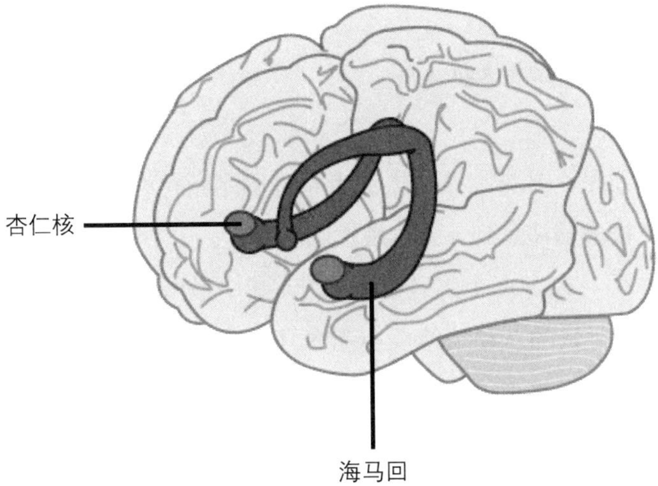

图5.9　杏仁核与海马回的空间关系

131 *管理应用* 领导者、管理者和管理教练都可能遇到对某种场景有自动反应的人：他们可能习惯每5分钟查收一次电子邮件，也可能习惯于将情绪排除在思考之外。这些习惯记忆存储在海马回中。如果管理者或管理教练确定这些习惯是有害的，他们可以对当事人解释——这种习惯来自已经形成紧密联系的大脑回路，必须加以去除。改变习惯的第一步是严肃地指出：习惯是可以改变的，但是真正要改变习惯，需要形成新的强有力的大脑连接。管理者和管理教练可以对当事人这样说："你试图改变的模式已经盘踞在你大脑中很久了。因为习惯存在的时间越长，大脑中神经细胞形成的连接就越强。为了打破旧的模式，我们不仅需要思考我们想要什么，还必须想尽一切办法来构筑新的、比旧模式更强的大脑回路。为了达成这个目标，我们需要有强烈的动机，并且要借助情绪的力量。"

（一）背景效应

132 *脑科学概念* 学习新东西的主要挑战是"背景"。实验研究发现，背景是条件作用的主要决定因素。[6-8]下面是背景影响我们决策的例子：

- "这件裙装太性感了，不适合工作场所。"
- "我必须在工作中表现出自己严肃的一面。"
- "他在门前经过就让我感到恶心。"
- "看到老板我就紧张。"
- "女上司总是这样婆婆妈妈的。"

背景可能涉及某个地方、某个人或者某种固定角色，然而，不管是何种外部背景，都需要被大脑注意到，并且被大脑所界定。

背景条件作用与人类多个脑区有联系[8]，其中最引人注目的是杏仁核和海马回[7]。杏仁核对背景的自动情绪反应和海马回中的长时记忆一起构成一张大画布，所有思维都在这张画布上来描绘。因此，它们形成了对环境中事件的自动和相对固定的反应。有时候，这种效应实在是过于强大，以至于我们不得不选择另外一张画布来描绘我们的想法。这也是管理者或管理教练的工作：在背景条件作用中，管理教练的工作就是帮助当事人重新界定背景，使新的行为可以出现。实际上，这需要改变杏仁核的激活水平。[9]这里，需要谨记的是：内部背景（大脑）决定我们对外部背景的体验。

为了改变背景条件作用，大脑的“会计师”必须抑制杏仁核的激活。[10]（杏仁核有多个功能不同的核，这里不需要做详尽的区分。[11]）此外，在消除自动反应的过程中，冲突探测器和注意中心（前扣带皮层）也需要激活。换句话说，如果你试图改变一个习惯，大脑会进入冲突的状态——如果你试图改变， 133
大脑会使用情绪困扰（激活杏仁核）来进行抵制，以维持原有之习惯。

管理应用　我们必须注意到意识之中和意识之外的恐惧对行为的影响。如果在一定时间内，杏仁核被过度激活，它会持续向海马回发送信号，尤其是在恐惧背景条件作用中，反之亦然。换句话说，长时记忆会塑造当前恐惧的含义，也会扭曲或者加剧这些恐惧。这就是我们要关注当前的原因——过去分散我们太多注意力了。我们需要记住，记忆不仅仅包括认知和思维记忆，也包括情绪记忆。实际上，情绪记忆是最为强烈的记忆之一，有时候它们难以形容、无法分辨，但其影响非常强大。因此，当试图进行改变时，你必须回答这个问题：“这种改变的背景是什么？”例如，为了乏味的生活去改变吗？为了减轻痛苦去改变吗？为了获得权力去改变吗？为了更好地推进变革进程，理解这些与长时记忆有关的细节是有用处的。管理者或管理教练可以这样对团队成员说：“我认为，你们对变革的渴望是令人钦佩的，也是非常重要的。你们关于‘生活应该更美好’的观念是正确的，但是这对你们而言已经没有新意了。如果你们早就知道这一点，为什么以前没有进行改变？其实，这并不是因为你们不知晓这一点或者缺乏能力，而是因为如果要进行真正的改变，你们需要理解改变发生的背景。为了进行改变，原有的背景应该被移除，新的背景应该被引入。这是因为‘背景’指的是塑造你们当前思维的长时记忆。当你们渴望改变的时候，它就会打开你们记忆中的潘多拉盒子，干扰你们的当前目标。如果这种记忆的影响没有被解除，它们就会把你们从变革的道路上拉回来。为了解除记忆的力量，首先你们可以把它们标注出来，以便减轻它们在意识之外的影响力。”管理者或管理教练也可以换一种方式告诉员工：“你们渴望的改变从来 134
不会单独出现，你们的每个想法都受到自己长时记忆的影响。过去的某些记忆试图阻止你们进行改变，你们需要通过聚焦于未来以平衡这种干扰。仅仅想到

过去或者只是关注未来都可能让你们陷入瘫痪，或者只能进行肤浅的改变。”

我经常看到这样的情境：公司期望进行一些变革，却又对阻碍变革的东西念念不忘。“将此向外部的主管部门报告是不可能的，他们总是拖拖拉拉，什么都不知道却要对我们指手画脚。”这种说法实际上是告诉大脑这件事情是不可能的，而并没有让大脑处于答案搜寻模式。实际上，在“不可能”的背景中寻求改变，就好像试图移动甲板上的椅子来阻止泰坦尼克号沉入海底。

（二）动机性推理

脑科学概念 阻碍变革的还有“动机性推理”（motivated reasoning）。你在商业活动中可能多次遇到这种情境：某个人声称自己是非常理性的，虽然你并不这么认为，但无法准确指出他的错误。这个人会告诉你，他不能进行改变的所有“原因”，虽然这些“原因”只是在为维持现状找理由，但你似乎无法质疑这些说法。这个人持有的信念即是自我设限信念（self-limited beliefs），这些信念非常强大，以致我们几乎无法反驳。不过，理解这些概念有助于帮助别人进行改变。

曾经有一项脑成像实验对政治选举期间不同党派的铁杆拥护者进行了考察。研究者要求他们进行一项推理任务，具体来说，研究者会给他们呈现对他们所属党派候选人、竞争党派候选人和中立候选人造成威胁的信息，请他们对这些信息进行推理和判断。结果显示，动机性推理与腹内侧前额叶皮层、前扣带皮层、后扣带皮层（posterior cingulate cortex）、岛叶皮层（insular cortex）
135 和外侧眼窝皮层等脑区有关，这与冷推理任务激活的脑区不同，与有意识（外显）情绪调节激活的脑区也不同。

因此，不是所有形式的理性思考都是纯粹理性的。动机性推理是调节推理过程中相关情绪的方法，大脑会使与威胁或目标相关的积极情绪最大化、消极情绪最小化。[12]换句话说，情绪成了更“严密”推理的幕后推手。实际上，情绪会引导注意指向那些支持情绪的想法。

我们可以来看这样一个例子：杰克是一个非常成功的CEO，他在结婚前就已经晋升到目前这个职位了。结婚后他有了两个孩子，之后他的生活和责任发生了重大改变。他的家庭生活充满了争吵，他将此带到了每天的工作中，开始感到痛苦。当处理工作事务时，他感觉这些事情“注定会失败”，也变得非常消极。他的状态对公司的高级经理及他们的团队产生了影响，公司业绩开始下滑。杰克知道所有导致他变得不愉快的理性原因（这都是真的），但是他忽略了这样的事实：这种“理性”思维源于情绪心智模式，这种心智模式要找的是问题，而不是解决方案。当他意识到自己的推理受到自身情绪的驱动时，他首先采取的应对措施是将家庭生活与工作完全分开。这样做了之后，他的家庭生活和工作奇迹般地都变好了。

管理应用 当人们说“我不能”的时候，除了前面提到的自我设限信念，你可以询问他们：在这种思维模式背后隐藏着怎样的情绪？当他们说自己因为一个“理性原因”无法做出改变（譬如，“我不能花更多时间来找新工作，因为我现在就需要用钱”），从而陷入困境时，你可以要求他们仔细检查潜在的动机。这会促使他们将情绪纳入自己的考虑范围。同样，也可以要求他们分析恐惧变革的潜在原因。管理教练可以向人们解释，在我们身上有两种理性思考：认知性的冷思考和动机性的热思考。决策中大部分思维都是动机性的，领 136
导者、管理者和管理教练可以这样告诉团队成员：“披着理性外衣的动机性推理与真正的理性思维激活的脑区并不相同。大部分工作决策中的推理都不是冷的。为了更好地进行变革，我们需要检查自己思维背后的动机——这些动机很可能是无意识的。为了做到这一点，我会问几个问题：如果你真的改变了，会发生什么？如果你真的需要6个月来找到一份新工作，你会如何应对？如果继续做当前这份工作，你会不会出现职业倦怠？你仅仅是不想工作吗？”表5.2总结了如何将影响变革的这些脑科学知识用到商业领域。

表5.2 变革的挑战 137

心理学模型	脑科学发现	管理应用	管理训练用语
情感、思维、风险—收益权衡和记忆都会影响变革	变革需要多个脑区的协调配合，通过聚焦那些可以促进变革的脑区，我们能够推动变革	深层次的情感对变革非常关键	你的大脑“会计师”需要来自所有脑系统的信息

续表

心理学模型	脑科学发现	管理应用	管理训练用语
由于我们通常会选择熟悉而不是新奇的事物，所以变革常常会受阻	一旦做出选择，选择的对象对大脑奖赏中心的激活水平更高	两方面都要注意：一方面我们需要克服过度有偏向的激活大脑；另一方面我们需要以“小决策”（而不是整体决策）的形式一步步向前行动	使用“奖赏中心”这个术语，来对奖励进行深度提问，将偏差置于具体的情境中，减少当事人的心理防御
条件作用让我们陷入困境	为了摆脱困境，我们必须克服长时程增强和杏仁核的激活	解释为什么无意识恐惧和习惯是根深蒂固的	使用条件作用的概念来创设新的隐喻，如挖新的战壕、寻找新的路径，并且保持其激活状态
背景条件作用是我们陷入困境的重要原因	即使看起来是“此时此地”的想法也会受到海马回的影响，即与过去的记忆有关	指出决策是在大脑的“大背景”下做出的	解释为什么“长时记忆”和过去发生的事情会让我们陷入困境
隐藏动机会使我们困在原地	动机性热推理和认知性冷推理激活不同脑区	给当事人解释：理解他们最深层次的动机可以帮助他们了解到底是什么在阻碍他们进行改变	通过解释动机性推理的脑机制，可以让当事人理解我们决策时并不只有理性思考

三、变革的基础理念：一种工作模型

如果根据时间顺序来界定变革，最简单的变革模型就是线性模型，如图5.10所示。

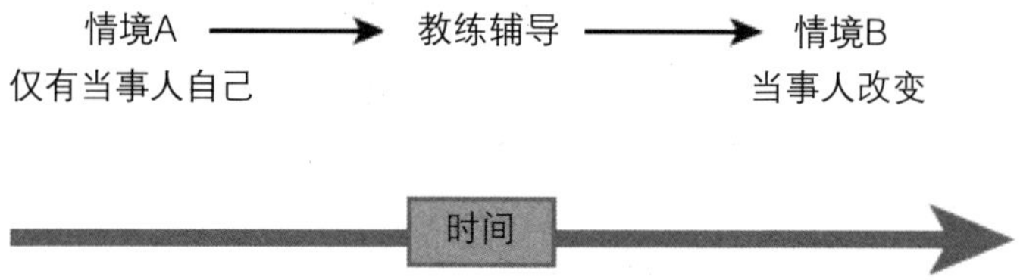

图5.10 变革的线性模型

如果使用这种模型来进行管理训练，管理教练只需要将训练对象“拽到”终点就可以了。虽然对管理者的训练效果是可以量化的，但这种结果状态难以维持。我们将这种模式称为螺旋弹簧取向，如图5.11所示。

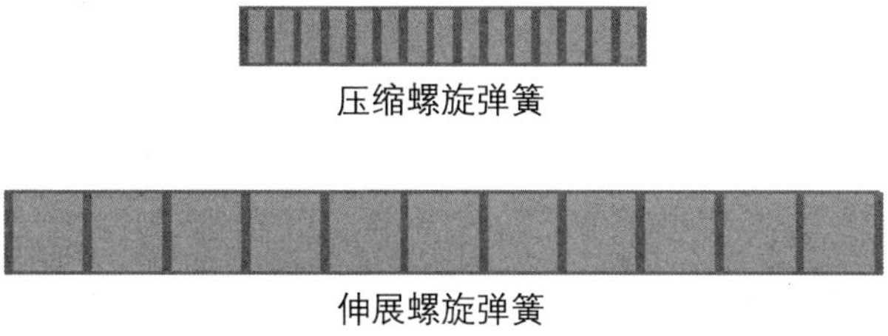

图5.11　压缩和伸展的螺旋弹簧

当我们放开弹簧时（即管理教练离开后），这种模型就会暴露出两个根本性的问题：要么螺旋弹簧回到最初的位置，根本没有改变；要么它并没有回到最初的位置，但是已经失去了动力，不能再被视为弹簧。

作为一名管理教练，其目标不仅仅是让训练效果具有持续性，还要让训练 138
对象保持完整性。这时就产生了一种困境：如何在促进当事人改变的同时保留其整体性？换句话说，如何做，才能让弹簧在不挤压时完整恢复到松弛的状态？

这就带来了变革的另一个重要维度：深度。因此，我们可以将变革模型进行扩展，如图5.12所示。

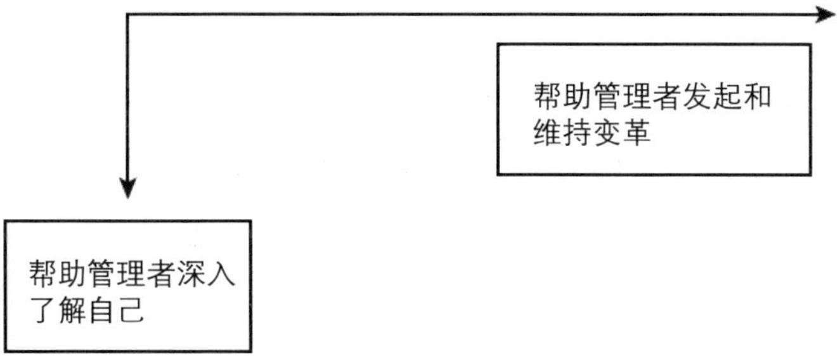

图5.12　变革的不同维度

管理教练不仅需要促进表层的变革，更要促进深层的变革。我们将这种类型的变革称为嬗变（transformation）。嬗变意味着成功的、可度量的改变，研究表明，嬗变可以带来真正的行为变化。嬗变的标志是登记（enrollment），即为了保留训练对象的整体性，他们必须登记参加相互认可的变革议程，并且这种对变革的承诺是发自内心的。

组织中的行为承诺取决于多种因素，包括承诺态度。[13]实际上，当团队成 139
员的行为承诺增强时，他们不再将薪酬视为影响工作满意度的最重要因素[14]，并且工作动机也增强不少[15]。行为承诺还与积极和消极情感、角色冲突与角色模糊、工作自主性（autonomy）和工作投入有关。换句话说，大脑对承诺的管理会对组织产生巨大的影响。[16]

四、承诺的神经科学

脑科学概念 承诺（commitment）被定义为“从理智和情感上将自己和行动绑定在一起的行为”。基于认知失调模型，承诺对变革而言非常重要。该模型认为，如果要高效并且以无冲突的方式接近我们渴望的目标，就必须依靠承诺带来的一系列动机因素。[17]这些趋近导向的心理状态被称为“行动导向”。为了使变革能顺利进行，行动导向非常关键，我将其称为“预备”姿势。

想象一下，在百米短跑比赛开始的时候，所有运动员一字排开。发令员准备好发令枪，运动员注视前方，专注于等待发令员发出“各就各位，预备，跑”的指令。作为管理者或管理教练，如果能够让团队成员对自己的使命有这样的专注度，无疑是非常理想的。不过由于拖延症，许多员工会持续处于“各就各位”的状态，而不是“朝着终点奔跑”的状态。

最近两项实验研究均探索了当个体对某个决策做出承诺时，其大脑中会有怎样的变化。实验1使用神经生物反馈技术（neurofeedback），发现当使用电极降低左前额皮层的活跃水平时，人们对决策的承诺水平会有所降低（见图5.13）。

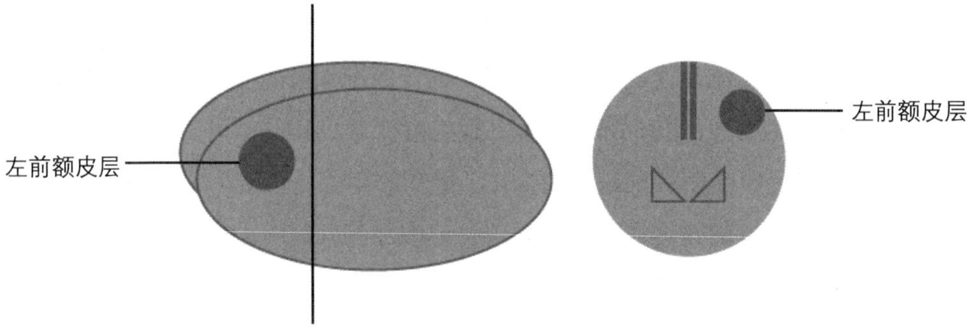

图5.13 不同视角下的左前额皮层

实验2发现，增强行动导向可以提升左前额皮层的活跃水平，同时也可以提高对决策的承诺水平。因此，就对决策的承诺而言，左前额皮层是非常关键的，激活左前额皮层可以带来行动导向的心智模式。因此，为了进行变革，需要激发对新行动的承诺，而这需要激活左前额皮层。

管理应用　计划和决策是有细微差别的。许多人认为他们可以直接从计划到行动，其实并非如此。决策是对行动计划的承诺[18]，如果没有这种承诺，就不可能有持续性的改变。实际上，一个决策涉及多种已经开始的趋近导向加工，这对真实的行动非常重要。

当团队成员声称自己已经有了一个计划，领导者、管理者和管理教练可以询问：“你们已经有哪些面向计划的行动？”决策面临的重要挑战之一是从计 141
划或激励中去除浪漫成分。许多管理者和管理教练期望思考行动计划的每个步骤，这就像期望所有团队成员都完全忠于计划一样，只存在理论上的可能性。就我个人经验而言，我认为这虽然有微弱的可能性，但需要耗费过多的资源。例如，如果你是一家公司的CEO，你可以做出这样的决策：公司需要更高水平的透明度（transparency）来营造信任氛围。这个想法是合理的，但提高透明度需要发布更多信息，而整理和发布这些信息可能会让相关员工感到沮丧和气馁。为了维持你对这个目标的承诺，你可以将这个任务委派给其他人来做。这样，你就不需要应对他/她的惰性了。管理者和管理教练可以这样告诉团队成员：“你的计划听起来非常好，但我们还需要将它们付诸行动。为了真正实施你的计划，你希望采取的第一个步骤是什么？”接下来，你可以聆听并体会在这些清晰步骤背后的能量，来考察这是不是一个可实现的行动计划。如果不是，你可以这样说：“从脑生物学的研究中我们可以知道，为了产生行动导向，你的左前额叶必须激活。这就相当于在你开始赛跑之前，你必须处于‘预备’姿势，这可以增加起跑时的动能。”

在体育训练中，行为训练是有先例的。众所周知，对跑步运动员的训练就包括赛跑想象。冠军选手能够想象他在真正比赛中的每个动作。这种想象的动作集合可以上传到大脑中，为行动做好准备。在训练过程中，教练员可以鼓励这种聚焦的想象，即鼓励运动员去想象比赛的目标、赛道的标记、起点和终点。到最后，运动员知道比赛过程的每个阶段的相应动作，这种知晓是优良训练效果的重要标志。

（一）想象与观察

142 *脑科学概念* 想象（即创造心理影像）比较复杂。如果我要求一屋子人想象他们参加百米赛跑时的场景，并询问他们看到了什么，我很可能会得到各式各样的回答。有人会说他们看到自己正在奔跑；有人会说他们看到自己正在起跑线上；还有人会说他们并没有看到自己在跑步，而是站在赛道边，感受他人跑过所带来的气息。这些都是想象，但内容却千差万别。

研究表明，想象某种行动（运动想象）和观察该行动激活的脑区有重叠，但并不完全相同。[19]fMRI联合分析（主要用于考察两种条件下的重叠区域）显示，想象和观察均激活的脑区有初级运动皮层、前运动皮层、辅助运动区（这些都是与运动相联系的脑区），也都会激活顶内沟（intraparietal sulcus）、小脑半球（cerebellar hemispheres）、部分基底核（这些脑区都与奖励和运动有关）。与想象不同，在观察条件下，海马回（长时记忆）、上顶叶、小脑部分区域会被激活。目前科学家尚不完全清楚这些脑区的激活意味着什么，但我们已经确切地知道，运动想象和运动观察激活的脑区有许多重叠之处。

值得注意的是，与观察相比，运动想象对后脑岛和前扣带皮层的激活程度更高。（回想一下，这两个脑区——分别与直觉登记和冲突探测有关——通常是一起激活的，如图5.14所示。）我们还需要注意，当担忧倾向较强烈时，前扣带皮层和脑岛的活跃水平会降低，[20]这可能是因为担忧替代了内部直觉水平的冲突。因此，担忧会干扰想象的形成，压力会阻碍你通往行动的道路。我们
143 还知道压力会使习惯延续。在实践中，如果团队成员处于担忧状态，要求他们想象自己期望的目标，通常无法达到想要的结果。

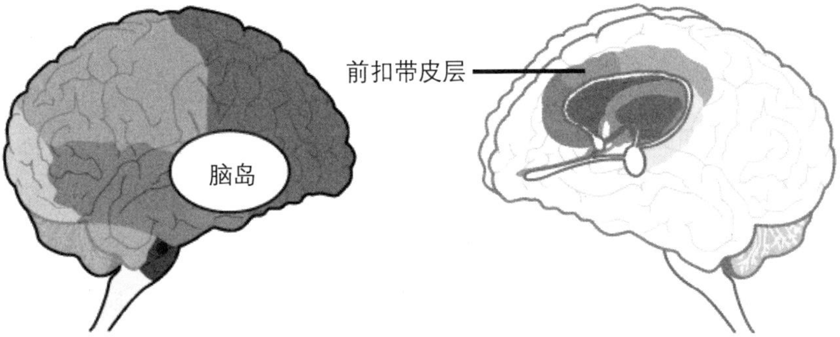

图5.14 脑岛和前扣带皮层的位置

确保这两处脑区的活跃非常重要。如果你希望后脑岛和前扣带皮层被激活，关键在于要求你的团队成员想象一种他们所渴望的行动。脑岛参与描绘与情绪有关的内心状态（直觉情绪），并将这种状态带入我们可以意识到的情绪中。[21]因此，通过想象，我们可以帮助管理者将无意识情绪转化为更容易被理解的有意识情绪。在预测令人不快或负面的结果时，脑岛同样发挥着重要作用。[22]因此，在制订行动计划时一定要将脑岛纳入进来，因为它可以探测到真正的威胁，也可以描绘与情绪相关的内心图像。

尤其需要指出的是，与第三人称视角想象相比，通过第一人称视角想象自己的空间位置，对左脑运动皮层和运动相关脑区的激活程度更高，在下顶叶（inferior parietal lobe）处表现得尤为明显。类似地，与想象和目标不匹配的行动相比，从第一人称视角想象与目标匹配的行动时，顶叶和脑岛的活跃水平更高。换句话说，为了刺激相应的行动，人们必须想象某事物真的在发生。[23]

另一项研究显示，与从观察者视角想象相比，从第一人称视角想象对自己的正面描述，可以引发更多积极情绪。[24]负性情绪也是如此（负性情绪会提高皮肤导电性，尤其是以第一人称视角想象时）。[25]然而，稍早一些，有一项研究结果与这种结果有很大的不同，这就产生了一个疑问——不同视角（第一人称和第三人称视角）想象的差异总是如此吗？后一项研究关注的是：想象未来成功是否可以提升人们完成该目标的动机？结果发现，与第一人称视角想象相比，当使用第三人称视角想象任务完成时，参与者可以体验到更多完成该任务的动机，部分原因在于参与者认为通过第三人称视角想象的结果更抽象，[26]可

144

以减轻带给自己的压力。因此，通过第一人称和第三人称视角的想象都是有用的，并且第三人称视角想象可以减少想象带来的焦虑。

管理应用 想象的行动是实际行动的先导。值得注意的是，担忧会干扰想象形成的脑区。在鼓励员工确定目标的时候，可以要求他们想象该目标的具体情况，并且最好同时使用第一人称和第三人称视角。想象也需要有一定的持续性，这样才能更好打破固有习惯，促进期望行为的出现。管理者和管理教练可以这样告诉团队成员："通过想象你们期望的目标，你们可以刺激大脑的行动中心。同样的，如果你见过实现这种目标的例子，你的想象就会更为真实。感觉真实是很重要的，当你想象自己在朝目标努力时，除了以第三人称视角想象（可以看到自己在画面中）外，你还可以尝试以第一人称视角想象，即看不到自己的样子，而是看见自己面前的事物。"

（二）行动导向的提问

脑科学概念 脑成像研究发现，想象某种行动和真正开展这种行动激活的脑区是相同的[19]，虽然想象时激活水平要低一些。[27]因此，在对管理者进行
145 训练的过程中，在教育、数据收集和计划制订阶段，当我们帮助当事人设定目标时，最好要求他们想象将要采取的行动步骤。在行动之前的阶段，管理训练工作实际上包括观察、计划、想象和动词化（verbalization）。你的措辞（表示具体动作的词语词化）会影响左侧额叶皮层（做出承诺必须激活该脑区）的激活程度。例如，如果客户要求你帮助公司的销售队伍提升销售业绩，在要求销售人员进行观察、计划、想象和措辞的时候，你可以使用多种方法。请注意下面两种提问方法的区别。

样例A：

- "迄今为止你是怎样开展销售工作的？"

该问题聚焦于过去，与某些心理治疗方法相似，但这与决策承诺还有很远的距离，也不能提升行动导向的心智模式。

- "用怎样的不同方法可以提升你的销售业绩？"

这种提问暗含了目标，也鼓励当事人对过去和未来进行比较。"*不同*"这个词语要求当事人不能只对过去进行思考。这种提问就可以提升心智模式的行

动导向。

样例B：

- “如果很容易就能够提升销售业绩，那你肯定已经那样做了。有一些因素造成了这种困难，这些因素是什么？为了达到你的目标，如何才能克服这些困难？”

这种“如何……”的提问无法发现真正的阻碍。大部分拖拉的人都知道他们自己在做什么，大部分需要打更多促销电话的销售员也知道自己在做什么。这个问题让个体回到自己已经熟悉的老路上去了。

- “如果很容易就能够提升销售业绩，那你肯定已经那样做了。有一些因素造成了这种困难，这些因素是什么？为了达到你的目标，值得去克服这些困难吗？”

这种提问包含一种评估成分。我们已经了解——员工知道应该做什么，但是他们的大脑没有对新的行为进行登记，而我们所做的是使他们看到潜在的奖 146
励。一旦大脑登记了这些奖励，就会促进对决策的承诺。销售员不愿意打推销电话，是因为这比较无趣，也因为他们对拒绝非常敏感（所有做过销售的人都知道，你被拒绝的次数远远多于被接受的次数）。然而，一旦他们认识到每次被拒绝都让他们更接近被接受，他们的大脑就会对拒绝的意义进行重新编码。

甚至在语言动词化过程中，一些干预措施也比其他的有更多行动导向和现实价值。左前中额叶皮层（left anterior midfrontal cortex）对动词加工是非常重要的。[28]（回忆一下，为了构筑行动导向或承诺，左侧额叶皮层必须被激活。）实际上，大脑中存在背外侧前运动—后顶叶网络，在加工表示具体动作的词语时会一起激活，这意味着动词表征和具有行动导向（视觉）的空间知识之间存在强有力的联系。[29]此外，表示具体动作的词语比名词需要更多的加工。因此，管理教练应该有意识地使用动词性语言来激活相应脑区、提升承诺。下面是一些例子。

- 你正在疑惑：为什么销售业绩上不去呢？
- 你是否在深入研究：为什么销售额没有在提升？

- 你没有卖出去足够多的产品，为什么呢？
- 接下来你准备用什么方式把货架上的产品卖掉？
- 接下来你准备怎样提高销售额？
- 你真的必须把这些产品送到门外去。你打算怎么把它们送出去，是推出去还是拖出去？

语言本身没有对错之分。然而，如果语言中没有包含具体的动作，大脑激发行动的能力就会较弱，这就是为什么在这种情况下，通常主动语态（active voice）比被动语态（passive voice）更好。当你用某种行动来激励大脑时，大脑实际上会想象出相应的行动。

大脑的左侧额下回（left inferior frontal gyrus）主要负责语言生成。奇妙的是，当进行某些运动，或想象、模仿、观察到这些运动时，该脑区的激活水平
147 也会提高。[30]因此，语言和动作在大脑中有紧密的联系。作为经理或者管理教练，你可以使用语言来激励人们采取行动。同样，如果你再使用其他方法（想象、模仿或观察）刺激左侧额叶皮层（语言脑区），你也可以更好地促进人们采取行动。这意味着当你要求领导者“想想看，如果……情况会怎样”时，你不应该勉强接受他们的第一反应，而是应该继续询问领导者“那会是什么样子呢？”等问题。同样地，如果给领导者呈现他们在类似问题上已经取得的成绩，你也可以激发领导者做出更大的承诺。换句话说，让领导者模仿自己，可以最大限度地激励他们。

管理应用 如果你试图提升员工对决策的承诺，要注意灵活地使用表示具体动作的词语，即在刺激大脑左侧额叶皮层的同时又不增加它的负担。同样，可以灵活地应用语态，主动语态比被动语态有更大的影响力。在构建目标或进行想象时，管理教练可以鼓励受训者尽量使用描述具体动作的词语，如果他们知道自己期望以同样的方式进行改变，可以继续提问，以便让他们对目标是什么及何时实现这些目标有清晰的认识，并且全身心投入实现该目标的过程中。此外，要意识到使用描述具体动作的词语是非常有用的学习过程。

（三）降噪

脑科学概念　背外侧前额叶皮层是左侧额叶皮层（不妨回忆一下该脑区对短时记忆的作用）的一部分。它可以保持信息，如果有需要，还可以将信息整合到长时记忆中。噪声会干扰这种信息整合。[31]内部噪声会激活前扣带皮层，也会影响背外侧前额叶皮层中信息的质量——而这些信息是行动所必需的。

管理应用　内部紊乱和外部紊乱会将一个人往多个方向推拉，甚至在紊乱尚未明确表现出来时也是如此。这是因为行动需要短时记忆的清晰指令，如果缺乏这种清晰性，就无法产生行动。 148

（四）刺激短时记忆

脑科学概念　背外侧前额叶皮层是左侧额叶皮层的组成部分。使用短时记忆任务可以刺激背外侧前额叶皮层，因为该脑区主要负责短时记忆的加工。因此，不去想长期和不可能的任务、鼓励团队成员聚焦于当前的问题可以提升他们的掌控感（sense of mastery），从而许诺于他们渴望的目标。例如，如果一名领导者不得不裁员，但他/她可能会回避这种令人不快的任务。如果鼓励这名领导从不同的角度来分析裁员问题，那么他/她更可能构建起对裁员这种行动的承诺。管理者和领导者可以进行如下相互提问，并思考它们在处理裁员问题上的价值。

- “你开始行动的时间表是怎样的？”
- “你是否可以把这次裁员看作长期续聘计划的一部分？”
- “在未来三个月中，我们需要达到怎样的目标？”

这些问题可以刺激短时记忆，让大脑对行动有更多的承诺。如果你在期限模糊的情境中工作，大脑无法产生对某种行动的承诺，此时标杆分析法（benchmarking）的重要性就显现出来了。

通过刺激（而不是过度刺激）左边的背外侧前额叶皮层，我们也可以让大脑从习惯中解放出来。[32]这让员工注意到“主要问题”需要优先解决。[33]

管理应用　通过刺激短时记忆，管理者和管理教练可以帮助团队成员不再沉迷于过去。在某些情境中，过去的影响力实在是太大了，将注意力集中在当前信息上，有助于给负担过重的大脑减压。

149 标杆分析法之所以有巨大的价值，一方面是因为它可以界定目标，另一方面也是因为它可以给我们提供一些基准信息，从而降低我们的焦虑水平，减少对短时记忆的干扰。

（五）关注影响DLPFC的情绪因素

脑科学概念 当左侧额叶皮层包括背外侧前额叶皮层受到富有吸引力的刺激时，抑郁水平会有所降低。[34]这意味着当激活这部分脑区时，抑郁减弱了。管理教练可以帮助领导者意识到：提高透明度和增加公司内的人际互动都可以减轻秘密决策带来的压力，并且使更多人参与到决策中来，这些都可以减轻他们的情绪负担，从而降低其抑郁水平。

- “你需要裁员多少人？”
- “你确实需要裁员还是需要为公司节省开支？”
- “有没有其他节省开支的地方？”
- “你必须裁员10名，还是可以裁5人，同时给其他人降薪？”
- “你最关注什么问题？是不被人喜欢，还是伤害他人？”
- “你如何才能让他人明白必须进行裁员？”
- “你会与他人分享你所处的困境吗？你可以告诉他人有可能进行裁员，然后寻求其他替代性解决方案吗？”

就像你看到的那样，领导越少被自己的决定吓到，他/她就越可能形成对行动的承诺。领导者在决策时不要那么孤单，邀请他人参与决策，也可以表明你尽力为他人着想的意愿。如果领导者将自己看作一个代表员工、也需要与他人相互配合的人，而不是大权独揽者，他/她的抑郁症状会减轻很多。

150 **管理应用** 如果领导者抑郁，大脑中的行动中心也会受到压抑。静态看问题的方式会困住当事人，降低他们的行动导向，导致他们抑郁水平提高，虽然我们目前尚未能完全治愈抑郁症，但是我们可以使用重新建构问题等方法来帮助他们重新认识面临的问题。你可以告诉领导者或其他团队成员：“我想我们应该从不同的视角来看待这个问题，更多地聚焦于解决方案。目前面临的问题是，你一方面不想伤害他人，另一方面也找不到别的办法，所以就显得进退两难。让我们帮你减轻大脑行动中心的情绪负担，使你能够把这件事情推进下去。”

表5.3对脑科学如何促进行动导向进行了总结。

表5.3　提高承诺和促进行动导向的脑科学概念小结

心理学模型	脑科学发现	管理应用	管理训练用语
承诺是行动导向所必需的	如果左侧额叶皮层不激活，个体就无法进入行动导向状态	必须区分计划和行动导向	让你的思维处于“预热”状态
视觉化帮助你达成自己的目标	想象可以激活大脑的行动中心，尤其是使用第一人称视角想象时	当进行标杆分析时，帮助你的当事人清晰地进行第一人称和第三人称视角的想象	想象可以同样激活行动中心
你的语言会影响你的行动	语言会刺激大脑的行动中心	帮助他人开展行动时，记得使用行动导向的语言	使用行动导向的语言，并且向管理者或团队成员解释为什么使用它们
为了更清晰地思考，你需要保持内心平静	内心混乱会影响你的短时记忆和注意，消耗你本可用于思考的大脑资源	帮助管理者认识这种内在的噪声	告诉管理者，你需要从困住你的地方往回看，去分析那些沉默的噪声
专注可以提高生产效率，也有助于变革	短时记忆训练有助于提升对当前任务的专注度，可以促使个体采取行动	帮助管理者认识到，不能过度依赖过去的经验	帮助管理者认识到，对过去经验的依赖会刺激长时记忆，消耗本可用于行动的左侧额叶皮层资源
抑郁让你失去动力	抑郁会压抑大脑的行动中心	帮助管理者换个视角看待压力情境	向当事人指出，抑郁会使大脑的行动中心瘫痪

151

本章小结

从观念到行动并不只有一步之遥。我们第一步要做的是增加对行动的承诺，这需要使用本章中介绍的方法激活左侧额叶皮层。一旦左侧额叶皮层被激活，大脑就准备好从行动导向转向行动。

参考文献

[1] Gatenby A and M Lees. Leadership Coaching Tip: There is a Mind-shift Evolving. *Integral Leadership Review*, 2010, 10(2): 1-2.

[2] Hurwitz M and Hurwitz S. The Romance of the Follower: Part 3. *Industrial & Commercial Training*, 2009, 41(6): 326-333.

[3] Hemp P. Death by Information Overload. *Harv Bus Rev*, 2009, 87(9):82-89, 121.

[4] Sharot T, De Martino B and Dolan R J. How Choice Reveals and Shapes Expected Hedonic Outcome. *J Neurosci*, 2009, 29(12): 3760-3765

152 [5] Boswell W R, Boudreau J W and Tichy J. The Relationship between Employee Job Change and Job Satisfaction: the Honeymoon-hangover Effect. *J Appl Psychol*, 2005, 90(5): 882-892.

[6] Abel S, et al. The Separation of Processing Stages in a Lexical Interference fMRI-Paradigm. *Neuroimage*, 2009, 44(3): 1113-1124.

[7] Herry C, et al. Switching on and off Fear by Distinct Neuronal Circuits. *Nature*, 2008, 454(7204): 600-606.

[8] Alvarez R P, et al. Contextual Fear Conditioning in Humans: Cortical-hippocampal and Amygdala Contributions. *J Neurosci*, 2008, 28(24): 6211-6219.

[9] Izumi T, et al. Changes in Amygdala Neural Activity that Occur With the Extinction of Context-dependent Conditioned Fear Stress. *Pharmacol Biochem Behav*, 2008, 90(3): 297-304.

[10] Zimmerman J M, et al. The Central Nucleus of the Amygdala is Essential for Acquiring and Expressing Conditional Fear after Overtraining. *Learn Mem*, 2007, 14(9): 634-644.

[11] Ponnusamy R, Poulos A M and Fanselow M S. Amygdala-dependent and Amygdala-independent Pathways for Contextual Fear Conditioning. *Neuroscience*, 2007, 147(4): 919-927.

[12] Westen D, et al. Neural Bases of Motivated Reasoning: an fMRI Study of Emotional Constraints on Partisan Political Judgment in the 2004 U.S. Presidential Election. *J Cogn Neurosci*, 2006, 18(11): 1947-1958.

[13] Iverson R D and Roy. A Causal Model of Behavioral Commitment: Evidence from a Study of Australian Blue-collar Employees. *Journal of Management*, 1994, 20(1): 15.

[14] Pfeffer J and Lawler J. Effects of Job Alternatives, Extrinsic Rewards, and Behavioral Commitment on Attitude toward the Organization: A Field Test of the Insufficient Justification Paradigm. *Administrative Science Quarterly*, 1980, 25(1): 38-56.

[15] Benkhoff B. Catching Up on Competitors: How Organizations can Motivate Employees to Work Harder. *International Journal of Human Resource Management*, 1996, 7(3): 736–752.

[16] Kim S. Behavioral Commitment Among the Automobile Workers in South Korea[sup1]. *Human Resource Management Review*, 1999, 9(4): 419.

[17] Harmon-Jones E, et al. Left Frontal Cortical Activation and Spreading of Alternatives: Tests of the Action-based Model of Dissonance. *J Pers Soc Psychol*, 2008, 94(1): 1–15.

[18] Resulaj A, et al. Changes of Mind in Decision-making. *Nature*, 2009, 461(7261): 263–266.

[19] Munzert J, et al. Neural Activation in Cognitive Motor Processes: Comparing Motor Imagery and Observation of Gymnastic Movements. *Exp Brain Res*, 2008, 188(3): 437–444.

[20] Schienle A, et al. Worry Tendencies Predict Brain Activation during Aversive 153
Imagery. *Neurosci Lett*, 2009, 461(3): 289–292.

[21] Damasio A R. *Descartes' Error: Emotion, Reason and the Human Brain*. New York: Putman, 1994.

[22] Clark L, et al. Differential Effects of Insular and Ventromedial Prefrontal Cortex Lesions on Risky Decision-making. *Brain*, 2008, 131(Pt 5): 1311–1322.

[23] Lorey B, et al. The Embodied Nature of Motor Imagery: the Influence of Posture and Perspective. *Exp Brain Res*, 2009, 194(2): 233–243.

[24] Holmes E A, Coughtrey A E and Connor A. Looking at or Through Rosetinted Glasses? Imagery Perspective and Positive Mood. *Emotion*, 2008, 8(6): 875–879.

[25] Hagni K, et al. Observing Virtual Arms that you Imagine are Yours Increases the Galvanic Skin Response to an Unexpected Threat. *PLoS One*, 2008, 3(8): e3082.

[26] Vasquez N A and Buehler R. Seeing Future Success: Does Imagery Perspective Influence Achievement Motivation? *Pers Soc Psychol Bull*, 2007, 33(10): 1392–1405.

[27] Jeannerod M. Neural Simulation of Action: a Unifying Mechanism for Motor Cognition. *Neuroimage*, 2001, 14(1 Pt 2): S103–S109.

[28] Cappelletti M, et al. Processing Nouns and Verbs in the Left Frontal Cortex: a Transcranial Magnetic Stimulation Study. *J Cogn Neurosci*, 2008, 20(4): 707–720.

[29] Berlingeri M, et al. Nouns and Verbs in the Brain: Grammatical Class and Task Specific Effects as Revealed by fMRI. *Cogn Neuropsychol*, 2008, 25(4): 528–558.

[30] Heiser M, et al. The Essential Role of Broca's Area in Imitation. *Eur J Neurosci*, 2003, 17(5): 1123–1128.

[31] Sarampalis A, et al. Objective Measures of Listening Effort: Effects of Background Noise and Noise Reduction. *J Speech Lang Hear Res*, 2009.

[32] Knoch D, Brugger P and Regard M. Suppressing Versus Releasing a Habit: Frequency-dependent Effects of Prefrontal Transcranial Magnetic Stimulation. *Cereb Cortex*, 2005, 15(7):885-887.

[33] Eisenstat R A, et al. The Uncompromising Leader. *Harv Bus Rev*, 2008, 86(7-8):50-57, 157.

[34] Spronk D, et al. Long-term Effects of Left Frontal rTMS on EEG and ERPs in Patients With Depression. *Clin EEG Neurosci*, 2008, 39(3): 118-124.

第六章

从行动导向到变革：脑科学的视角

在本书第五章中，我们从神经科学视角讨论了行动面临的挑战，也分析了 155
神经科学如何帮助领导者促进行动导向。在本章中，我们将进一步探讨神经科学如何帮助领导者实施行动，不管是对咨询顾问、管理者、领导者还是对管理教练，这些都是非常有价值的，因为组织效能在很大程度上取决于行动以及如何维持这种行动。

我们之所以能够实施行动，是因为大脑在意图、计划和最终行动之间建立了联系。[1]如果没有这种联系，我们就无法将计划与行动联系起来。作为领导者、管理者和管理教练，我们面临的重大挑战之一就是采取行动促进变革。因此本章将具体讨论变革和如何促进变革。

任何参与变革的人都知道，变革意愿和真正变革是两回事。对大多数人而言，熟悉代表着安全，而改变意味着危险。因此，激励、准备、促进和维持改变都非常困难，需要花费大量时间。

一、变革的组织背景

组织中的变革，不管是群体改变还是个体改变，通常都是在解决问题（决 156
策）的背景下进行的，变革在决策中所处的位置如图6.1所示。

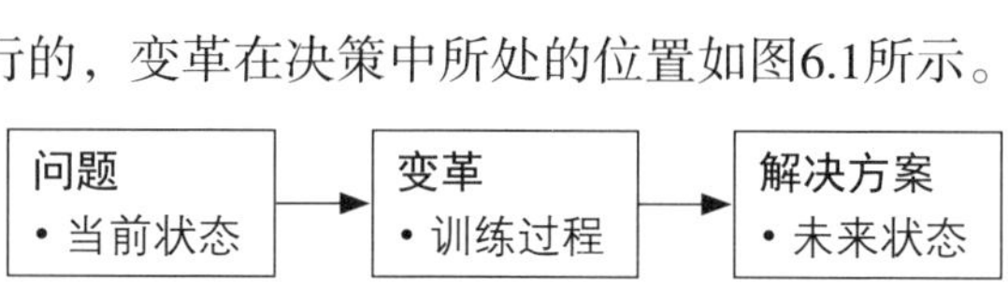

图6.1　变革在决策中所处的位置

因此，大部分管理人员在培训中都会被告知，应该促进有利于问题解决的变革。然而，还可以从另外一个角度来看待组织变革，这种视角对个体、群体和组织而言都是非常有价值的。变革可以发生在多个层次，为了真正达到效果，领导者需要思考如何将不同层次的变革有机结合起来。例如，一家公司期望通过变革扩大产品的市场份额，这时变革就不能仅仅着眼于市场部门，而需要考虑公司整体性的变革，包括但不限于产品营销、渠道建设、促销等。

在商业领域中，变革可能会涉及并购、兼并和私有化，也可能涉及公司重组，比如裁员或者主营业务转移等。[2]与此同时，由于全球化趋势及竞争加剧，组织需要拥有柔性、可重构、需求驱动的生产系统，尤其在产品生命周期较短、市场需求变化剧烈的情况下。[3]管理者常常需要离开办公室，与一线员工进行深入交流，也要经常承担变革推动者的角色。[4]

表层的改变最为容易，但是真正的、可持续的、意义重大的变革肯定出现在更深层次（许多不成功的战略变革就是因为太流于表面，没有挖掘深层次的因素）。

二、理解变革的脑科学模型

157 为了理解神经科学在解决组织变革面临的问题中的重要作用，我们只需要这样来看：组织是由可以做决策的人组成的，而人的决策是由大脑做出来的（见图6.2）。我们都知道时刻保持开放心态的重要性，同样重要的是，我们要了解组织任何局部的改变都有局限性，而且不是所有人都对变革持开放的态度，也不是所有脑区或所有心理特征都容易被改变。

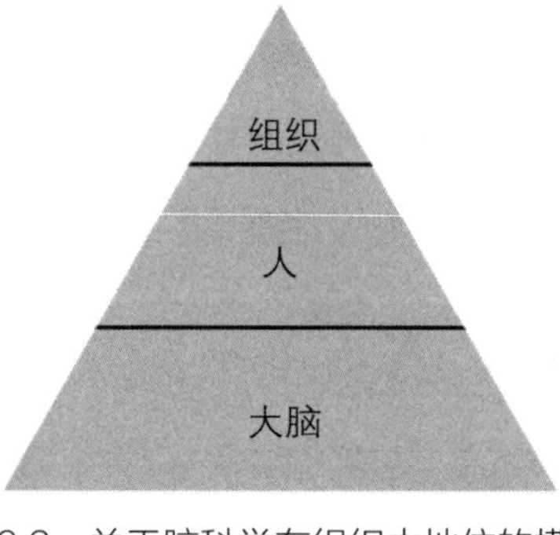

图6.2 关于脑科学在组织中地位的模型

个体的改变带来组织的变革。人力资本（human capital）总是组织变革的基础。在人身上，大脑是激发变革的核心力量。理解大脑如何促进改变，对我们理解如何促进组织变革有非常重要的帮助。

将组织变革与神经科学联系起来的前提是：组织是活的，是由活生生的人及其使用的工具组成的。因此，使用认知神经科学的最新成果有助于加深我们对组织变革的理解。[5,6]虽然这些知识令人兴奋，但我们也需要记住，它们仍然 158
处于高速发展中，相关研究结果也会进行持续的自我修正。

三、神经元与大脑变化的联系

人类大脑是由被称为“神经元”的脑细胞组成的。每个神经元都由一个轴突（axon）和一个细胞体（cell body）构成，而细胞体由细胞核（nucleus）和为数众多的其他细胞器组成，依靠这些细胞器进行营养代谢，脑细胞才能存活下来。从细胞体延伸出来许多树突（dendrites），其作用是与周围的细胞保持联系。这类数量巨大的联系被称为“突触”，就是产生变化的地方，如本书第五章图5.8所示。

大脑可塑性（或神经可塑性）指的是大脑改变其结构和功能的能力。根据传统观点，在个体发展的早期，大脑已经完成所有的变化，但是现在我们知道（还可以通过脑成像研究看到），成人的大脑也可以改变。[7]经验是大脑可塑 159
性的主要来源。现在我们已经清楚，经验可以在大脑中产生多种可分离的改变，具体包括[8]：增加树突长度；提高（或降低）树突密集度；形成突触（突触是一个细胞与另一个细胞相联系的部分）；增强神经胶质（神经胶质是神经元之间发挥支持作用的细胞）的活性；使代谢活动变化。

大脑可塑性的证据来自不同类型的研究，例如：

- 人体解剖研究。
- 脑成像研究（尤其是功能性磁共振成像研究）。
- 脑电图研究（关于脑电波的研究）。
- 动物研究。

虽然大脑是可以改变的，但各脑区改变的难度是不同的，并且不是所有思维或经验都足以引起大脑的持续改变。我们现在可以了解大脑如何应对变化，也可以了解大脑是否会变化以及如何变化的一些细节。

本章我们将关注与变革有关的脑科学知识：

（1）与任务转换相关的神经科学。

（2）与变革相关的记忆神经科学。

（3）与变革相关的行动神经科学。

（4）与变革相关的情绪神经科学。

四、“任务转换与脑”对变革的意义

160 *脑科学概念* 行动决定着组织的效率，如果组织无法将员工的意图转化为行动，那么该组织将付出巨大的代价。在关于组织变革的会议上，人们通常表示愿意改变，但实际上却没有任何行动，因此这种表态除了让与会者满意，不会带来任何结果。这种变革意愿与开始改变和维持改变都是不同的。脑科学的研究有助于我们更好地理解意愿和行动脱节的现象。

早在40年前，研究者就发现意愿和行动不匹配与大脑前额叶受损有关，然而即使认识到这种不匹配，当时人们对此也束手无策[9-11]。在健康人的身上，这种意愿与行动的不匹配被称为“目标忽略”（goal-neglect）。[12]在我们了解自己的意图之前，大脑已经开始“启动”了，[13]这些内隐意愿（implicit intentions）开启了通往行动的道路。作为大脑的“领航员”，后顶叶皮层需要与前额叶进行交流，以便将意愿转化为相应的行动。[14]一种可能的变革模型如图6.3所示。

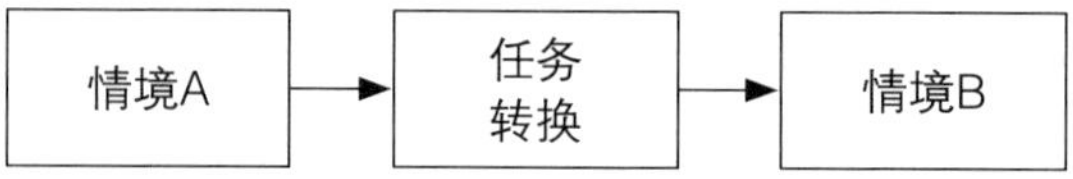

图6.3　变革模型

任务转换是变革的重要组成部分，也是研究认知控制功能的重要途径。[15]当人们进行改变时，他们实际上是在改变自己的思维和行动方式。改变会带来新的视角，也会带来新的待探索领域。简单地讲，为了从情境A到情境B，一个

人必须愿意并且能够进行任务转换。任务转换并不像听起来那么简单，因为大 161
部分人仍然想要回到旧的任务上去，甚至在开始新任务之后也是如此。

在多种激励因素的作用下，意愿可能首先出现在无意识大脑当中。[16]接下来，意愿可能会被我们意识到。然而，从意愿到行动容易受到过去、现在和未来种种干扰力量的冲击，这就需要大脑的解码能力（通常是由颞叶和顶叶来完成）。[17]无论什么时候想要做出某种行为，意愿和行动都必须在大脑中相结合。例如，如果你倾向于用一种平静、带感情的语气与员工进行交流，这种意愿会成为你自己（和你的大脑）的一部分，并且与行动始终结合。在大脑中，结合自发意愿与行动（例如，在见到员工之前，你就知道自己应该平静且带感情地与他们沟通）的加工系统，与结合自发意愿和暗示（例如，见到员工之后，你才记起来应该平静且带感情地与他们沟通）的加工系统是不同的。[18]因此，当一个人准备改变行为时，需要考虑自发意愿与行动的匹配问题。

转换成本：与重复同样的任务相比，在不同任务之间进行转换会导致业绩降低，即带来“转换成本”。[19]这也是这么多人拒绝改变的重要原因。转换带来的各种成本（时间延迟、不熟悉带来的不安全感、迷失方向、精确度降低）通常会阻止直接的改变。我们从一种任务转向另一种任务时，只有当预期的业绩可以抵消旧业绩的损失时，个体才更愿意进行改变。[15]这就是人们（有意或无意）倾向于停留在意愿阶段，而不是向行动阶段迈进的原因，也是人们停留在“鼓舞”阶段而不是“行动”阶段的原因。从生物学上讲，感受到鼓舞总是令人愉快的，因为这时还没有转换成本。受鼓舞之后的行动就并不是那么令人开心了，毕竟需要进行新的学习，同时转换成本也出现了。刚开始的时候，人们倾向于将自己视为新事物的学习者，后来他们则倾向于将自己视为 162
需要重新学习某种事物的留级生。这是因为我们都享受控制感，而任务转换会破坏先前已经建立起来的控制感。只有当人们将任务转换视为一种获得新控制感的机会，他们才更有可能进行任务转换。为了做到这一点，我们需要对新学到的内容进行奖励，而不是奖励旧做法。这种视角的变化是组织变革的基础。

约翰是一名项目经理，也是一名经历多次失败的创业者（entrepreneur）。他经常有了一个好点子，就开始制造产品，但接下来就一次又一次“失去兴趣”。

因为他不愿意付出转换代价，大脑中的意愿和行动无法结合在一起，所以他的失败也就很好理解了。

大脑与转换代价：转换代价的潜在脑机制被称为“返回抑制”（backward inhibition）[20]，即为了开始新任务（改变），个体必须抑制对旧任务的注意。换句话说，任务转换涉及在多个选项中进行选择，不仅仅需要关注新的任务，也要抑制那些未被选择的任务，不让它们占据大脑的中心舞台。（接下来我们会介绍这种抑制是如何发生的。）

事件相关电位（event-related potentials, ERPs）技术可以记录特定刺激的脑电波反应，有研究者使用这种技术来研究任务转换过程，发现该过程与两个脑区有关。[21]具体来说，他们发现任务转换需要额叶皮层和顶叶皮层的参与——这两个脑区都与注意有关，然而，只有在涉及转换成本的任务中，额叶皮层才非常重要。此外，在任务转换过程中，这两个脑区表现出不同的脑电波模式。

这是一个好消息，因为我们有许多方法可以来控制我们的额叶，那些对额叶功能进行训练的方法也可以用于应对转换成本。实际上，有一项研究发现，
163 事前进行认知控制是有可能的，如果激发更多认知控制或额叶参与，新的行为有可能跟旧行为一样高效。[15]如果对额叶和顶叶皮层进行多次练习，这种认知控制就会出现。[22]将变革的任务分为若干个小目标有助于后顶叶皮层（大脑的“领航员”）对变革的信息进行加工，因为后顶叶皮层加工能力有限，只能加工在工作记忆（短时记忆）脑系统（如DLPFC）中的信息。[23]

值得注意的是，训练对不同脑区有不同的作用。针对“初级”脑区（只负责某种功能最终执行的脑区）的训练不太可能导致大脑改变或者使其具有可塑性，因为大脑的初级运动皮层和感觉系统的可变性比较小。实际上，同时加工多种信息的联合脑区（association areas）或者多模态脑区（multimodal regions）更具有可塑性（这是大脑的“文艺复兴区”）。[24]大脑变化的特征之一是：如果人们确定改变是“自己的”而不是来自外部，那么改变会更快发生。最近一项实验研究发现，通过某些人物照片让人们将自己和他人明确区分开后，他们对自己照片的加工速度会更快。这种联系与大脑右额中回的激活有关。[25]

管理应用 约翰是一位看起来很忙但绩效不佳的管理者，管理教练对他进行训练时，可以借助脑科学与他进行交流，探索究竟为什么会这样。例如，

管理教练可以说，约翰的大脑不愿意支付改变做事方式的“转换成本”，即使在开始改变之后，约翰的行动与意愿保持一致的能力也会受到影响。从脑科学的角度，管理者可以探讨下面的可能性：（1）约翰是否有未被意识到的其他意图？（2）在某些时候，约翰是不是给自己大脑的“领航员”过多信息了，导致
其机能失常，无法与大脑的行动中心顺畅交流？（3）约翰是不是由于改变的速 164
度太慢导致了自我厌倦？因为他似乎是站在旁边看自己，而不是将自己全身心投入行动中去。（4）什么东西让他的额叶和顶叶“卡”住了，无法将其意图转化为行动？他的意图是否“深”到足够激活相关脑区？

管理教练、领导者和管理者通常应该如何思考或使用转换代价范式呢？除了强调为什么新方法非常重要，管理教练或管理者也可以*说明*为什么旧方法效果不佳。这可以提升返回抑制，这是进行任务转化所必需的。他们可以使用本领域的具体案例来帮助对方了解——过去的某些行为已经无效了。例如，当医院已不再与医药代表详细讨论药物使用方案时，如果市场部经理忽略了这一点，仍然花很多时间做这种沟通，这就是无效的，也无法达成签订合同的意向。新的接触方法应该基于医院的使命来确定，新方法应该聚焦于建立供应商和医院之间的联盟关系，而不是持续去找医生和医院管理者。管理者和管理教练可以设计更具有说服力的新方法。如果员工还是使用旧方法，就需要帮助他们理解“这种旧方法导致的结果已经不是我们所需要的了”。同样，你应该鼓励员工实践新的任务，并且设置与新任务相关的核查点（check-in points）。这种做法可以发挥员工大脑中额叶的功能，也能够加深员工对新任务的掌握程度。此外，要强调前进中的障碍是正在进行改变的标志，也是转换成本的一部分。没有障碍意味着没有转换成本，也就意味着没有行动导向的改变会出现。最后，探索提高员工控制感的方法，这会促进额叶功能的发挥。指导下属一步步进行变革，其实是创设变革的最差办法。更为重要的是要帮助人们理解，改
变是有阵痛的，没有阵痛就没有改变。感到阵痛并不表示他们能力弱，他们都 165
是人，都会感到疼痛，疼痛只不过是额叶被新任务激活的一种信号。管理教练需要认识到，多模态脑区比初级脑区更具有可塑性，这对奖励设置有很大的意义。如果我们使用奖励，应该瞄准多个脑区。这可以解释为什么大学教授办公桌上会有一大罐巧克力，或者为什么谷歌公司为员工提供免费食物。纽约的格

拉梅西公园酒店（Gramercy Park Hotel）可能是美国最好的酒店之一，当你走进酒店大堂，就会闻到标志性的香味。你同时会有视觉和嗅觉两种体验，在这种环境中你的大脑更可能改变。管理教练可以这样告诉领导者："'没有付出就没有收获'这句谚语是有脑科学依据的，当我们期望改变的时候，大脑必须努力去改变其内部回路和联结。与此同时，大脑也需要抑制那些期望重新回到熟悉道路的想法。"

为了便于查询，这里将一些大脑原理列出来。

- 行动会带来转换成本。
- 行动源于返回抑制（即抑制旧的做事方式）。
- 提升额叶的控制功能对行动有利，认知控制尽早介入尤佳。
- 多模态脑区更具有可塑性（即当有多种感觉刺激时，改变更可能发生）。
- 自我投入有利于大脑的信息加工。

五、"记忆与脑"对变革的意义

脑科学概念　为了更好地实施变革，人们需要记住所推行变革的细节。因此，变革行动要求记忆系统的恰当参与。记忆包括短时记忆、中期记忆（intermediate term）和长时记忆。短时记忆也被称为"工作记忆"，在涉及多个脑区的大脑网络中进行加工。背外侧前额叶皮层是这种网络的重要组成部
166 分。传统观点认为，海马区负责中期记忆和长时记忆的构建，它保持新获得的信息，直到这些信息在新皮层（大脑的最外层）中稳定下来为止。但是，越来越多的研究者认为这种观点并不全面，最近一项研究显示，最初的记忆也需要海马回的参与，并且具有情境性，但这些记忆在大脑新皮层固化之前，随着时间的推移，它们对海马回的依赖会变弱，并且会变得越来越图式化。[26]这种记忆并不是锁在我们的记忆保险柜里，而是在大脑中以图式的形式（像压缩文件那样）存在，并且对行动产生影响。图6.4中的模型呈现了记忆巩固的过程。

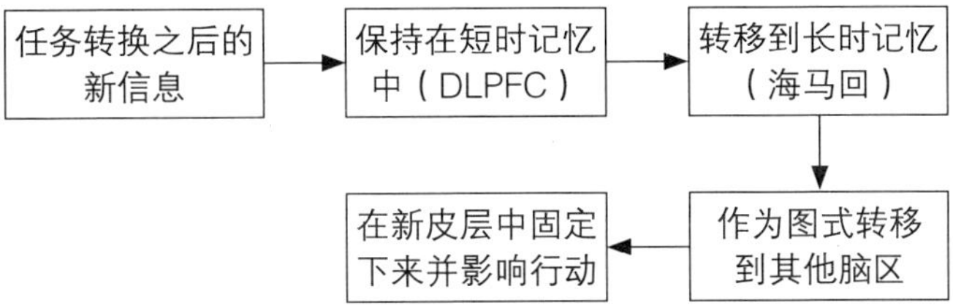

图6.4　记忆巩固的过程

越来越多的科学研究发现，大脑学习信息的过程是十分艰难的。然而，一旦这些信息被学到，它们就被转化为“容易获取”的形式，因此使用较少的能量就可以将它们加以应用，而不需要像记忆过程那样费力。

管理应用　我们经常会犯过去犯过的错误，因为长时记忆是以易于提取的形式储存在大脑中的。管理教练可以告诉领导者：“在探索阶段，我们需要许多时间来构建恰当的长时记忆，否则，你先前的不当行为就会跳出来干扰你。”

矛盾处理理论

脑科学概念　矛盾处理理论（ironic process theory）是一种获得许多研究 167
支持的有趣理论。该理论认为，在有较高精神负担或压力的情境中，我们经常会做那些我们本想回避的事情。[27]此外，当人们为了实施行动而试图忘记一些事情的时候，只要他们没有分心或没有精神压力，就可以做到这一点。尝试遗忘会提高背外侧前额叶皮层的活跃程度，降低海马回的活跃水平。[28]如果人们的注意力被压力俘获而不能放在目标任务上，人们就更可能记住那些不想记住的事情。这会对行动产生很大的干扰。实际上，我们知道压力会导致人们的习惯行为，但这会影响目标导向绩效。[29]

管理应用　当你与管理者一起制订行动计划时，了解他们过去的行动或记忆是非常重要的，因为在压力或精神负担之下，这些行动和记忆会重新出现。当我们精神负担过重的时候，我们希望忘记的行为模式会再度出现。在竞技体育领域，教练们对这种现象非常熟悉。美国职业棒球大联盟已退役的运动员查克·诺布洛克（Chuck Knoblauch）、斯蒂文·布拉斯（Steve Blass）和里克·安凯尔（Rick Ankiel）都因他们不时出现的野性投掷（wild throws）而知名，安凯尔将自己的野性投掷称为“烈酒”。当高尔夫球手被要求不要击球过重时，在

精神压力下他们反而会击球过重。这些想要去避免却反而一犯再犯的错误被称为“易普”（yips）。在管理领域，领导者、管理者和管理教练也应该防范易普出现，在由于时间压力或其他精神负担可能导致员工出现易普的情境中，管理教练应该与受训对象一起减轻这种精神负担（人类之所以有易普，部分原因在于它可以导致非常快速的反应，在某些情况下可以起到自我保护的作用）。[30]我们可以用下面的语言与管理者进行沟通：“有些情况下，当我们试图让自己不犯某种错误时，反而会犯下这种错误。这是因为在有较大精神压力的情境下，我们的大脑没有足够的能量来阻止这些不受欢迎的记忆，导致它们如洪水般涌现。”

168 下面是一些可以巩固记忆的方法（提升大脑新皮层的机能）。

（1）活力午睡（power naps）[31-33]。活力午睡是指让大脑休息的短时间睡眠（15至30分钟）。研究发现，短时间打盹可以恢复精神，有助于信息在大脑中的登记和巩固。

（2）情绪唤醒，即在学习之后30分钟内（最长不超过45分钟）的（积极或消极）情绪唤醒。[34]在一段时间后，有情绪体验的记忆可以被更好地回忆出来，[35]这种效应部分受到海马回的中介作用。如果压力在时间和空间上与需记忆的内容有紧密联系，那么短期较大的压力可以促进对这些内容的记忆。[36]

（3）奖励预期。奖励预期对学习究竟起积极还是消极作用，取决于奖励诱导的焦虑水平。记忆成绩与焦虑水平之间呈负相关，即焦虑水平较高，则记忆成绩较差，这种相关性与奖励预期无关。换句话说，奖励无法帮助焦虑个体记住与变革有关的新内容。一方面，中脑多巴胺中心（midbrain dopaminergic centers）、海马回和杏仁核有较高水平的激活，可以带来高记忆成绩和低焦虑水平。另一方面，前扣带皮层、额中回有较高水平的激活，则会带来低记忆成绩和高焦虑水平，其中前扣带皮层与焦虑关系密切，额中回与分散注意分配有关。连接性分析（connectivity analysis）显示，中脑多巴胺中心与海马回和杏仁核在功能上均有正向联系，而前扣带皮层和杏仁核在功能上有负向联系。这表明过度焦虑会干扰注意，也会阻碍记忆的巩固。[37]

管理应用 （对记忆而言）当个体试图进行改变时，过度焦虑会对大脑的记忆产生干扰。例如当你与处于焦虑状态的员工交流时，他们几乎无法记住

你说的任何东西。学习之后的情绪唤醒有利于大脑对信息的记忆，但过大的压 169
力则不利于大脑对信息的记忆，因为过大的压力会同时干扰注意脑区和记忆脑区。在管理实践中，你可以这样与员工进行沟通：“你期望的改变很可能实现，但你必须让大脑与你想要的行动合作，我们需要你的记忆系统在关键时刻做出恰当的反应。情绪对大脑中的注意和记忆活动都有影响，适量的情绪有助于注意和记忆，缺乏情绪或者过量的情绪会干扰注意和记忆。”

那么，管理者如何应用这些记忆研究的成果呢?

• 变革需要抓住新信息。这需要降低新旧信息之间的冲突，从而使新信息更好地被大脑登记和巩固。你可以向管理者阐述新变革可能带来的冲突，从而让他们意识到冲突的存在，进而处理好冲突。

• 变革需要消耗更多的大脑能量。研究显示，变革需要多种脑区参与加工：从记忆在背外侧前额叶皮层（短时记忆中心）的登记，到应对来自杏仁核（情绪中心）、基底核（奖赏中心）、前扣带皮层（冲突探测器）的干扰，再到将信息传递到海马回并且以图式的形式在新皮层固化。因此，变革与从新皮层中回忆旧行为习惯是有很大区别的。如果人们想要避免这种复杂的加工过程，他们就会选择重复旧的行为习惯。在这里，你不需要记住这些脑区的名字，重要的是记住：学习新事物需要更多脑区参与，也需要消耗更多的大脑能量。

• 获取充足的大脑能量有利于学习和变革。夜晚充足的睡眠，再加上白天的活力午睡、适当的情绪唤醒，都有利于大脑更快、更高效地学习。

• 奖励方式无法提升高焦虑个体的记忆力。我们首先要应对焦虑情绪，再使用奖励方式，即需要帮助管理者明白为什么变革使他们焦虑。（高焦虑会提高杏仁核的激活水平，也会降低前扣带皮层的激活水平——处理当前任务需要前扣带皮层的参与。）

• 变革过程中需要恰当唤醒个体的情绪。情绪有利于大脑记忆的巩固，可 170
以促进对新事物的学习。

• 变革需要在现场进行真实的学习，而不仅仅是在想象的情境中学习。现场的真实学习更有利于大脑记忆的巩固，可以促进变革的实施。

我们可以将与大脑记忆和变革有关的神经科学基础原理总结如下：

（1）为了进行改变，必须记住新的事物。

（2）记忆是分步骤进行的：首先是短时记忆，其次是中期记忆，再次是长时记忆。减少与旧任务的冲突，有助于人们记住新任务，同时，管理者也应该意识到这种冲突的存在。

（3）大脑倾向于记住在情绪情境中得到强化的事物。为了更好地进行变革，也为了让更多脑区参与巩固记忆的过程，可以在记忆过程中纳入情绪因素。情绪可以是真实的体验，也可以是想象得来的。人们可以使用其他工具——例如音乐和视觉辅助工具（比如示意图）——来提升学习效率。

（4）如果个体处于高度焦虑状态，大脑无法登记新变革带来的奖赏。

（5）旧行为习惯消耗的能量较少，而新行为习惯需要更多脑区参与加工，也需要消耗更多大脑能量。

六、“行动与脑”对变革的意义

脑科学概念 大部分领导者、管理者和管理教练已经意识到，如果不是发自内心，变革过程将会非常困难，部分原因在于变革是伴随痛苦的过程。很久以前，科学家认为变革之所以困难，原因之一是人的大脑在儿童时期就已经固化了，要求成人进行改变是不可能的。最近，这种观点被证明是错误的。虽然成人大脑中的大部分回路已经成形，但研究显示，适当的行为干预能够切实
171 改变大脑内部的联结。当然，这通常需要进行多次干预，并且需要同时改变思维和情绪。

研究发现，当人们做出决策后，他们通常会改变自己的态度，因此在他们眼里，新的决策会越来越好，而旧的决策会越来越糟。[38,39]对此，哈蒙—琼斯等人（Harmon-Jones et al., 2008）给出了一个例子：

……想象一下，有一个叫利昂的人，在两家公司各获得一个工作机会。一家公司提供的岗位可以更好发挥个人才智，另一家公司的同事则更为友好。一家公司位于气候宜人的城市，另一家公司所在城市的生活成本更低。虽然这两个岗位很多方面都不一样，但利昂认为这两个职位的吸引力是相同的，他需要在这两个岗位中选择一个。一旦利昂做出选择，他就需要去自己选择的那家公

> 司上班。他需要搬家、学习新技能，并且要全力以赴地做好自己的新工作。在他做出决策之后，如果他仍然认为这两份工作有相同的吸引力，他就会产生强烈的后悔情绪——这会干扰他新工作的有效开展。然而，为了降低认知失调的感受，利昂会认为自己选择的岗位越来越好，而自己拒绝的岗位越来越糟，这样他就更可能把选择的工作做好，并且有更高的满意度。在认知失调模型中，失调被认为是非理性的，不具有适应性；而在这种基于行动的模型中，失调被认为是具有适应性的……[40]

因此，在特定情境中，认知失调是非常重要的，这就好比你打开一扇门之后，关上另一扇门。如果让所有大门都敞开着，变革会被抑制。

为了让决策高效、无冲突地实施，个体做出决策后需要激励自己趋近新思维、朝向新目标。为了能顺利达成新目标，个体也需要改变自己的态度，让自 172
己的态度与新目标保持一致。如同前面介绍的那样，为了真正实施变革，与新决策一致的认知失调是必需的。由于需要使用更多的大脑能量、需要更多的脑区参与加工并支付转换成本，因此变革并不令人舒适。

激活冲突探测器与认知失调：认知失调会提高交感神经活动（sympathetic nervous activity）的活跃水平，表现为皮肤导电性的提高。[41,42]在大脑中，认知失调会激活前扣带皮层，而前扣带皮层与思维中的故障监控和冲突探测有关。[43]更为重要的是，最近研究发现，当行为与自我概念（self-concept）相冲突时，前扣带皮层的活跃水平也会提高。[44]一旦唤起了认知失调或前扣带皮层探测到冲突，大脑就会更进一步去减少认知失调或冲突。

变革需要激活左侧额叶皮层：如同前面介绍的那样，最近一项脑电波（EEG）研究发现，诱导的神经生物反馈可以降低左侧额叶皮层的激活水平，这可以用于动机过程，以降低选择扩散（spreading of alternatives）程度。换句话说，左侧额叶皮层活跃水平的降低使个体更难以用积极的视角看待新决策。后续实验研究操纵了决策之后行动导向的心智模式，发现这种行动导向心智模式提高了左侧额叶皮层脑区的激活水平，也提高了选择扩散程度。这两项实验研究的结果充分表明，行动导向的加工与左侧额叶皮层的激活相联系，会导致认知失调水平的变化。[45]

行动需要情绪支持：脑科学家研究“行动”的另一条路径是关注初级运动皮层（primary motor cortex），该脑区与言语运动（literal movement）有密切的联
173 系，研究者对什么样的刺激和情绪可以引起言语运动很感兴趣。越来越多的研究发现，最终运动①（final movement，与初级运动皮层的激活有关）需要其他脑区的协同活动才会产生。具体来说，一项有趣的发现是，情绪体验被边缘系统（limbic system）编码，并且将这种信息先送到辅助运动区（supplementary motor area, SMA），再送到初级运动皮层。[46]这表明如果事件链（chain of events）没有受到阻碍，情绪是可以转变为行动的。然而，如果这条事件链上的某个环节受到阻碍，最终的行动就不会出现。就像前面提到的那样，辅助运动区是一种多模态的结构，比初级运动皮层更具可变性（susceptibility）。因此，为了更好地开展行动，我们除了关注初级运动皮层，更要关注辅助运动区。

现简单地对相关脑科学知识进行小结：

（1）进行变革需要对当前状态产生不舒服的感受。

（2）不舒服的情绪感受可以刺激思维和行动。

（3）行动（而不是思维）在激发动机和目标导向行动中非常关键（仅仅有思维是不够的）。

（4）在被前扣带皮层探测到之后，这些行动很大程度上受到左侧额叶皮层的调节。

（5）如果我们让大脑的联合区（而不是初级运动皮层）来负责一项行动，这项行动更可能会出现。

管理应用 领导者、管理者和管理教练如何应用这些脑科学知识呢？

• 关于行动的脑科学知识涉及任务转换和记忆，可以从任务转换和记忆视角来看待行动。

• 行动需要早期的认知失调。我们需要告诉管理者这一点，因为前扣带皮层（冲突探测器）需要与相关脑区交流这些信息。

• 仅仅思考如何一步步行动无法提高前额皮层的激活水平，而变革需要前额皮层保持活跃。在提升左侧额叶皮层的活跃水平方面，行动比思维更有效。

174 • 实际行动是通过刺激相应脑区来促成我们所期望的行动。想象相关情绪

① 译者注：最终运动是综合了高级和低级神经中枢各种信息与指令之后的结果。

或行动，可以刺激初级运动中心。为了使行动出现，我们需要刺激初级运动皮层，而刺激联合皮层有助于初级运动皮层的激活。

变革的主要挑战之一是分辨变革带来的认知失调。在尝试进行变革之前，我们需要告诉管理者：变革并不是一个令人愉快的过程。打破对未来的恐惧之后，我们会认为过去有更多消极性，而未来有更多积极性。意识到存在不同于过去的新选择，不仅仅是一种认知加工，同时还是一种情绪加工。此外，承诺中具有情感成分。

我们可以这样向管理者进行解释："目前，你还没有向期望的目标迈进，因为你的大脑中存在一种零和博弈——大脑中的冲突探测器向大脑的'会计师'发出警戒信号，而大脑的奖赏中心给'会计师'发出奖励信号，这两种信号相互抵消。面对这些不同信息，大脑的'会计师'会较为困惑，因此无法向大脑行动中心下达指令。你的大脑需要告诉'会计师'哪种信息具有优先权，从而让它可以向行动中心发出明确指令。"

下面对行动促进变革的脑科学原理进行总结：

（1）如果你进行想象训练，最好主动想象需要完成的具体任务，而不是抽象的任务清单。

（2）行动可以增加完成新任务的动机（也可以提高左侧额叶皮层的活跃水平）。

（3）我们应该期望旧的任务产生认知失调（并且激活前扣带皮层）。

（4）如果直接改变某种行动较为困难，那么通过迂回方式，改变相关行动也可以促进变革目标的实现。

对于那些较为困难的任务来说，相关的行动是更为有效地促进目标行动的一种方式。例如，假定你被一家公司聘请（或者直接假定你就是这家公司的销售经理），请你对其员工进行训练，以提高员工的工作效率，即让员工乐于拨 175
打更多销售电话来提高销售业绩，而不是一想到打电话就感到焦虑。你可以要求员工在你面前拨打电话，然后与你分享他的体验，此时你需要确保你们的共同目标（提高销售额）是一致的。如果某名员工不愿意拨打更多电话，不要对其行为下判断，而应帮助他理解这种行为背后的原因。当个体进行改变时，他会体验到认知失调。你需要帮助他理解认知失调这种紧张感对个人生活带来的影响，再帮助他了解认知失调对自己工作业绩的影响。

七、“情绪与脑”对变革的意义

长时间以来，情绪都被当作与组织或管理无关的“软技能”。但是，我们知道这种观点是错误的，情绪的作用非常巨大：

（1）大脑情绪系统与行动系统是直接联系在一起的。

（2）大脑情绪系统会和大脑“会计师”一起权衡利弊，以便做出高效决策。

（3）大脑情绪系统会影响注意功能（例如压力会提高前扣带皮层的活跃水平）。

（4）大脑情绪系统会影响记忆和学习系统（压力阻碍记忆，降低背外侧前额叶皮层的活跃水平）。

不管是对组织发展，还是个人成长，行动、注意、记忆和决策都是非常关键的。因此，当我们对管理者进行训练时，需要他们对情绪有深入的了解，理解情绪在商业活动中的巨大作用。

176 2009年2月，一群商业领袖［包括约翰·麦基（John Mackey）、玛丽莎·梅耶尔（Marissa Mayer）、伦尼·门敦卡（Lenny Mendonca）、维尼特·纳瓦（Vineet Navar）］参加了一场有关重塑管理（reinventing management）的研讨会，提出了25项建议，其中包括以下几项：[47]

• 在管理系统中嵌入共同体（community）和公民视角。因为利益相关者群体都是相互依赖的，这种嵌入回应了这种特点。

• 降低恐惧，增加信任。不信任和恐惧情绪会破坏创新和参与，必须让它们从未来的管理系统中消失。

• 努力降低过去经验的影响力。现有管理系统经常盲目地强化现状，无视创新。未来的管理系统必须有助于创新和变革。

• 给创新者赋权，让保守者下台。管理系统必须赋予更多权力给朝向未来的创新者，而不是面向过去的保守者。

• 启动激情共同体。为了使员工最大化地参与组织发展，管理系统必须促进形成自发的激情共同体。

• 进一步释放员工的想象力。关于人类的创造力，我们知道了许多脑科学新知识，应将这些知识运用到管理系统的设计中去。

情绪对变革的影响有多种重要途径，如信任、共情、乐观都能促进行动。这些脑科学概念在本书第二章和第三章中已有详细介绍。

管理应用　在这些章节中，我们勾勒出使用脑科学研究成果来管理情绪的方法。管理教练或管理者可以向领导者说：“情绪是大脑‘会计师’的重要信 177
息源，根据这些信息源，大脑‘会计师’告诉行动中心是否要行动。为了促进行动，学习如何在困难的情境中对情绪进行管理非常重要。”

表6.1列出了我们如何将这些脑科学原理用于商业实践。

表6.1　与行动相关的脑科学原理

心理学模型	脑科学发现	管理应用	管理训练用语
变革是可能的	训练可以对脑细胞和大脑联结产生真实的改变	神经可塑性可以帮助管理者理解变革的可能性	使用神经可塑性这个脑科学概念向管理者解释为什么变革是可能的
一分耕耘，一分收获	当个体决定改变时，大脑需要支付转换代价，这种转换代价会带来痛苦体验	给管理者解释转换代价带来的痛苦	在任何需要的时候，使用多模态干预措施，提出多模态问题
为了进行变革，需要恰当地使用记忆，即需要更多使用那些有助于变革的记忆，抑制那些无助于变革的记忆	短时记忆与大脑中的行动中心直接相联系，但是大脑中存在较容易提取的习惯记忆，经常会干扰变革	当管理者在有较大压力或心理负担的时候，与他们一起制订行动计划需要理解过去行动和记忆的重要作用。管理教练可以告诉这些管理者，一旦大脑负担过重，这些他们希望忘记的旧模式就会重新出现	有些时候，当我们试图避免某个错误时，结果往往是犯下这个错误，这是因为我们的大脑在心理压力情境中，没有足够的能量来抑制这些带来问题的记忆，导致它们如潮水般涌现

续表

心理学模型	脑科学发现	管理应用	管理训练用语
178 行动需要应对认知失调	当多个选项之间的差距足够大，左侧额叶皮层就会变得活跃	在思维和情绪等方面，鼓励管理者在不同选项之间找出差异	当前，你无法迈步向前的原因是你的大脑中存在一种零和博弈：冲突探测器传递的警戒信号和奖赏中心传递的奖励信号在大脑“会计师”那里相互抵消了。大脑“会计师”处于迷惑状态，无法向行动中心下达指令。你的大脑需要告诉大脑“会计师”，究竟什么信息更为重要，这样才能启动行动中心
保持信任	通过降低杏仁核的活跃水平，保持信任能释放大脑中的思维资源	鼓励管理者理解信任和恐惧之间的相互作用	信任和恐惧之间呈负相关，它们对大脑的作用方向是相反的。恐惧提高杏仁核的活跃程度，而信任则可以降低杏仁核的活跃程度。提高工作环境的信任度和减少工作场所的恐惧因素都非常重要。信任可以释放大脑思维资源，使之聚焦于当前问题，而不是将思维资源浪费在冲突处理中
共情对组织生存非常重要	我们的大脑中存在镜像神经元，它可以自动地获取他人的意图、情绪和行动等信息	管理者可以自动获取你的充满希望和乐观的情绪——如果你身上确实体现出充满希望和乐观的情绪	如果公司上下有一致的核心价值观，镜像神经元就不会向大脑的冲突探测器传递信号
179 希望和乐观对人类大脑非常重要	乐观可以降低杏仁核的干扰作用、提高注意力、减少大脑内部疼痛感受	使用乐观来构建积极的图像，减少怀疑	我们可以将乐观视作引路图或思维的前提条件，这可以释放大脑的思维资源，减少情绪大脑的干扰作用

本章小结

对许多公司来说，“开始行动”是最为困难的任务之一。如果我们理解了行动背后的脑科学机制，我们就可以预防“只开花不结果”的拖延症，更好地激发行动，提升组织效率。

参考文献

[1] Haggard P, Clark S and Kalogeras J. Voluntary Action and Conscious Awareness. *Nat Neurosci*, 2002, 5(4): 382-385.

[2] Siriopoulos C and Tziogkidis P. How do Greek Banking Institutions React after Significant Events?–A DEA approach. *Omega (Westport)*, 2010, 38(5): 294.

[3] Lou P, Ong S and Nee A. Agent-based Distributed Scheduling for Virtual Job Shops. *International Journal of Production Research*, 2010, 48(13): 3889.

[4] Wallis S. Appreciating the Unpredictable: A Case Study on Questions. *Organization Development Journal*, 2010, 28(2): 73-78.

[5] Butler M J and Senior C. Toward an Organizational Cognitive Neuroscience. *Ann N Y Acad Sci*, 2007, 1118: 1-17.

[6] Butler M J and Senior C. Research Possibilities for Organizational Cognitive Neuroscience. *Ann N Y Acad Sci*, 2007, 1118: 206-210.

[7] Bower A J. Plasticity in the Adult and Neonatal Central Nervous System. *Br J Neurosurg*, 1990, 4(4): 253-264.

[8] Kolb B and Whishaw I Q. Brain Plasticity and Behavior. *Annu Rev Psychol*, 1998, 49: 180
43-64.

[9] Luria A R. *Higher Cortical Functions in Man. Second Edition* (B. Haigh, Trans.). New York: Basic Books, Inc, 1996.

[10] Milner B. Effects of Different Brain Lesions on Card Sorting. *Arch Neurol*, 1963: 100-110.

[11] Sandson J and Albert M L. Varieties of Perseveration. *Neuropsychologia*, 1984, 22(6): 715-732.

[12] Duncan J, et al. Intelligence and the Frontal Lobe: the organization of goaldirected behavior. *Cognit Psychol*, 1996, 30(3): 257-303.

[13] Carota F, et al. Neural Dynamics of the Intention to Speak. *Cereb Cortex*, 2009.

[14] Andersen R A and Cui H. Intention, Action Planning and Decision Making in Parietal-Frontal Circuits. *Neuron*, 2009, 63(5): 568-583.

[15] Astl D E, Jackson G M and Swainson R. Fractionating the Cognitive Control Required to Bring About a Change in Task: A Dense-sensor Event-related Potential Study. *J Cogn Neurosci*, 2008, 20(2): 255-267.

[16] Uretzky S. and Gilboa A. Knowing Your Lines but Missing Your Cue: Rostral Prefrontal Lesions Impair Prospective Memory Cue Detection, but Not Actionintention Superiority. *J Cogn Neurosci*, 2010 (e-pub: ahead of publication date).

[17] Ortigue S, et al. Spatio-temporal Dynamics of Human Intention Understanding in Temporo-parietal Cortex: a Combined EEG/fMRI Repetition Suppression Paradigm. *PLoS One*, 2009, 4(9): e6962.

[18] Gilbert S J, et al. Separable Brain Systems Supporting Cued Versus Self-initiated Realization of Delayed Intentions. *J Exp Psychol Learn Mem Cogn*, 2009, 35(4): 905-915.

[19] Rogers R D and Monsell S. The Costs of a Predictable Switch Between Simple Cognitive Tasks. *J Exp Psychol Gen*, 1995, 124(2): 207-231.

[20] Mayr U and Keele S W. Changing Internal Constraints on Action: the Role of Backward Inhibition. *J Exp Psychol Gen*, 2000, 129(1): 4-26.

[21] Astle D E, Jackson G M and Swainson R. Dissociating Neural Indices of Dynamic Cognitive Control in Advance Task-set Preparation: an ERP Study of Task Switching. *Brain Res*, 2006, 1125(1): 94-103.

[22] Staines W R, Padilla M and Knight R T. Frontal-parietal Event-related Potential Changes Associated with Practising a Novel Visuomotor Task. *Brain Res Cogn Brain Res*, 2002, 13(2): 195-202.

[23] Mitchell D J and Cusack R. Flexible, Capacity-Limited Activity of Posterior Parietal Cortex in Perceptual as well as Visual Short-Term Memory Tasks. *Cereb Cortex*, 2007.

181 [24] Landau S M, et al. Regional Specificity and Practice: Dynamic Changes in Object and Spatial Working Memory. *Brain Res*, 2007, 1180: 78-89.

[25] Sui J and Han S. Self-construal Priming Modulates Neural Substrates of Selfawareness. *Psychol Sci*, 2007, 18(10): 861-866.

[26] Winocur G, Moscovitch M and Sekeres M. Memory Consolidation or Transformation: Context Manipulation and Hippocampal Representations of Memory. *Nat Neurosci*, 2007, 10(5): 555-557.

[27] Wegner D M. How to Think, Say, or do Precisely the Worst Thing for Any Occasion. *Science*, 2009, 325(5936): 48-50.

[28] Anderson M C, et al. Neural Systems Underlying the Suppression of Unwanted Memories. *Science*, 2004, 303(5655): 232-235.

[29] Schwabe L and Wolf O T. Stress Prompts Habit Behavior in Humans. *J Neurosci*, 2009, 29(22): 7191-7198.

[30] Welchman A E, et al. The Quick and the Dead: When Reaction Beats Intention. *Proc Biol Sci*, 277(1688): 1667-1674.

[31] Backhaus J and Junghanns K. Daytime Naps Improve Procedural Motor Memory. *Sleep Med*, 2006, 7(6): 508-512.

[32] Lahl O, et al. An Ultra Short Episode of Sleep is Sufficient to Promote Declarative Memory Performance. *J Sleep Res*, 2008, 17(1): 3-10.

[33] Nishida M and Walker M P. Daytime Naps, Motor Memory Consolidation and Regionally Specific Sleep Spindles. *PLoS One*, 2007, 2(4): e341.

[34] Nielson K A and Powless M. Positive and Negative Sources of Emotional Arousal Enhance Long-term Word-list Retention When Induced as Long as 30 min After Learning. *Neurobiol Learn Mem*, 2007, 88(1): 40-47.

[35] Sharot T, Verfaellie M and Yonelinas A P. How Emotion Strengthens the Recollective Experience: a Time-dependent Hippocampal Process. *PLoS One*, 2007, 2(10): e1068.

[36] Smeets T, et al. Context-dependent Enhancement of Declarative Memory Performance Following Acute Psychosocial Stress. *Biol Psychol*, 2007, 76(1-2): 116-123.

[37] Callan D E and Schweighofer N. Positive and Negative Modulation of Word Learning by Reward Anticipation. *Hum Brain Mapp*, 2008, 29(2): 237-249.

[38] Harmon-Jones E and Mills J. *Cognitive dissonance: Progress on a Pivotal Theory in Social Psychology*. Washington, DC: American Psychological Association, 1999.

[39] Wicklund R A and Brehm J W. *Perspectives on Cognitive Dissonance*. Hillsdale, NJ: Erlbaum, 1976.

[40] Aronson E. *The Theory of Cognitive Dissonance: A Current Perspective. Advances in Experimental Social Psychology*. New York: Academic Press, 1969, 4: 1-34.

[41] Croyle R T and Cooper J. Dissonance Arousal: Physiological Evidence. *J Pers Soc* 182
Psychol, 1983, 45(4): 782-791.

[42] Elkin R A and Leippe M R. Physiological Arousal, Dissonance, and Attitude Change: Evidence for a Dissonance-arousal Link and a "Don't Remind Me" Effect. *J Pers Soc Psychol*, 1986, 51(1): 55-65.

[43] Carter C S, et al. Anterior Cingulate Cortex, Error Detection, and the Online Monitoring of Performance. *Science*, 1998, 280(5364): 747-749.

[44] Amodio D M, et al. Neural Signals for the Detection of Unintentional Race Bias. *Psychol Sci*, 2004, 15(2): 88-93.

[45] Harmon-Jones E, et al. Left Frontal Cortical Activation and Spreading of Alternatives: Tests of the Action-based Model of Dissonance. *J Pers Soc Psychol*, 2008, 94(1): 1-15.

[46] Oliveri M, et al. Influence of the Supplementary Motor Area on Primary Motor Cortex Excitability During Movements Triggered by Neutral or Emotionally Unpleasant Visual Cues. *Exp Brain Res*, 2003, 149(2): 214-221.

[47] Hamel G. Moon Shots for Management. *Harv Bus Rev*, 2009, 87(2): 91-98.

第七章

训练脑区

到目前为止，本书已经介绍了许多重要的脑科学概念，作为管理教练或变 183
革推动者，你可以使用这些脑科学概念与领导者进行沟通。根据我自己的管理和训练经验，领导者和员工都乐于接受神经框架下的干预措施，因为这种框架较为实在。为了能更有效地进行管理训练，我们需要对神经科学的训练工具进行归纳和整合。

在训练管理者、领导者和下属员工的过程中，虽然已经使用了许多脑科学概念，但一些管理教练心里仍然存在一个疑问：如何将这些信息作为系统方法的一部分？或者说，如何系统地使用这些信息（具体如何实现呢）？这个问题非常复杂，首先提出回答这个问题的几项原则：（1）通过了解具体管理现象背后的脑科学概念，可以从神经科学视角来思考相应的干预措施。（2）从本质上讲，每个脑区其实是在做固定的工作（无论讨论的是变革还是决策，大脑前扣带皮层都作为冲突探测器，是注意机制的一部分；不管是在讨论积极心理学还是讨论想象，大脑腹内侧前额叶皮层都是作为大脑“会计师”，对个体体
验到的和真实的风险和收益进行权衡）。所以针对每个脑区的干预措施本质上 184
说也是相同的，区别在于你期望达到怎样的目的。为了避免赘述，我并没有在每章中都指出这一点。（3）由于每个脑区又可能有多种功能，可以通过不同的途径来达到我们的管理训练目标，我称之为“替代性大脑干预”（alternative brain probing, ABP）或“修支路”（backroading）。例如，如果一名员工、管理者或者领导者抱怨自己无法专注于当前的工作任务，你可以在“额顶叶干预方案”（提升注意力）中选择一种干预措施，或者使用“前扣带皮层干预方案”

（降低冲突强度，减少对注意机制的干扰），还可以使用“杏仁核干预方案”（降低情绪对注意机制的干扰作用）。一般情况下，如果我们不了解大脑中的这种联系，更可能会去关注主要问题（这里的主要问题是“注意”）。但是，如果我们了解不同脑区之间的联系，就可以发现其他替代方案（替代性大脑干预），或者使用迂回的方式来刺激同一脑区。

本章内容主要包括两个部分：（1）对各个脑区及其基本功能进行回顾；（2）讨论针对这些脑区的干预措施。这里有一个关键问题需要注意，各个脑区并不像我们想象的一样独立起作用，把各脑区理解为一个网络更为准确。本章介绍这些“区域大脑干预措施”更像是各种症状的“疗法”，因为这些干预措施并不一定直接导致相应行为。但是，对这些脑区进行干预可以让管理者、员工和领导者感觉更舒适，同时提升他们的智慧和情绪应对能力。

针对相关脑区具体管理训练结果的数据现在尚较为缺乏，收集到这些数据后，我们对大脑的了解就会再上一个台阶。

185

一、各脑区及其基本功能概述

（一）思维大脑

行动是领导者成功的基础，而行动源于决策，决策则是来自对风险和收益的评估，其过程如图7.1所示。

图7.1 决策过程

大脑中负责“思维”的部分是大脑皮层（cerebral cortex），位于大脑最外侧，有时候也被称为“新皮层”（neocortex）。大脑皮层也可以分为几个区域，包括额叶（frontal cortex）、颞叶（temporal cortex）、顶叶（parietal cortex）和枕叶（occipital cortex），如图7.2所示。

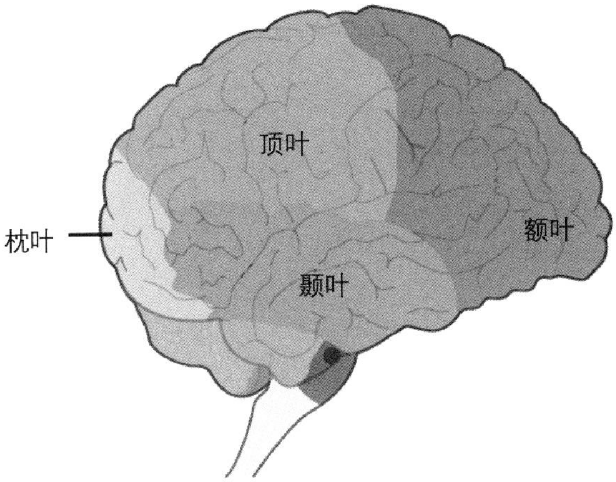

图7.2　大脑皮层的分布

决策涉及的许多思维加工与前额叶（及其相关脑区）有密切的联系。 186

前额叶有许多功能区，我们主要关注其中三种，前两种在前额叶的前部，被称为前额叶皮层，见图7.3，第三种是前扣带皮层，如图7.4所示。

前额叶皮层又分为两种：靠外部的是背外侧前额叶皮层；靠内侧的是腹内侧前额叶皮层。

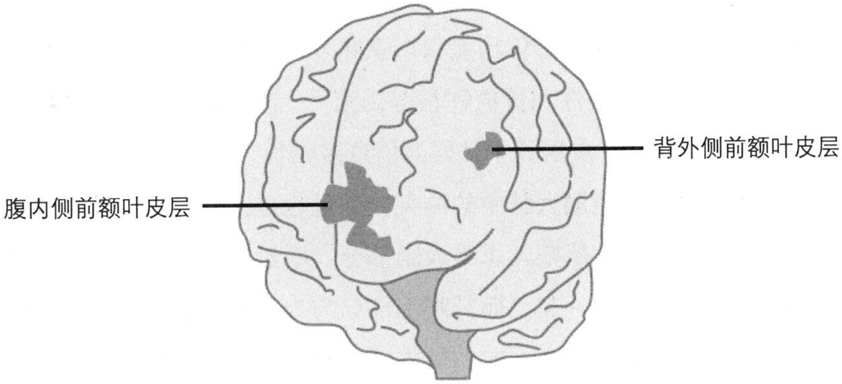

图7.3　前额叶皮层

它们的主要功能介绍如下。

1. 背外侧前额叶皮层负责短时记忆。这部分脑区主要参与维持和控制近期的记忆。为了做出决策，我们需要顺利提取近期发生的事件。同时，该脑区也与自我控制（self-control）有密切联系。[1]

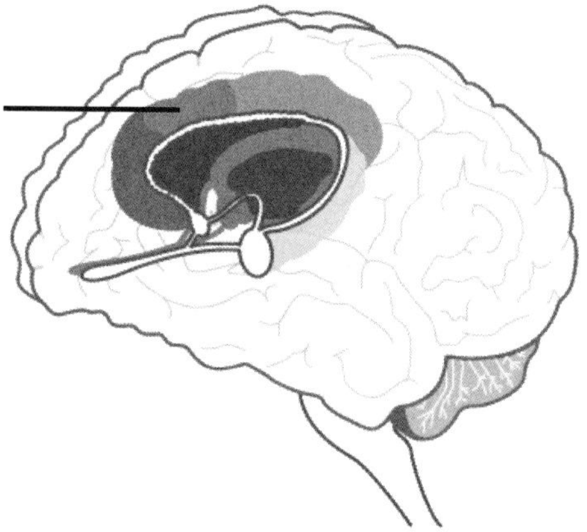

图7.4 前扣带皮层

2. 腹内侧前额叶皮层是大脑的“会计师”。在接受来自其他脑区（包括其他前额叶脑区和情绪大脑）的信息之后，腹内侧前额叶皮层负责进行风险—收益分析。我们需要让腹内侧前额叶皮层保持良好状态，因为它对风险和收益的敏感性容易受到干扰。因此，腹内侧前额叶皮层与其他脑区进行恰当的沟通并登记信息是至关重要的。

187 在苛刻或压力条件下，腹内侧前额叶皮层的功能可能会失常。对领导者来说，使大脑“会计师”保持最佳功能状态意味着在进行任何权衡时，我们都必须考虑风险、延迟、模糊性和价值评估等因素[2]。这就需要其他脑区提供相应信息，并且腹内侧前额叶皮层处于良好的信息接收状态。

3. 前扣带皮层负责监测大脑中的冲突，并且也是大脑注意系统的重要组成部分。虽然我把前扣带皮层归入思维大脑部分，不过实际上前扣带皮层的背侧部分与前额叶皮层联系在一起，而其腹侧部分与杏仁核、脑岛和大脑奖赏中心联系在一起。从这种意义上说，前扣带皮层是联系思维大脑和情绪大脑的关键部分。

（二）情绪大脑

188 我们可以这样简单地理解情绪大脑：它大部分位于大脑深处。我们关注情绪大脑的两个主要部分：海马回和杏仁核（见图7.5）。

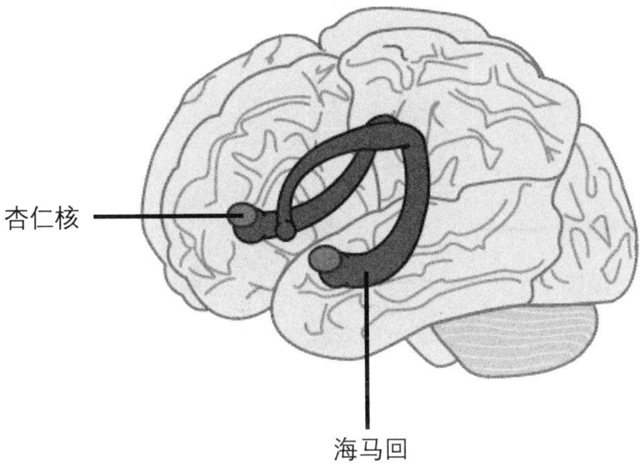

图7.5　杏仁核与海马回在空间上的联系

海马回主要负责长时记忆。有人或许认为这不属于“情绪”。但是，海马回会对情绪产生巨大的影响，因为我们的记忆包含有情绪成分。

杏仁核会根据情绪的重要性对其进行加工。通常而言，恐惧是非常强烈的情绪，因此杏仁核首先会对恐惧进行加工；又因为依恋情绪有很重要的影响，所以恐惧会扭曲领导者的依恋，导致领导者要么过度依恋，要么缺少依恋。

（三）大脑的奖赏系统

在决定是否行动时，领导者的大脑必须对奖励和损失进行登记。腹侧纹状体是大脑奖赏系统的主要组成部分，它包含伏隔核（nucleus accumbens, NA）。伏隔核负责对愉悦和奖励进行登记，因此，伏隔核与个体的动机、源于积极反 189
馈的学习过程都有密切联系。图7.6呈现了大脑的奖赏中心。

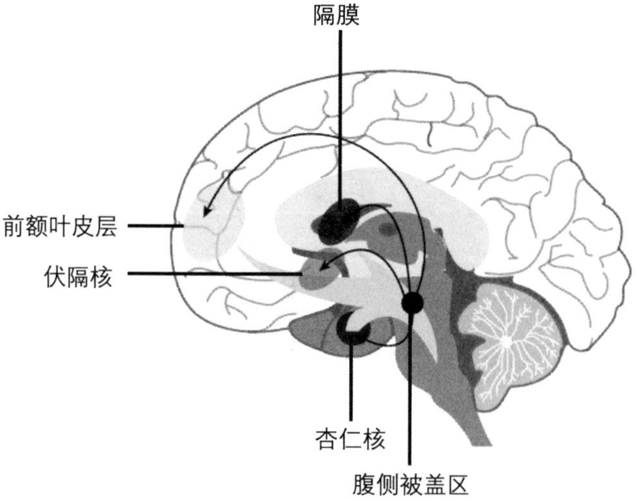

图7.6 奖赏中心的相互联系

（四）大脑的行动系统

运动和行动通常是受大脑运动皮层控制的，运动皮层位于前额叶后部。对领导者而言，这是非常关键的部分，为了顺利达成目标，之前所有的大脑加工都必须有利于行动的开展。图7.7展示了大脑的“行动中心”。

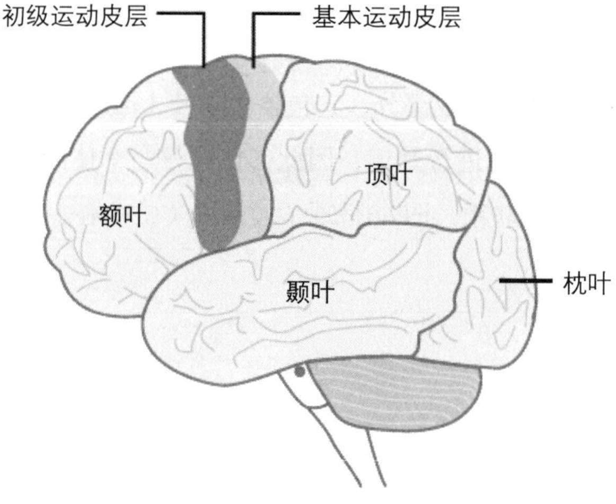

图7.7 人类大脑的“行动中心”

值得注意的是，左侧额叶皮层与控制语言相关的运动（language-related movement）有密切联系。如果管理教练正在敦促领导者开展行动，那么他们应

该有意识地对这个脑区进行干预（详见本书第六章）。 190

（五）脑岛

如图7.8所示的脑岛会收集直觉信息，并且将其传递到大脑皮层进行加工。脑岛也会登记令人不快的刺激，比如厌恶。

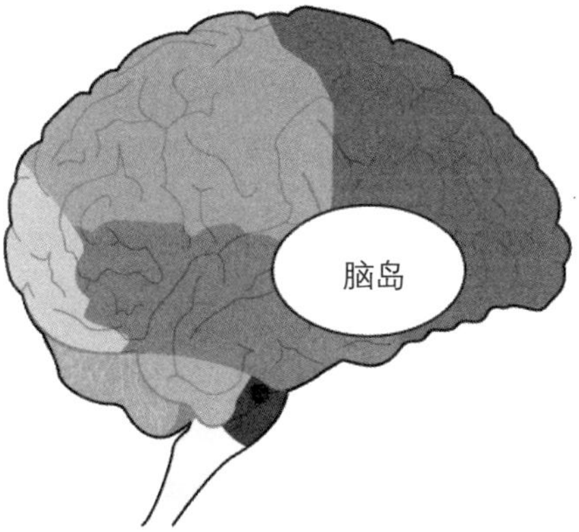

图7.8　脑岛

（六）总结

就像我们前面描述的那样，不同脑区相互联系构成神经网络，管理者或管理教练可以使用各种干预措施来影响这些神经网络，如图7.9所示。 191

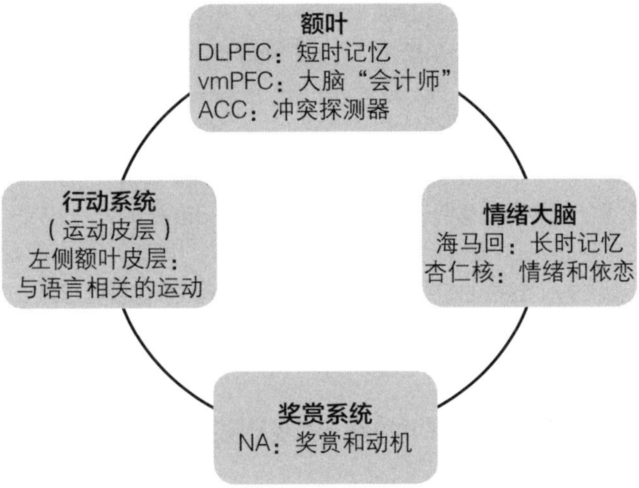

图7.9　可训练脑区概览

当你进行管理训练时，你需要记住大脑的整体模型，如图7.10所示。作为管理者、领导者或管理教练，你的首要任务是了解不同脑区的功能，并创造性
192 地应用到思维和交流中去。在下一节中，我们将具体讨论如何做到这一点。

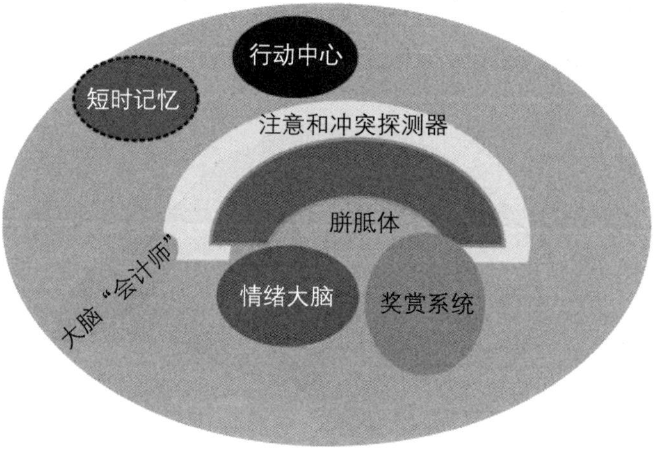

图7.10 大脑干预对象模型

为什么你应该关注大脑的这些连接？

管理者和领导者做出有效的决策、提升自身能力在很大程度上都依赖神经可塑性（neuroplasticity）：大脑改变其连接的能力。在一篇名为“总裁与认知失调”的文章中，杰夫·史提伯（Jeff Stibel）指出：“2008年更换CEO的公司在不断增多：家得宝（Home Depot）、花旗集团（Citi）、美国国际集团（AIG）、美林（Merrill）、美联银行（Wachovia）、威睿（VMWare）、茹丝葵（Ruth's Chris）、星巴克（Starbucks）、超微（AMD）、富通（Fortis）、布洛克（H & R Block）——根据查林杰（Challenger）、格雷和克里斯（Gray&Christmas）的报道，仅仅上个月就有超过125位CEO丢掉了自己的工作。上市公司CEO的平均任期现在接近30个月，他们中许多人任期甚至仅有一年……”

领导者现在也无法保证不丢掉工作，因此如果要维持自己的领导角色，他们也必须适应工作上的新要求。脑科学为我们提供了一条理解变革的重要路径。

此外，管理者管理员工实际上也是对员工的大脑进行“管理”。如果你理解了管理对象的大脑，你就能够更好地管理他们的行为。在许多情况下，仅仅管理行为（而不是大脑）往往会激起员工大脑的反抗。因此，理解大脑如何运转可以帮助你对管理方法进行创新。

193 二、不同脑区的干预：管理教练应该知道的脑机制

接下来，我们会介绍针对不同脑区的具体干预策略，当管理者、领导者和

管理教练意识到员工或自己的脑区功能受到影响时，就可以使用这些干预策略来进行干预和调节。

（一）思维大脑

1.短时记忆中心（DLPFC）

短时记忆在商业情境中是非常重要的，因为每个人都需要记住自己该做什么。管理者常常会发现自己喋喋不休，却起不到任何效果。通过了解如何提升背外侧前额叶皮层的功能，增强短时记忆，管理者可以促进团队绩效的增长。

有些时候，长期视角会让管理者或领导者心里乌云密布——想到在规定时间内必须完成的大量任务就让他们头疼不已。从这种意义上讲，高效的短时记忆可以帮助他们聚焦于当下，降低长期目标带来的焦虑。

领导者和管理者通常都不愿意看到近期利润和绩效的降低，实际上他们常常会把注意力放在公司过去的荣耀上，期望公司能恢复往日辉煌，因为这样会使他们感觉舒服很多。通过关注短时记忆，我们可以帮助领导者聚焦于当下发生的事情，而不是沉浸在遥远过去的荣光中。比较典型的例子是，有些经验丰富的员工常常陷入这样的思维窠臼，比如“我当年……”或者“在我做这个的时候……”，对此，采用短时记忆干预措施可帮助他们重新聚焦于当下。

当境况似乎失去控制的时候，管理者和领导者需要进行更多大脑控制方面 194
的训练，增强控制力，以避免灾难性的事情发生。短时记忆干预可以帮助他们聚焦于当前事件，这种聚焦有助于使他们混乱的大脑冷静下来。

下面是一些可以尝试使用的短时记忆干预措施。

（1）**降低噪声**——如同本书第五章的讨论，降低噪声有助于恢复背外侧前额叶皮层的功能[3]。噪声可能来自外部，也可能来自个体内部。外部噪声会阻碍大脑对信息的登记，从而干扰新信息进入大脑。如果新的信息没有被正确地登记，就无法被记住。例如，当一名管理者正在开会，向销售人员介绍新销售策略，房间外却传来刺耳的噪声，这时销售人员的大脑就很难对新信息进行登记。在那些本来就有巨大噪声的工作场所，比如建筑工地和工厂，我们更应该注意降低外部噪声的影响。管理者和领导者可以通过选择安静的会议场所，帮助员工更好地记住管理者传递的信息。

（2）**训练短时记忆**——为了帮助人们更好地记住最近发生的事情，应该聚焦于当前事件进行提问，并且尽量回忆这些事件的细节。[4]在提问中使用时间段限定词就可以帮助听众聚焦于当下。管理者与其询问员工“你的顾客想要什么？”，不如这样提问：“在过去六个月里，你注意到你的顾客需要什么？”（或者“想想今天与顾客的交流互动，你的顾客究竟想要什么？”）这几句话虽然看起来并没有什么不同，但后两句却可以帮助员工将注意力聚焦于你给定的时间范围。管理者和销售人员在应对那些过去有不佳体验的顾客时，也可以使用这种方法。一位消费者可能会说：“我考虑再购买一台苹果电脑，但是我过去那台苹果电脑总是出问题。”在这种情况下，销售人员可以让消费者跳出长时记忆的体验，聚焦短时记忆：“我想过去确实有一些问题，但是我们已经
195 解决了这些问题，现在是全新的电脑了……”这就让消费者的注意力从长时记忆转移到短时记忆上。

（3）**改变膳食和饮食习惯**——研究发现，大豆蛋白可以提高人的工作记忆效果[5,6]，而野生蓝莓则可以提高动物的短时记忆效果[7]。实际上，现在已经有地方开始销售含有大豆蛋白和野生蓝莓的甜品[8]。此外，另一项研究发现，在短时记忆任务后嚼口香糖（无臭无味的）可以提高短时记忆效果，因为这可以激活大脑背外侧前额叶皮层和相关大脑网络[9]。虽然管理者和管理教练通常并不怎么关注员工的饮食习惯，因为他们不觉得这有多么重要，但实际上这是非常重要的。例如，一名管理者可以半开玩笑地对容易忘事的杰克说：“杰克，你知道吗？你应该多嚼一些口香糖。”

2. 大脑“会计师”（腹内侧前额叶皮层）

腹内侧前额叶皮层是大脑的“会计师”，也是最为重要的脑区之一，这里汇集了来自其他脑区的信息，并且负责为大脑的行动中心提供“资产负债表”（balance sheet）。汇集的信息以两种形式，即风险和收益来呈现。如果大脑只登记了风险，或者只登记了收益，其决策就会受到严重影响。举一个生活中的例子，一名想要孩子的女子与一名男子交往多年，这名男子不想要孩子，当他们都年过四十时，这名女子才发现是否要孩子的决定是多么的紧迫和重要。在这个故事中，这名女子的大脑“会计师”只登记了维持浪漫关系带来的收益，却没有登记不要孩子所带来的风险。

类似地，人们有时候在一个难熬的岗位上工作多年，只是因为他们认识到自己需要一份工作，而没有认识到这份工作带来的压力不仅影响他们的身体健康，也影响到他们的心理健康。在这里，相关风险没有被恰当地登记。

从另一方面来讲，当人们非常焦虑的时候，他们就会过于关注风险因素，而对收益关注不够。这也可能会带来问题，因为风险确实“无处不在”，但不能“过于担心”。

感觉孤独的个体，其大脑更难对奖赏进行登记。因此，如果一个人感觉非 196
常孤独，那么他/她可能无法恰当应对奖励信号。如果提拔一名这样的员工，他/她实际上不一定将晋升当作奖励。同样，许多领导者都非常孤独，因此即使他们获得了成功，他们也感受不到奖励或者这种感受无法持久。

假定人们始终都会主动考虑风险因素，但对于那些高风险承受者，其大脑对风险的响应水平不一定就高。因此，与管理者讨论他们的风险承受能力时，让他们了解自己的大脑类型是非常有用的。例如让他们了解哪些场景他们可以应对、哪些难以应对，他们可以选择学习新技能或者雇用相关人士来协助自己解决所面临的问题。在了解自己的大脑类型之后，一位冲动型的领导者就会庆幸自己有一位头脑清醒的上司了。

下面是一些针对大脑“会计师”相关脑区的干预措施，可以尝试来应对相关问题。

（1）**改变时间框架。**一项重要的研究显示，当威胁迫近之时，大脑腹内侧前额叶皮层（大脑“会计师”）的活跃状态就会外溢到导水管周围灰质（负责应对急性焦虑症状的脑区）。如果导水管周围灰质被激活（此时可假定自己处于危机突发阶段），通过调整时间框架，放缓时间预期可以帮助人们减少焦虑体验。举例来说，当领导者意识到某种危机让下属变得非常焦虑，他可以通过延缓危机到来的时间，来防止下属的导水管周围灰质被激活。换句话说，可以通过使用长期的视角，来缓解当前的压力。[10]

例如，经过几轮裁员风潮，继续留在公司工作的员工都变得非常焦虑。虽然他们都知道公司接下来不会继续裁员，但他们的导水管周围灰质还是会过度激活，这会降低他们的工作效率。注意到员工的这些表现后，管理者可以将员
工的注意力从当前转移到未来（与DLPFC干预措施恰好相反），比如管理者可 197

以要求员工描述下一年的愿景，从而帮助其聚焦于未来，减轻焦虑情绪。一旦将员工注意力从这种紧迫的威胁上转移开，其大脑中的导水管周围灰质就会逐步恢复正常。

（2）**对损失进行仔细评估。**在危机时期，腹内侧前额叶皮层的功能无法处于最优状态，因此风险—收益分析会受到干扰[11]。当自己的腹内侧前额叶皮层不在状态时，领导者就需要其他同事为他出谋划策，对特定行动的潜在损失进行分析。稳健的决策需要我们的神经对奖赏和风险保持敏感。

当人们选择了某条行动路径，他们经常会“沉迷于”该路径，而对可能的损失视而不见。举例来说，如果一家公司聚焦的是公司媒体曝光次数，而不是如何占据恰当的细分市场，他们可能就会把资源浪费在数量巨大的媒体开支上，而不是关注产品的质量。公共关系部门把大部分预算花在媒体上是有风险的，但他们自己并不清楚，或许是因为他们对媒体过于依赖。管理者应该认识到，这时大脑中奖赏中心被媒体曝光激活了，但是风险或投资回报率（ROI）的评估被忽略了。这时可以进行腹内侧前额叶皮层干预，干预时，管理者需要仔细询问公共关系部门关于投资回报率或潜在风险的问题，从而帮助他们分析这方面的信息。

（3）**核对风险清单。**当腹内侧前额叶皮层处于非最佳状态时，面对关键问题，领导者可以使用调查的方式来收集关于风险的反馈意见，而不是忽视这些风险。[12-14]

然而，这也是一把双刃剑，因为我们都不想被风险信息淹没。管理者或领导者可以将这项任务委托给风险经理（risk manager），风险经理将相关风险信息进行分类整理，挑出最有风险的信息向CEO汇报，这种做法模拟了大脑的最优工作方式。换句话说，因为领导者或管理者的大脑中想的更多的是奖赏而不是风险，因此可以设立外部大脑来对风险进行评估，这些外部大脑不仅仅是作为风险存储器，还要对风险进行分析，并且将最需要考虑的风险反馈给管理者。

3. 冲突探测器和注意系统（前扣带皮层）

198 前扣带皮层在许多商业情境中都扮演着重要角色。商业活动中总会存在各种各样的冲突，只要有冲突的存在，前扣带皮层就会被激活。前扣带皮层存在的目的是让所有事情正常运转。当探测到冲突时，前扣带皮层就会告诉其他脑区，让它们调整运行方式。许多专家认为前扣带皮层连接着意识大脑和无意识大脑，它可以探测来自无意识大脑的信号，并且将其传递给意识大脑。前扣带皮层的功能不仅仅包括冲突探测，为了获得冲突的信息，它也会对周围环境（外部和内部）不断进行扫描，因此它也是大脑注意系统的重要组成部分。

当管理者有两个或多个不一致想法导致内心冲突时，前扣带皮层就显得非常重要了。当前扣带皮层激活时，它会阻止我们专注于某一个问题。由于个体内心经常会有相冲突的想法，所以我们常常陷入左右为难的境地。举一个简单的例子，一名员工心想：我是应该再额外工作半个小时，还是现在回家，等明天再来完成这些工作？虽然严格意义上讲这项任务在今天必须完成。在这种情况下，这名员工可能需要花更多的时间才能完成平常半小时就可以完成的工作，因为内心冲突使工作效率下降，导致完成工作的难度增加。由于内心冲突无法自动得到解决，所以前扣带皮层常常处于活跃状态。因此，在商业情境中进行前扣带皮层干预有很大的作用，可以引导员工更好应对内心的冲突，从而使其将更多精力放在需要解决的问题上。

商业环境中也充满了各种外部冲突，例如是否要求老板给自己晋升、是否与某人进行谈判、是否与难相处的人共事等。在所有这些情境中，前扣带皮层都会检测到冲突，直到你解决这些冲突为止。在所有谈判中，你都希望谈判对象的前扣带皮层尽可能保持平静。例如，如果你想要获得晋升，你不会这样说：“我想现在是该提拔我的时候了！”这会立即激活交流对象的前扣带皮 199
层，因为：①这句话听起来比较粗鲁并且带有攻击性；②这句话听起来像是一个紧急的要求；③在经济衰退的时期，这个要求像是一个不可能实现的要求。你会换种方式，这样说：“我想跟你讨论一下，我在什么时候可以合理地晋升，因为我将我所有的精力都放在这份工作上，我想晋升机会也可以激励我更加努力地工作。”这样说就去掉了语言中的许多火气，虽然听者的前扣带皮层也会激活，但是会舒缓很多，因为你没有要求立刻获得提拔，并且解释了为什么你希望获得晋升。

前扣带皮层与杏仁核有紧密的联系，我们也知道无意识恐惧或焦虑会激活杏仁核。因此，当无意识恐惧或焦虑激活杏仁核时，前扣带皮层所处的特殊位置会“探测”到这种变化，并且会一直保持冲突模式，直到无意识的焦虑状态缓解为止。例如，如果公司计划对你进行审计，在审计开始之前一个月，你就可能会变得焦虑，但并没有意识到这种即将到来的审计是自己焦虑的原因。当前扣带皮层探测到杏仁核的无意识焦虑状态，其自身就被激活并且一直保持活跃状态，直到你采取行动来缓解这种焦虑，焦虑缓解之后，前扣带皮层也就平静下来。这里的关键点是：我们很难去触及无意识中的东西，所以尝试降低杏仁核的活跃程度是非常困难的。但是，触及前扣带皮层是有可能的，后面部分的干预措施可以告诉我们如何做到这一点。

前扣带皮层也会探测那些公开但细微的冲突，如果发现这种冲突，前扣带皮层也会被激活，直到化解这些冲突为止。例如，当一位从外部空降来的CEO接管公司的时候，他/她总会对公司过去的行事方式提出批评，这很可能会激活员工的前扣带皮层。新任CEO通常期望展示他/她自己的非凡实力，而不是在过去恰当做法的基础上提出改进措施。这种公开的“接管”心态会让员工变得不满，这种不满甚至超过领导“更换”带来的不满。管理者必须与这些前扣带皮层活跃的员工共事，并且想办法让他们的前扣带皮层平静下来。

200 下列措施可以帮助我们干预前扣带皮层这个冲突探测器：化解（resolve）、再评估（reassess）、再聚焦（refocus）、再投入（reengage）和再构架（reframe）［我们可以使用SAFE框架（SAFE-Frame）来记住这些措施：Solve（解决）、Assess（评估）、Focus（聚焦）、Engage（投入）、构架（Frame）］。

从本质上讲，不管什么时候出现冲突，这些方法都可以帮助大脑中的冲突探测器“稳定”下来，从而让个体更容易将注意力放在需要解决的商业问题上。下面详细介绍这些方法。

（1）**化解：降低冲突的优先级。**由于相互冲突的信念或偏好都会激活前扣带皮层[15]，因此聚焦于内部和外部的冲突解决方案能够帮助前扣带皮层平静下来，恢复其应有的功效[16,17]。

这就是为什么我们要员工对他们的不满之处（grievances）进行讨论，这种讨论会引导他们去解决冲突，而不是让他们背负冲突去工作——这显然会降低他们的工作效率。

同样，大部分企业忽略了这种情况：信念和偏好经常与行动不一致。当管理者试图加速推进战略决策时，他们需要考虑信念和行动之间的冲突，正视冲突是解决冲突的第一步。例如，大部分员工甚至没有想过他们自己的信念到底是什么。最近，我与一名银行经理共事，他主要负责管理风险投资客户顾问。当这名经理询问他手下的客户顾问的想法时，他发现这些客户顾问对客户说的话连他们自己都不相信！因为这些客户顾问知道现在市场行情不稳定，他们自己也没有控制感。然而，这名经理对这些客户顾问指出，在这种不稳定的市场中，也有人通过合理规划，把业绩做得非常好，而那些没有规划的人则业绩糟糕。听了他的这番话，这些客户顾问表示确实如此，并且开始思索哪些做法可以带来成功。在这里，这名经理力求解决客户顾问的信念和行动相冲突的问题，随着冲突的解决，这些客户顾问的信心回升，业绩自然就一路高涨。

分心会导致前扣带皮层活跃，如果选择性地将注意力放在不分心的刺激上，则有助于大脑短时记忆加工，即将更多心理资源用于个体面临的问题[18]。 201
换句话说，当我们面临的冲突是一个较大的议题时，聚焦于短时记忆和那些需要完成的任务，而不是成百上千种解决问题面临的阻碍，就可以减少冲突，也可以使前扣带皮层平静下来。

（2）**再聚焦：聚焦积极方面。**关于疼痛的研究发现，决定个体疼痛体验强度的因素更多的是对疼痛的关注度，而不是疼痛本身。[19,20]如果一个人以前受过伤害，他/她会将过去的疼痛（比如被裁员）投射到当前的情境中，甚至当疼痛或威胁并不存在时也是如此。[21,22]因此，通过聚焦于事物积极方面，可以移走影响前扣带皮层的压力，让前扣带皮层重新聚焦于积极事物。

当管理者或领导者对员工进行常规训练时，如果要求他们无理由地重新聚焦于事物的积极方面，这些员工或许无法理解这样做的好处。但是，当员工正在关注他们工作中的悲惨遭遇或消极情境，管理者和领导者的再聚焦训练就非常有针对性，他们可以告诉这些员工：如果他们像这样聚焦于事物消极方面，他们自己的大脑中会产生更多的疼痛体验。

在两个人对同一困难情境有不同理解时——有人聚焦于事物的积极方面，有人聚焦于事物的消极方面，这种再聚焦分析方法也非常有用。关注事物消极方面的员工可能会过度激活前扣带皮层，如果换种视角，聚焦于（以及训练自己聚焦于）事物的积极方面，比如解决问题后的收益或者解决问题过程中的成长，这些员工可以获得更高的绩效。当销售人员被要求打更多推销电话或者进行更多销售拜访时，他们经常会直接体验到被拒绝的痛苦。虽然大部分销售活动确实会被拒绝，但是如果能够重新聚焦于销售过程而不是痛苦体验，他们就可以处于更好的工作状态。具体来说，这样做有两方面的好处：一方面，当他
202 们对销售过程保持信任，可以降低焦虑（杏仁核的活跃水平），从而减少杏仁核对思维大脑的影响（少量焦虑有助于提升工作动机，但过多焦虑会阻碍大脑的思维）；另一方面，这样做可以降低前扣带皮层的活跃水平，使大脑的“疼痛”体验减少。

（3）**再投入：邀请公司全员进行讨论。**研究显示，社会排斥会提高前扣带皮层的活跃水平。[23]因此我们推测减少社会排斥可以降低前扣带皮层面临的压力，也可以减少“社会疼痛”。管理者、领导者和管理教练都应该知道，让公司所有人参与是降低杏仁核活跃水平的一种有效方法。增加公司的透明度可以显著降低员工前扣带皮层的活跃水平，因为焦虑预期和冲突预期都会有所降低。

下面这个故事有些近乎矛盾。最近我对一位有很强孤独感的CEO进行了训练，实际上，他在授权方面做得非常好，公司运转良好，但他独自坐在办公室里却为该做什么而发愁，他感觉自己无法集中精力。造成这种结果的原因之一是他体验到了社会排斥，从而激活了自己的前扣带皮层。由于他的大脑受到了干扰，他感觉自己无法领导公司前进。他没有意识到自己的问题在于感受到社会排斥，从而导致自己无法集中注意力。不过当他与公司中的其他人共同完成任务时，他发现自己比以前更能集中精力了。这个故事与许多人的直觉不同，不过通过脑科学的研究，我们了解了蕴含在其中的奥秘，即我们需要与商业伙伴共同解决所面临的问题。

（4）**再评估：降低灾难化思维。**将一种情境界定为灾难会让危机给大脑带来的“疼痛”更为剧烈。[24]领导者应该意识到灾难化的问题界定方式，并且发出相应警告，因为这种问题界定方式会增加大脑的“疼痛”感受，也会导致大脑更加混乱。

尤其是在那些“末日审判”日子，生活中每天都会看到或听到令人崩溃的
203 新闻，包括华尔街的腐败事件、原油泄漏事件导致的金融风波、无法控制的小企业增税政策等。重新评估我们可以做什么与评估整体商业环境有很大的不

同。当管理者评估销售下降和税收增加导致的影响时，他们会认识到灾难即将降临（我遭遇到同样的情境，最近小型银行开始受到威胁，他们面临的商业拓展费用正在增加）。虽然灾难或许的确存在，同时灾难也会增加大脑中的“疼痛”，让前扣带皮层持续激活，使之处于“灾难”模式。实际上，管理者和领导者也可以将眼前的危机视为行动的信号，并且为认识到这一点感到庆幸。因为这种重新评估可以让他们将注意力放在降低成本上，将灾难视为可翻越的高山而不是无法穿透的墙。

这有点像是网络病毒危机的“红色代码”，可以将它视为危险的信号，不过也可以将它视为发现危险的标志，由于确认了危险，个体现在反而感觉更安全了。

（5）**再构架：重新界定。**问题界定过程中也有前扣带皮层的参与。[25]有一项研究发现，当一些面孔和带有强烈情绪的电影同时出现时，人们倾向于将电影的相关特征与这些面孔联系起来。前扣带皮层和杏仁核也参与这种情绪标记过程。[26]在特定情境中，管理者、领导者及其员工可能将他们的消极情绪体验与正在发生的事件联系起来，使自己曲解这些事件。这时，领导应该倾听下属的想法，并且将他们的消极情绪体验和实际发生的事情分开。通过这样做，可以减少下属对当前状态的消极归因，帮助他们重新界定到底发生了什么。

实际上，重新界定囊括了前面几个部分的内容。可能有人会将重新界定视为在即将沉入深海的泰坦尼克号上换个软垫子的座位，如果只是将重新界定当作避免受伤的软垫子，那么前面这种说法是有道理的。然而，重新界定并不是
假装没有危险，而是知道我们已经开始使用更为安全的措施。使用不同的界定 204
方法真的可以减轻杏仁核的负担。

在次贷危机影响下，一家银行瘫痪了好几个月，银行家感觉自己是一只生活在聚光灯下的小鹿，他们的杏仁核变得过度活跃，冲突探测器（前扣带皮层）也失去了控制。然而，当这些银行家意识到必须对公司进行大刀阔斧的重组来节省开支时，即他们知道只能向前看时，他们才能够真正展开行动来应对当前的危机。实际上，他们所处的环境并没有变化，只不过他们界定问题的方式发生了改变。因此，当我们的大脑被消极信息占领，导致无法开展行动时，我们需要重新对问题进行界定。

（二）情绪大脑

1. 杏仁核

当领导者、管理者或员工非常焦虑时，他们的杏仁核会过度活跃。更为严重的是，杏仁核会被我们意识到的恐惧激活，也会被没有意识到的恐惧激活。对同事频繁离职的员工来说，虽然他们认为自己是专注于工作的，但实际上他们的大脑很可能已经被高度活跃的杏仁核“劫持”了。

有人提出这种假设：在任何战略无法推行或工作效率低下的商业情境中，无意识焦虑（以及随之而来的杏仁核过度活跃）都起着阻碍的作用。当管理者、领导者或员工非常焦虑时，他们的杏仁核会被过度激活，这会阻碍他们的“思维”和行动。如果能够想办法降低杏仁核的活跃程度，就可以有效帮助员工返回工作状态，更清晰地进行思考。举例来说，我曾经训练过一位高层管理者，她的生活漫无方向，同时也非常焦虑。虽然她以前取得过辉煌的业绩，但这段时间她感觉自己无法找到前进的方向。实际上，一旦她感到非常焦虑，她
205 的业绩立马就会下降，不管她怎样“集中精力”都无济于事。当我们谈到她的焦虑可能会影响她的工作时，她立刻明白过来并迅速制订了一项降低焦虑的计划。这种危机干预模式帮助她释放了自己的思维活力，很快恢复了工作状态，而且她还为自己进行了合理的生涯规划。过度的压力和焦虑会让思维变得僵化，因为过度活跃的杏仁核会阻碍思维过程，当管理者处于这种困境时，他/她需要用新的思维模式来替代旧的模式。

当业绩变得不佳时，可能是这项业务过于繁重，导致员工消极拖延，不愿意采取进一步的行动。一位企业家离开了自己原有的高管职位，开始追寻自己的梦想，但是他无法开始第一步，因为自己的想法太多了，并且也疑惑自己想要做的到底是什么。他所知道的就是自己想要从事咨询行业，不过因为他以前从来没有涉猎过这个行业，也不想上商学院来获取经验，这时，他过度活跃的杏仁核阻碍了他所有前进的道路。当我问他可以提供哪些别人无法提供的服务时，他才开始以不同以往的方式来思考，然后决定整理自己的观点和智力资本。这种行动可显著降低他的焦虑和杏仁核激活水平。

下面是一些针对大脑杏仁核的干预措施。

（1）**制订应对危机的计划。**因为杏仁核会加工最为重要的情绪，因此领导者应该事先制订一个危机应对计划，例如组建一个危机应对小组，考虑危机可能导致的所有情况，并制定“撤退方案”。虽然这种危机应对计划无法完全消除大家的焦虑，但当员工知道有应对危险场景的撤退方案时，他们会更为镇定，因此可以降低员工和领导者的杏仁核活跃水平。

一位与我有合作的商业领袖跟他的员工约定好，在经济衰退时期，他们会 206
共同对商业方案进行检查：当某个月份的利润低于预先设定好的数值时，他们就会对薪水进行调整。这种做法就减轻了员工对被解雇的担心。

（2）**在公司上下分享行动方案。**通过在公司上下分享行动方案，领导者可以预防杏仁核激活带来的涟漪效应——这种涟漪效应可能会让那些本来较为平静的员工也开始变得不安。换句话说，情绪是具有传染性的，当恐惧和焦虑开始蔓延，公司员工的杏仁核会集体过度激活，导致公司行动力下降。在全公司分享行动计划有助于减少恐惧和焦虑的涟漪效应，因为分享的是“平静”的感受（并且会降低杏仁核的激活水平）。

（3）**乐观应对困难情境。**脑成像研究显示，真正的乐观会取代恐惧，被杏仁核优先加工[27]，这也会影响前扣带皮层的激活[28]。保持乐观并不是否认不利情境，而是试图将注意力更多地放在解决方案上而不是问题本身上。如果企业能构建这样的企业文化，就可以在企业内创建一个共同体，其中人们相互帮助，平静而乐观。

在当今这种经济环境中，如果你给出的解决方案是保持乐观，难免会引起很多人质疑。他们会认为你快疯了，因为没有什么好事情发生，为什么要保持乐观呢？这里我们需要澄清：当你指出需要保持乐观时，你是认识到有大量问题存在的，但是你选择聚焦于解决方案而不是问题模式。如果你陷入问题模式，大脑杏仁核会被激活，导致更为糟糕的结果。然而，如果你保持乐观（聚焦于解决方案），这会取代给企业带来瘫痪的恐惧，这种乐观情绪会优先被杏仁核加工。

（4）**视角转换。**一般来说，危机感会捕获领导者及其下属当前的注意力。这时领导者的任务就是快速进行视角转换，去除危机感中的紧迫和恐慌，让自
己和下属都平静下来。领导者可以用如下方式来感受下属的痛苦：①想象下属 207
的情绪体验；②假定自己处于下属的位置。视角转换是非常重要的决策，当领

导者过度强调他人痛苦的时候，他们自己的杏仁核的活跃水平也会提高[24]。为了应对这个问题，领导者可以将自己和他人分开，即将他人看作独特的个体，而不是与自己有紧密联系的下属。有些时候，同情比移情更有效，因为后者有可能过度激活杏仁核。在商业环境中选择何时共情是非常重要的。痛苦会累积，如果你将所有时间花在体验那些认为天会塌下来的员工的情绪上，你也会有相同的感受。

2. 海马回

当我们以大脑中的海马回为干预目标时，本质上讲是要求人们在情境中去理解问题。换句话说，你需要给问题加上历史，这可以开阔视野。

新任的员工、管理者和领导者经常会忘记他们是从何时开始在这个新岗位上工作的。了解历史涉及对大脑中的长时记忆进行搜寻。海马回是大脑的重要组成部分，在任何环境中，了解历史都是非常重要的。一位非常有经验的CEO接管了一家公司，刚一上任，她就进行了一些重大的改革，并且事前没有征求其他人的意见。在非常短的时间里，许多老员工选择离职。这位CEO认为自己招牌式的“行动导向”风格可以为这家陷入困境的公司注入活力，但是她发现公司上下仍然没有前进的动力，因为公司的老员工无法对新任CEO产生共情。公司的前任CEO在共情方面做得很好，但是工作效率不够，即缺乏实施有
208 效政策的技能。新任CEO认定自己不需要了解公司的“海马回”（即公司历史）。如果新任CEO对公司进行深入考察，就可以发现哪些方面需要改革、哪些方面不需要。

下面是一些针对海马回的干预措施。

（1）**回顾历史**。要求领导者将当前的问题放在公司历史的大背景中去考虑，这可以激活长时记忆，前面的例子已经解释了公司历史为什么重要。

（2）**回顾以前的做事方法**。询问领导者、管理者和员工以前是如何做事的，这可以与新的方法进行比较，看看哪些新方法是有效的、哪些是无效的。

（3）**识别情绪成分**。识别领导者、管理者和员工有哪些会带来潜在危险的情绪。个人的成长经历和专业发展过程如何影响长时记忆的内容？记住，长时记忆中不仅有关于事实的记忆，也有关于情绪的记忆。

情绪记忆对当前决策有很大的影响。管理者和领导者应该理解，关于事实

的记忆和提取并不意味着情绪被记住了。“记住上次出现这种情况时，我们是如何做的”可能无法激励员工——如果他们不倾向于记住那时的压力情绪。

有些人可能有变革失败的负面记忆，因此询问个体关于变革的经验，可以帮助他们对当前情境中的问题进行重新界定。一位非常有才华的商业领袖在无意识的状态中认为自己是一个自我启动者（self-starter），但并不是一个终结者（finisher）。因此，他总是在一份工作的中期发现灾难般的事情。他并没有意识到，他的情绪记忆已经在大脑中设定了这种预期：无论何时，只要将职业合约履行了一半，他总是以迎接灾难的方式在行动。例如，他有意识地减少在市场营销中的投入，结果导致前期非常好的销售业绩出现了明显的下滑。他的情绪记忆导致了这种失败的计划。只有当他理解这种背景因素（即他的经验如何塑造他的期望），他才能够全身心地投入新的工作。

（三）奖赏大脑（腹侧纹状体）

从某种意义上说，奖赏是人们工作的原因，也是公司发展的动力。奖赏大 209
脑对奖励进行登记，通过刺激该脑区，我们可以获得更好的商业绩效。

当员工由于焦虑或者孤独无法登记奖赏时，我们必须意识到这一点，并且加以处理，从而让奖赏大脑可以重新开始工作。同样地，当公司中的员工看起来失去了工作动力时，我们也需要刺激他们的奖赏大脑。通过设立新的奖励计划，我们可以激励员工再次全身心地投入工作。

奖励也可以加快执行战略的速度。如果奖赏大脑活跃起来，工作会变得更有效率。如果希望员工表现出某种行为，当这种行为出现时，就要刺激他们的奖赏大脑。例如，如果希望员工承担更多风险，可以对承担风险和承担错误进行奖励；如果希望员工更具有创新意识或者更具有自主性，也可以奖励这些行为。

下面是一些针对奖赏大脑的干预措施。

（1）**使用金钱奖励。**你可以清晰地向员工表达，努力工作会获得金钱奖励，做额外工作也是如此。这在很大程度上会提升员工腹侧纹状体的活跃水平，同时腹侧纹状体的激活也会降低前扣带皮层的活跃水平。

（2）**使用社会奖励。**你也可以构建一种社会奖励体系。例如一些公司设立了“卓越远见奖”，这也可以增加社会奖励，从而降低杏仁核的激活水平——虽然这种奖励有时会走样。领导者应该真正将员工纳入共同体中，对他们的贡献保持敏感，从而让他们有更多奖励的感受。领导者进行奖励时，也可以把下属的社会关系纳入进来。比如，对于表现良好的员工，可以奖励该员工及其家庭一次美妙的晚餐（这也会激活腹侧纹状体），从而使其前扣带皮层平静下来。

210 （3）**将目标细分为若干个小部分**。换句话说，在达成目标的每个步骤中，都使人获得奖励的感受。有些时候，去完成一个未来很长时间才能实现的目标，人们感受不到太大的激励。如果将这个目标分为若干个小部分，可以帮助人们在完成每个部分时都获得成就感，提高奖赏大脑的活跃水平，同时也让员工受到更多激励。

（四）行动大脑（运动和前运动皮层）

制定杰出的商业战略只是商业活动的一部分，及时执行这些战略是非常关键的。行动大脑需要接收来自其他脑区的指令，才会开始行动，否则它就会处于静止状态。如果没有行动，再好的商业战略也无法创造价值。

当制定好商业战略但尚未执行时，需要将个体的注意力转移到行动大脑上，看如何推进这些政策。许多商业战略之所以失败，就是因为执行力度不够。

当拖延症阻碍行动时，我们应该将注意力放在行动大脑上，看看是否可以通过较小的行动来撬动强大的拖延症。例如，一家商店的经理认识到需要销售本地农产品，但他却没有具体行动，因为在他的想象中，找到合适的本地农场主供应商很困难。然而，后来当他不得不开始执行这个任务的时候，他销售新鲜产品的能力有了很大的提高，并且他的商店在与大型连锁商店的竞争中获得了胜利，因为人们并不愿意在连锁商店的结账台前排长队。

当人们困在某种情绪中的时候，行动可以帮助他们从这种情绪中走出来。与其等待完美的情绪状态来执行商业战略，有些时候朝向目标方向的行动反而会带出更好的情绪状态。人们总是假定在行动前必须保持良好情绪，其实行动本身也可以创设“感觉良好”的情绪。

下面是一些针对行动大脑的干预措施。 211

（1）**带着假设去行动。**真正朝着决定好的目标去行动，在行动中“检验”怎样做最为恰当。在前面提到的商店经理的例子中，一开始的时候，他宁愿等待决定成功的信号，而不是带着已有的假设去行动。当人们要求先“了解”再行动时，你可以向他们解释——行动可以增加我们了解的概率。当遇到那些在不确定的环境中就没法好好做事的人时，管理者、领导者和管理教练都应该记住这一点。你如何知道你的产品卖得好不好？你可能已经完成了你所能进行的所有市场分析，但是在你进行下一步分析之前，是时候开始行动了。

（2）**小步骤行动。**如果进行小步骤的行动，就不会带来过大的压力。同时，小步骤行动也可以增加我们对目标的承诺。在思考一项困难的任务时，我们的大脑无法很好地应对。因此，在完成一项困难的任务时，为了激活大脑的行动中心，管理者和领导者需要将任务分解为多个小目标。在工作效率不高时，即使是小的任务，也可以分为更小的子任务来具体进行。

（3）**再次回到大脑“会计师”那里。**当尝试其他方法都无法开始行动的时候，大脑的行动中心可能收到来自大脑“会计师”发出的“别行动”的指令，而“会计师”的信息则来自其他脑区。为了改变大脑“会计师”的这种状态，管理者、领导者或管理教练应该重新考察大脑行动中心的所有信息来源，包括杏仁核（是否有恐惧等情绪）、前扣带皮层（是否有过多冲突）、奖赏中心（是否无法对奖赏进行正常记录）。

（五）脑岛

当管理者或领导者有了关于某件事物的直觉却又不知如何做的时候，激活脑岛是一项非常重要的任务，因为它可以将直觉传递到思维大脑中，使行动的可能性增大。

有些时候，所有有意识的决策都无法完成商业目标。虽然自己整天都忙忙 212
碌碌，但你的直觉告诉自己能力还没有完全释放出来。刺激你自己的脑岛会帮助你制订更有利于行动的计划。

或许你在吃饭的时候突然想到一个很好的商业点子，但你无法解释它是怎样产生的。因此，理解这是你自己的直觉而不是抛弃它，对你在商业领域的成功尤其重要。

我指导的一位企业家被邀请参加一个CEO活动。他对这个活动本身没什么兴趣，也对参加这个活动的人不感兴趣，不过他预感到活动现场可能会有重要的事情发生。因为认识到要关注自己的直觉，他决定去参加那个活动。就是在这次活动的现场，他遇到一些与他签下大合同的客户，他的事业也如同坐火箭般快速上升。

雇用或解雇员工有时候也是直觉决策，是大脑无意识加工的结果。与其忽略它们，不如去关注它们，探索直觉带给自己的价值。

为了提高脑岛的活跃水平，我们必须关注前脑岛的功能。脑岛的一种主要功能是将“内部感觉”转换为可识别的“言之有理”的说法。通常而言，如果不知道事物的因果关系，下属会感觉不舒服。管理者、领导者和管理教练可以鼓励直觉表达，并且以不完整的形式写下来。然后，他们就可以绘制脑岛地图（insula maps）。我使用“**脑岛地图**”这个词语来描述用于支持直觉的回溯性解释。这与“理性”思维没有什么不同，大部分推理也受到情绪的影响，只不过我们不清楚而已。在绘制好脑岛地图之后，领导者可以与管理教练一起，决
213 定如何认识这种可能会影响自己决策的“真相”，并且对他们“直觉”产生的假设进行检验。

例如，假定你是一家公司的领导者，你的直觉告诉你，从长期来看，解雇员工不利于公司生产率的提高，虽然统计数据有相反的结论。你可以使用下面的方法来对此进行深入分析。

（1）承认这种直觉是一种假设。

（2）识别“回溯性理性判断”（RRR）。下面是这种场景中一些对直觉的解释：

- “这会让其他员工产生强烈的焦虑，降低他们的工作效率。”
- “这会增加公司共同体的怨气，降低销售额。”
- “由于压力导致缺勤率上升，增加公司的支出。”

（3）评估每种解释的概率。下面是前面提出的解释的可能概率：

- “这会让其他员工产生强烈的焦虑，降低75%的工作效率。”

- “这会增加公司共同体的怨气，降低35%的销售额。”
- “由于压力导致缺勤率上升，增加55%的公司支出。”

（4）对假设进行检验。当你检验自己的假设时，你需要记住如下几个要点：

- 首先检验可能性最大的假设，可以考虑使用书面调查的形式。
- 走出办公室与员工进行交流，寻找“解决方案”，同时也寻找其他解释。
- 仔细思索，其他解释到底可能性大还是小。
- 讨论你身上来自交流对象的“镜像神经元”。

（5）创设脑岛地图。考虑实际数字等新信息，重新计算相关概率。要考 214
虑不少问题，例如：有多少人会很焦虑？哪些因素将会不可避免地影响工作效率？你如何预防这些因素的出现？你会有多大的经济损失？将这种损失与解雇员工的损失进行比较，结果会怎样？

通过上述步骤，可以确认你直觉的真实性，也可以提高使用直觉信息的效率。这是那些“在意识到之前就知道”的直觉型领导需要仔细考虑的问题。

由于脑岛与个体的心跳、胃扩张及其他身体感觉有紧密的联系，因此领导者可以考虑参加瑜伽或普拉提（Pilates）课程，或者多去健身房。这可以让他们有额外的时间来激活脑岛，训练脑岛的“敏感性”。

本章小结

通过本章介绍的针对特定脑区的干预方案，管理者、领导者和管理教练可以提醒自己是不是遗漏了某些干预步骤。并不是每位管理者、领导者和管理教练都希望将脑科学作为主导的互动训练模式，但是这些脑科学知识是常规管理训练方法很好的补充。这么多年以来，简单的心理学方法已经获得管理教练的充分认可，因为它们听起来是“理性的”。例如，SWOT分析被广泛使用，但是许多研究发现，它在很多时候是无效的。同样，脑科学尽管听起来也较为理性，但是，有效地使用这些干预策略需要将它们纳入整体的方法体系中。本章

介绍的这些方法，为思考脑科学在商业中的应用提供了很好的框架。如果我们
215 自己提出关于大脑的问题，并能自行获得脑科学的答案，这表明我们拥有了解
决商业问题的全新视角。

参考文献

[1] Hare T A, Camerer C F and Rangel A. Self-control in Decision-making Involves Modulation of the vmPFC Valuation System. *Science*, 2009, 324(5927): 646-648.

[2] Burdick W P, Morahan P S and Norcini J J. Slowing the Brain Drain: FAIMER Education Programs. *Med Teach,* 2006，28(7): 631-634.

[3] Sarampalis A, et al. Objective Measures of Listening Effort: Effects of Background Noise and Noise Reduction. *J Speech Lang Hear Res*, 2009.

[4] Li S C, et al. Working Memory Plasticity in Old Age: Practice Gain, Transfer, and Maintenance. *Psychol Aging*, 2008, 23(4): 731-742.

[5] Islam F, et al. Short-term Changes in Endogenous Estrogen Levels and Consumption of Soy Isoflavones Affect Working and Verbal Memory in Young Adult Females. *Nutr Neurosci*, 2008, 11(6): 251-262.

[6] Thorp A A, et al. Soya Isoflavone Supplementation Enhances Spatial Working Memory in Men. *Br J Nutr*, 2009: 1-7.

[7] Papandreou M A, et al. Effect of a Polyphenol-rich Wild Blueberry Extract on Cognitive Performance of Mice, Brain Antioxidant Markers and Acetylcholinesterase Activity. *Behav Brain Res*, 2009, 198(2): 352-358.

[8] Ringel Y, et al. Effect of Abuse History on Pain Reports and Brain Responses to Aversive Visceral Stimulation: An fMRI Study. *Gastroenterology*, 2008,134(2): 396-404.

[9] Hirano Y, et al. Effects of Chewing in Working Memory Processing. *Neurosci Lett*, 2008, 436(2): 189-192.

[10] Mobbs D, et al. When Fear is Near: Threat Imminence Elicits Prefrontalperiaqueductal Gray Shifts in Humans. *Science*, 2007, 317(5841): 1079-1083.

[11] Venkatraman V, et al. Separate Neural Mechanisms Underlie Choices and Strategic Preferences in Risky Decision Making. *Neuron*, 2009, 62(4): 593-602.

[12] Lawrence N S, et al. Distinct Roles of Prefrontal Cortical Subregions in the Iowa Gambling Task. *Cereb Cortex*, 2009, 19(5): 1134-1143.

[13] Glascher J, Hampton A N and O'Doherty J P. Determining a Role for Ventromedial Prefrontal Cortex in Encoding Action-based Value Signals during Rewardrelated

Decision Making. *Cereb Cortex*, 2009, 19(2): 483-495.

[14] Clark L, et al. Differential Effects of Insular and Ventromedial Prefrontal Cortex Lesions on Risky Decision-making. *Brain*, 2008, 131(Pt 5): 1311-1322.

[15] Pochon J B, et al. Functional Imaging of Decision Conflict. *J Neurosci*, 2008, 28(13): 216
3468-3473.

[16] Wittfoth M, et al. How the Brain Resolves High Conflict Situations: Double Conflict Involvement of Dorsolateral Prefrontal Cortex. *Neuroimage*, 2009, 44(3): 1201-1209.

[17] Correa A, Rao A and Nobre A C. Anticipating Conflict Facilitates Controlled Stimulus-response Selection. *J Cogn Neurosci*, 2009, 21(8): 1461-1472.

[18] Sreenivasan K K and Jha A P. Selective Attention Supports Working Memory Maintenance by Modulating Perceptual Processing of Distractors. *J Cogn Neurosci*, 2007, 19(1): 32-41.

[19] Hofbauer R K, et al. Cortical Representation of the Sensory Dimension of Pain. *J Neurophysiol*, 2001, 86(1): 402-411.

[20] Rainville P, et al. Pain Affect Encoded in Human Anterior Cingulate but not Somatosensory Cortex. *Science*, 1997, 277(5328): 968-971.

[21] Kramer H H, et al. Illusion of Pain: Pre-existing Knowledge Determines Brain Activation of "Imagined allodynia". *J Pain*, 2008, 9(6): 543-551.

[22] Ogino Y, et al. Inner Experience of Pain: Imagination of Pain While Viewing Images Showing Painful Events Forms Subjective Pain Representation in Human Brain. *Cereb Cortex*, 2007, 17(5): 1139-1146.

[23] Krill A and Platek S M. In-group and Out-group Membership Mediates Anterior Cingulate Activation to Social Exclusion. *Front Evol Neurosci*, 2009, 1: 1.

[24] Gracely R H, et al. Pain Catastrophizing and Neural Responses to Pain among Persons with Fibromyalgia. *Brain*, 2004, 127(Pt 4): 835-843.

[25] Deppe M, et al. Anterior Cingulate Reflects Susceptibility to Framing during Attractiveness Evaluation. *Neuroreport*, 2007, 18(11): 1119-1123.

[26] Mobbs D, et al. The Kuleshov Effect: the Influence of Contextual Framing on Emotional Attributions. *Soc Cogn Affect Neurosci*, 2006, 1(2): 95-106.

[27] Morton D L, et al. Reproducibility of Placebo Analgesia: Effect of Dispositional Optimism. *Pain*, 2009.

[28] Sharot T, et al. Neural Mechanisms Mediating Optimism Bias. *Nature*, 2007, 450(7166): 102-105.

第八章

训练大脑过程

如果已经阅读了本书的前面章节，那么你已经为理解大脑加工训练做好了 217
准备。在本章中，你可以学到如何识别大脑加工，并且在商业环境中使用大脑加工来创造有效的变革。虽然我们目前无法针对具体大脑网络进行非常精确的干预，但还是可以通过对大脑系统的了解来构建干预措施，并在商业领域推行深层次的变革。通过前面章节中提到的大脑加工过程，我们可以设计一些方案来解决商业领域中的系统问题。例如，与其训练或管理“前额网络”，不如训练或管理整合的大脑网络，如“镜像神经元”，这就需要我们将镜像神经元网络与商业领域的相关问题结合起来。将大脑网络与商业问题联系起来的能力与使用脑科学知识开展变革的能力同样重要。只要涉及人的发展的岗位——包括管理教练、管理者和领导者等——都需要这些能力，这些能力也可以帮助他们更好地促进人的发展。

需要再次强调，这些干预措施是对传统管理训练方法的重构，同时也加入了新的视角。当领导者厌倦、不愿再接受旧观念的时候，这些重构的方案非常有价值，可以帮助管理教练制定适当的管理训练方案。

一、镜像神经元干预的方法

我们的大脑拥有镜像神经元系统——该系统可以自动获取他人的意图、行 218
动和情绪（值得注意的是，越来越多的研究显示镜像神经元系统比我们想象的更为复杂，获取他人信息只是它的一种功能）。我们的大脑可以反映他人的情绪，这有可能使两个人之间永无止境地进行镜像反应，这就可能导致强有力的镜像“双赢”。然而这种“双赢”不一定总能给个体带来“成功”，因为这种镜像反应可能导致分心，即获取他人的情绪可能使你无法聚焦于自己当前的工作。在商业环境中，我们什么时候需要使用镜像神经元干预（mirror neuron interventions）呢？

在如今这个受到经济衰退威胁的时代，士气低落是许多公司共同面临的问题。更为关键的是：士气低落的状态会像野火一样蔓延。要求受威胁的员工不表达负面情绪是不可能的，即使提供真正的保障也作用不大。镜像神经元系统使一名员工的大脑会因为其他员工的变化而变化——镜像神经元系统会“并行加工”他人的意图或情绪。换句话说，即使你自己的心情愉悦，你也会自动加工他人的焦虑情绪，误以为这种焦虑也是自己的。

许多事例都可以说明士气低落（焦虑、神经过敏、抑郁）是如何传染的。比如媒体中反复播放导致士气低落的节目、过度强调生活中的负面事件、公司里怨声载道等。士气低落不仅会出现在基层员工中，也会出现在高层管理者中。

镜像神经元机制也可以解释投资者情绪。如果一名《华尔街日报》的记者撰写了一篇关于某潜在畅销药物的负面评论，有一个人看到该评论之后决定抛售自己持有的该药物公司股票，这种恐惧情绪和负面评价就会传染给其他人，即使最初的评论经不起推敲。实际上，股票市场是镜像神经元机制引起混乱的经典例子。

219 当员工以团队形式工作时，必须考虑镜像神经元机制的作用。当镜像神经元机制失去控制时，团队的领导者应该及时发现。“失去控制”的镜像神经元机制会导致团队做出用于应对团队情绪的决策，而不是对公司最有利的决策。下面是一些可以使用的镜像神经元干预方案。

（一）空间控制

将所有人集中在同一个空间中是非常重要的。把所有员工聚集起来也会更有效率，因为你倡导的新思维模式会更快传播，并且在员工之间相互强化。不管你是通过发电子邮件跟员工交流，还是直接与部分员工交流，将员工集中到办公室的效率都是非常高的——你可以通过这种方法塑造所有员工的心态。

例如，克里斯是一家大公司的销售副总裁，他发现高级销售经理们无法与销售人员高效合作——销售人员士气已经非常低落。当他与销售经理们进行一对一交流时，他发现只有部分销售经理能够很好地激励销售人员。克里斯了解镜像神经元机制之后，认识到这对自己的管理非常有用。他将所有销售经理召集到同一个房间里，谋划下一步应该怎么办。讨论的结果是激动人心的，所有销售经理都感觉自己属于公司这个整体，他们有了新的销售策略——将销售人员分为竞争性的团队，团队之间竞争，到月底的时候有最佳销售业绩的团队会获得奖励。这种销售策略使团队精神传递到销售人员那里，竞争成为一种有感染力的驱动力量，尤其是当销售人员每周都可以看到销售业绩时。有最佳销售业绩的团队会赢得奖励，这种以镜像神经元机制为基础的内部竞争精神具有很强的感染性，对员工和公司来说都非常有价值。

管理者和领导者也可能有这些疑问：哪些情绪不应该向全体员工传递？应该向全体员工传递什么？应该使用怎样的途径（电子邮件、个体交流、简报）来传递信息？如何做才能将我们期望的情绪持续传递下去？如果期望的情绪被干扰了，如何做才能使这种情绪继续传递下去？

如果能够培养一些理解镜像神经元机制的核心员工，你就可以把期望的情 220
绪传递到整个公司。

（二）使用360度反馈来开展工作

在360度反馈（反馈来自与员工有互动的所有人）系统中，镜像神经元机制发挥了很大的作用。有一个曾经与我共事的专业投资者被投资团队批评了，因为没有给投资团队提供关于投资模型足够详细的反馈。这个团队希望获得更多相关信息。他们还认为，这个专业投资者应该更多地到团队的办公室来分享自己的想法。为了应对来自投资团队的反馈，这个专业投资者创建了更多模型，增加了与团队的交流，但他同时也被来自团队的反馈激怒了，认为这种反馈是官僚主义，完全是在浪费他的时间。专业投资者的这些想法传到投资团队那里，他们的愤怒也增加了。这种会传染的“怒气交换”最开始被视为理性情绪的交换，但是也可以被视为失去控制的镜像神经元机制在起作用。在急剧波动的股票市场，各方的焦虑都会成倍增加。这种股票市场的波动性会增加各方相互指责的情绪。虽然这种争论看起来似乎是“理性的”，但实际上它是由焦虑的大脑虚构出来的理性故事而已。研究显示，在这种强烈焦虑的情境中，大脑注意系统会偏离，更多地感受到威胁。因此，与正常情境相比，处于焦虑中的各方会认为自己受到的威胁增大了，并且他们会通过镜像神经元“分享”自己的焦虑。认识到这一点，管理者可以远离这种焦虑镜像，使用恰当的干预措施来帮助各方平复情绪。

（三）反镜像训练

人类大脑的美妙之处在于可以用不同的方式来再次训练一种行为。等待混乱发生并不是处置混乱的最佳方法。如果领导者、管理者及其合作者不是等到混乱发生才开始进行镜像神经元训练，那么他们在应对混乱时就处于非常有利的位置。但是，通过镜像神经元训练，能不能做到不对外在的混乱进行镜像反应呢？

最近一项研究显示，“反镜像”训练可以使大脑中自动产生的镜像过程出
221 现反转。[1] 这意味着人们经过训练，可以不对外在的混乱进行镜像反应。

下面是如何进行反镜像训练的基础指南。

（1）*识别你的感受。*如果你感到焦虑、害怕、悲伤、愤怒，可以问自己：“在日常生活中与我有互动的人中间，是否有人和我有相同的感受？”如果答案是肯定的，开始第（2）步。

（2）*检验如下假设：*“我家里或工作场所的其他人有可能加剧我的这种感受，因为他们也处于焦虑、害怕、悲伤或者愤怒之中，我也可能有这种感受，我的大脑可能映射的是他们的感受。”

（3）*暂时停止所有的攻击和抱怨。*认识到你所表达的并不都是你自己的感受，这些内容也可能是其他人的情绪在你大脑中的反映。

（4）*在有镜像活动的交流中，退一步，问自己如下问题：*“有哪些补偿性的情绪或行动？”（越来越多的研究发现，镜像神经元系统不仅用于模仿，也用于补偿其他行动，或许还用于补偿其他情绪[2]。）

如果前面提到的那个专业投资者使用反镜像训练，他可能会这样表述：

- “我感受到焦虑和被攻击。”

- “投资团队也感受到焦虑和被攻击。”
- “让我们尝试来了解为什么我们都有这样的感受。啊！股票市场是急剧波动的，我们先来寻找‘原因’解释我们对股票市场的焦虑。”
- “我的补偿行动会逐渐平静下来，我也会认识到，情绪镜像既反映了投资团队的情绪，也反映了我自己的情绪。或许我们能够想出办法来降低我们的 222
焦虑。”

专业投资者可以引导投资团队进行这样的讨论。表8.1列出了有无“反镜像过程”的区别。

表8.1 反镜像的作用

没有反镜像过程（将权力让给无意识大脑）	有反镜像过程（与无意识大脑共享权力）
你感受到焦虑和愤怒	你观察到自己感受到焦虑和愤怒
你进行自我防御	你琢磨“攻击者”有怎样的感受，发现其感受与自己感受的相似性，也思考为什么会有这种相似的感受
你进行反击，让攻击者更为愤怒	你并不进行攻击，而是后退一步
你陷入相互交换愤怒的旋涡，自己却没有意识到	你平静下来，可以寻找新的解决方案——既能够回应你关心的地方，也能够回应攻击者关注的内容

如果预先进行这种反镜像活动，对于外在混乱，人们就准备好做出“平静”的自动反应。实际上，越来越多的研究者相信镜像神经元系统是社会互动和社会学习的产物[3]，而不是天生的和无法改变的。因此，反镜像神经元训练提供了一种将不经思索的模仿转变为深思熟虑应对的途径。作为第一步，通过同情（不是共情）可以促进反镜像过程（即“这太糟糕了”，而不是“我感觉糟透了”）。

当镜像过程失去控制，焦虑会蔓延到整个组织。反镜像过程使个体按照自己真正的情绪状态来工作，而不是依据对其他人情绪的模仿。

二、认知观点采择的方法

在商业环境中，共情表现在两个方面[4]。一方面是“感受到”他人的情绪 223

（例如镜像神经元激活的共享情绪状态），另一方面是“思考”他人有怎样的情绪，后者也被称为“认知观点采择”（cognitive perspective taking）。最近一项研究显示，情绪共情与镜像神经元系统（额下回）有关，而认知观点采择则与大脑的“会计师”（腹内侧前额叶皮层）有关。[5]因此，我们知道，如果我们想提升对其他情绪的认知理解，必须考虑腹内侧前额叶皮层干预方案。但这在商业领域到底有怎样的用途呢？

三项研究显示，在商务谈判中，认知观点采择比情绪共情有明显的优势，因为它提升了个体发现谈判双方潜在共同点的能力，增加了双方在谈判桌前达成一致的可能性。实际上，情绪共情有时反而不利于发现潜在的交易和获得个人利益。当谈判最初看来不可能达成一致时，或者当需要在多种层次上对谈判进行权衡取舍时，认知观点采择的作用非常明显。[6]

现在，让我们来思考认知观点采择的干预措施。在面对高难度谈判时，如何使用脑科学知识来提升我们的认知观点采择水平？表8.2列出了思考他人头脑中在想什么的自我训练清单。这种探索性工具可以帮助我们规划高难度的交流，也可以提升我们自己的影响力。使用这个表格来对自己进行探索，可以提升你对他人大脑的了解。这个表格在引导我们进行高难度交流方面非常有用，如果多次使用和实践，甚至能够以半自动化的方式达到即兴演奏的效果（例
224 如，你需要时刻保持前扣带皮层和杏仁核的低激活水平，不要让短时记忆超过负荷，持续*理解*他人有怎样的感受——而不仅仅是自动*体验*他人的情绪）。

表8.2 提升认知观点采择水平的自评量表

脑区	自我训练清单	说明
冲突中心	□ 聚焦于共同利益点 □ 承认存在潜在谈判破裂可能性 □ 将交流对象看作解决问题的伙伴，并且表达出这种意愿和兴趣 □ 避免自相矛盾的观点 □ 提及潜在的冲突，并说明为什么这是必要的	低分（0～3）：需要更新关于谈判的基本认识 高分（4～5）：考虑周到
大脑“会计师”	□ 承认既有风险，也有收益 □ 明确双方价值观 □ 解释关于短期代价和长期收益的权衡 □ 就如何管理风险（如时间上的损失）提出建议 □ 呈现足够多的数据来支持本方观点	低分（0～3）：需要提高客观性 高分（4～5）：很好地领会了客观事实

续表

脑区	自我训练清单	说明	
短时记忆中心	□ 不要让数据使短时记忆负载过重 □ 以视觉辅助方式来呈现事实 □ 从系统视角来提供信息并进行总结，对可能的后果进行系统分析 □ 使用情绪（如幽默）来巩固新内容 □ 重复核心内容	低分（0～3）：需要加强对核心内容的了解 高分（4～5）：很好地领会了核心内容	
冲突探测器	□ 呈现预期目标 □ 预测谈判对象会遇到的问题，并提供解决方案 □ 如果问题尚没有好的解决方案，承认这一点，同时保证问题将会得到解决 □ 事先提供相关信息，使交流对象有时间进行思考 □ 引导注意力从“问题”转向解决方案	低分（0～3）：需要减少挑衅 高分（4～5）：从容不迫	225
长时记忆中心	□ 找出采用过去的方法可以做到的事情 □ 找出那些采用过去方法无法做到的事情 □ 呈现未来的目标以及采用过去方法为什么不能达成该目标 □ 强调创新和新颖性 □ 呈现当前工作结构为何不足以达成目标，探索完成目标所需的工作架构	低分（0～3）：需要对时间和习惯保持敏感 高分（4～5）：对时间和习惯敏感	
奖赏中心	□ 清晰地描述交流对象可以获得的奖励 □ 清晰地描述更高使命的奖励 □ 从长期利益角度对无法得到的奖励进行重新界定 □ 体验奖赏，并相信可以获得这种奖赏 □ 使用不同分类来描述奖赏：经济的、情绪的、社会的等	低分（0～3）：需要对目标有更多自信 高分（4～5）：对目标非常投入	
行动中心	□ 使用基准点和检查点 □ 第一个基准点得到了明确的表达 □ 使用其他的“行动”事例 □ 给交流对象呈现行动是怎样的（步骤是怎样的） □ 对行动中心所有的“供给装置”进行重新检验	低分（0～3）：要有更少的冲突回避 高分（4～5）：能够坦然面对领导角色中的冲突	226

推荐来自同一家公司有技术背景的高级经理使用这个表格，他们的任务是向公司的外部合作者推广新的技术方法，而这些外部合作者并不愿意进行改变。这个表格对每个脑区的干预方法都进行了总结，有助于高级经理等管理者达成预期目标。在这家公司的案例中，使用该表格中的方法可以减少与交流对象的冲突，使外部合作者对新方法保持开放性。

在面临困难的谈判或交流时，通用的方法如下：

（1）防止会话伙伴（conversation partner, CP）的冲突探测器拉响警报：从双方都优先考虑的事物入手。

（2）防止会话伙伴的杏仁核过度激活，以免使他/她处于求生模式：在清晰表达新主张之后，你需要主动并动态地采用再构架、再投入、化解、再评估、再聚焦（ACC干预）等方法，直到减轻对方阻碍谈判的焦虑为止。

（3）对新方法和旧方法的风险及收益进行说明，唤醒会话伙伴的大脑“会计师”。

（4）呈现的数据不要使短时记忆超载。

（5）尊重会话伙伴关于旧方法的长时记忆。

（6）强调奖励。

（7）设置期望行为的基准点和时间表。

227 这些高级经理在工作中使用了该表格，发现对自己非常有帮助，可以让自己聚焦于相关脑区目标：通过仔细的权衡，发现使用新方法是明智而公平的，对双方都有好处，因此双方的杏仁核不会被过度激活，也不会降低双方的互信。

三、促进创新的方法

创新要求超越线性和理性的问题解决模式，使用更为新颖的方法来满足商业需求。创新包括的范围很广，从琢磨新产品或新产品线[7]、改进商业模式[8]、处理顾客投诉[9]到开拓新市场。

创新需要创造性地使用理性和情绪资源，如果管理者、领导者或管理教练试图鼓励创新思维，了解与创造力有关的脑区是非常有用的。

在本书第四章中，我们已经了解到与创造力和创新思维有关的四个脑区是：

（1）舌回——与想象（dreaming）有关。

（2）左外侧眼窝皮层——与去抑制有关。

（3）扣带回右后侧——与时间和空间的定向障碍有关。

（4）角回——与隐喻和跨模型信息提取有关。

虽然具体描述上述脑区的细节不是本章的主要任务，但是下面介绍的一些策略能够以这些脑区为目标。因为这些脑区的特征更像是一条倒U形曲线（若
228 刺激过度，则会适得其反），所以监控创新个体的焦虑水平是非常重要的，要

确保其不过度激活这些脑区。毕竟，谁都不会希望与一个让人头晕、不守规矩、夸夸其谈的家伙共事。

不管是管理者、管理教练还是领导者，都可以使用如下方法来进行创新训练。

（一）引入介绍

如果提升创新思维的脑区受到损害，就会导致有问题的行为。创新训练有点像学滑雪，你必须承担摔跤的风险。创新需要将焦虑水平降到足够低，以便使个体能够容忍风险。创新心态总是需要一定形式的自我控制。如果你需要与他人共同完成创新的任务，你可能需要了解他人日常普遍的焦虑水平和当前的焦虑水平[10]，因为你们需要一起回答下面提及的问题。

（二）功能提升

我们想要提升的功能包括想象的能力、承担风险并控制焦虑的能力、超越时空思维的能力、隐喻和跨模型信息提取的能力。

这里提供一些跟想象能力有关的问题：

• 如果不考虑可行性，你希望获得怎样的结果？

• 如果不考虑可行性，为了实现该目标，你需要采取哪些步骤？

• 像莱特兄弟发明飞机那样，你希望发明什么来解决这个问题？

这里提供一些关于承担风险并控制焦虑的能力的问题：

• 在这种情境中，你可能承担的最可怕的风险是什么？

• 你可以想象如何完成这个任务吗？（首先从第三人称视角，然后从第一人称视角来回答。）

• 是什么让你停下脚步？

• 如果你从未真正开始这段旅程，你在质疑自己什么方面的能力？你认为会发生什么事情？

• 通过训练大脑的注意中心（使用表8.2中的冲突探测器训练清单），你就可以摆脱这些“思维暗流”，随时恢复状态，你知道这一点吗？ 229

这里提供一些有关超越时空思维能力的问题：

- 如果时间不是问题，你会做什么？怎么做？
- 如果空间不是问题，会出现怎样的情况？
- 若你有无限的空间，你希望做什么？

最后，还有一些提升隐喻和跨模型信息提取能力的问题：

- 对你而言，这种行动意味着什么？你会将它比作什么？
- 如果这种行动会引起强烈反应，你会使用什么策略来应对？
- 做kikki/bouba测验，并对其进行解释。
- 如果使用一种气味或一种味道来描述这种行动，你会怎样说？

通常而言，创新空间需要克服那种“开箱即用”的思维方式。如果你负责提升员工的创新心智模式，问问自己是否营造了一种支持创新的工作氛围。前面提到的四个方面都可以作为深入探索的基础。例如，在探讨“想象”这部分能力时，你可以说：“我希望你们思考一种产品当前并不存在的五种特征。”以电话为例，答案可以是：（1）在你想要的时候，电话会自己走过来。（2）当你说出一种事先设定好的代码时，电话可以代替你和对方会话。（3）电话可以将你说的话同步录入存储器中，因此，如果你出现了一个错误，你可以按一个键来激活语音信息。（4）电话可以用来去除周围的异味。（5）电话可以探测出来电者身在何处（对孩子非常有用）。

230 这些想象策略可以减少“开箱即用”思维，让创造力在大脑的舌回脑区中迸发。同样，你也可以对其他与创造性相关的脑区做类似的训练。

四、应对欺世盗名综合征的方法

欺世盗名综合征指的是有成就的领导者或员工感觉成功不是理所当然的，因为所有因素都无法解释自己为何能够取得这种成就。当一位新任领导者对他/她的任职资格缺乏信心时，就会出现欺世盗名综合征，不过欺世盗名综合征并不单纯是因为缺乏自信。这里有一个线索可以考察并检验这种综合征的存在：有才华的新任领导者是否认为自己的上任导致公司的麻烦有所增加？

为了应对这种缺乏自信的问题，可以使用如下这些基于脑科学的方法。

（一）学会容忍对无意识的无知

告诉可能有欺世盗名综合征的个体，成功既包含有意识的加工，也包含无意识的加工。实际上，无意识在很多时候是我们行动的重要驱动力量，虽然我们倾向于相信——我们能对成功进行有意识的控制。这意味着在试图理解成功的时候，怀疑性（doubt）可能是一个被忽视的因素。因此，对成功进行回溯性分析是有局限性的。理解并接受无意识大脑是非常重要的。

（二）识别背景情绪

通常，同一时刻个体身上会存在多种情绪，因为它们被不同大脑系统加工。我们能够识别的情绪并不是唯一存在的情绪，“混合”情绪是很常见的，并且它们都可能会对商业目标的实现产生重要影响。对患有欺世盗名综合征的人来说，帮助他们的重要方法就是协助他们识别自己的混合情绪及其各种情绪的优先顺序。例如，一名高绩效的“明星员工”可能有很多好的想法，但是他不愿意去具体实施。通过帮助这名员工识别自己的价值观，并对其进行分 231
类，你可以鼓励他招募其他感兴趣的同事来实施这些想法。否则，这名员工可能会感觉自己像欺世盗名者——知道一些非常棒的想法但是没有兴趣去具体实施。

（三）平复情绪

这里你可以使用前面章节介绍过的杏仁核或前扣带皮层干预方案。通过鼓励领导者和管理者想办法对过去放手，可以减少他们杏仁核被破坏性激活的次数。这要求他们具有未来导向和新的视角，可以提醒他们，担心成功难以维持会破坏大脑的焦虑通道，也会阻碍大脑的正常思维。他们可能没有意识到这种影响，因此让他们想出解决方案是一个难以完成的任务。“顺风顺水的领导者”就是我们所说的“来自大脑边缘系统的音乐”，他们的无意识大脑是非常协调的。对管理者、领导者或管理教练而言，问题在于，如何才能让大脑的边缘系统变得再次协调？一种途径是重新界定领导者，为领导者设置更高的标准。这让大脑不再因为重复先前的成就而产生压力，从而使大脑的注意中心激活水平高于杏仁核。

鼓励领导者拥有不同思维的方法之一是要求他们寻找“交叉点”。不同领域的交叉点可以帮助领导者用新的方式来思考，神经科学也是促进领导者反思的实用工具。

例如，一个在过去五年投资回报收益巨大的投资者可能会突然对自己产生怀疑——是不是接下来可能会失败？除了介绍杏仁核与欺世盗名综合征的关系，也可以引入一个新变量：社会奖赏（social reward）。比如，一个曾与我共事的投资者开始考虑每月花一天时间为贫民区的孩子讲授基本的投资技巧，这缓解了他的内疚和害怕，也使他获得新的奖赏感受。

由于压力会使意识大脑封闭，并且产生无意识的恐惧，因此，应帮助领导
232 者应对压力。一位作家曾经这样来区分墙和篱笆的作用：篱笆可以轻易被移除，但墙不能。[11]如果对问题进行归类，为了降低压力，可以将我们面临的所有挑战当作“篱笆”。

同样地，前扣带皮层干预方案可以使个体平静下来。下面是一些关于如何使用SAFE框架干预方案来进行前扣带皮层干预的例子。

- **化解**——帮助一个患有欺世盗名综合征的人了解这种综合征的存在，帮助他/她理解这种情况在那些取得较高成就但迷失方向的人那里是很普遍的，这就可以帮助他们重新获得方向。

- **再构架**——患有欺世盗名综合征的人可能会认为自己不应该处于当前的职位，因为该职位需要一些他们并不具备的知识，或者他们已经拥有必要的技能但还需要其他技能，也可能是他们先前的成功涉及当前岗位需要的无意识智慧——但他们自己并不知道。通过向他们解释这些问题，可以重构他们先前的假设：从“我没有该职位所需的知识”到“他们以为我拥有该岗位所需知识，其实我没有，过去怎么成功的我也不清楚”。

类似地，无法对成就进行内化也会带来一系列问题：

• 如果一个人处于担心的状态，他的注意力就会偏向那些有威胁的信息，前扣带皮层会处于冲突模式，因此大脑就很难对奖赏进行登记。

• 如果一个人感觉自己非常孤独，奖赏也无法得到很好的登记，因为在面对积极结果时，孤独的感受导致个体的奖赏中心激活水平更低。

除了这些，你还可以借助脑生物学知识，通过其他途径帮助那些患有欺世盗名综合征的人。

五、管理情绪的方法

我经常被问到一个问题：如何管理情绪？整体而言，需要管理思维的情境 233
相对容易应对，需要管理情绪的情境则更具有挑战性。仅仅要求人们“平静下来”或者“不要难过了”是没有用的。此外，直接对情绪进行调控也是较为困难的，因为情绪加工很多时候是在我们的意识之外进行的。不过，大脑中的情绪中心与思维中心是联系在一起的，我们可以使用本节介绍的模式来改变训练对象的情绪。

情绪智力与变革型领导者有密切的联系。领导者如果对自己和他人的情绪有较为深入的理解，那么他们在公司管理中就会有较大的优势[12]。理解和调节情绪也是有效进行项目管理的重要部分[13]，实际上，情绪管理这种“软因素”的训练是高效项目管理不可或缺的。然而，训练本身不一定就足以提升个体的情绪智力水平[14]。

在充满压力和社会互动的时代，拥有情绪能力（emotional competence，与情绪智力有区别）可以提升商业绩效，对个体和组织发展非常重要。[15]在高情绪劳动①（emotional labor）岗位上，较高的情绪智力对工作绩效有积极的影响；在低情绪劳动岗位上，拥有情绪智力对工作绩效反而有负向的作用[16]。较高的情绪智力意味着个体（如IT专家）拥有更强的整合能力，遇到冲突可以迎难而上。[17]

---

① 译者注：在组织的某些岗位上，员工工作时需要展现特定的情绪才能更好地达成组织的目标，例如前台客服人员需要展现愉快的笑容，处理顾客投诉的员工需要保持耐心等。在这些岗位上，员工需要高情绪劳动才能顺利完成工作，因此越来越多的企业为员工的情绪劳动支付报酬。

因此，从冲突解决到工作绩效，理解情绪和管理情绪可以显著提升企业生产力。本节接下来的部分将具体讨论几种情绪调节干预措施，图8.1展示了情绪调节的对象。

234

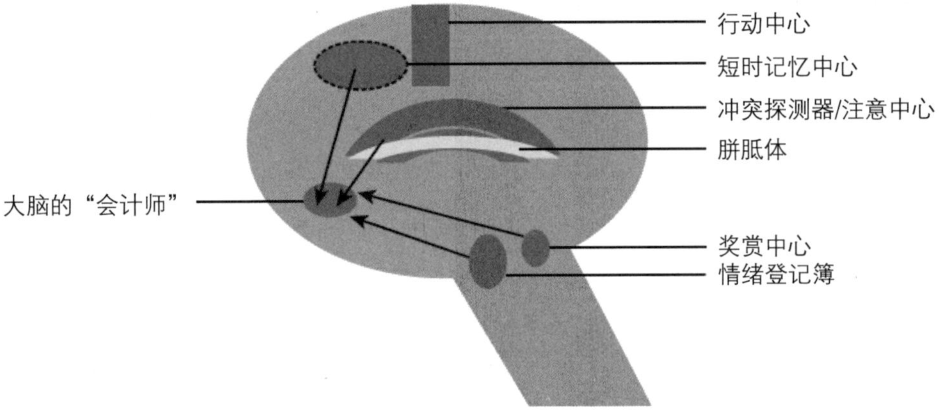

图8.1 情绪调节的对象

（一）短时记忆干预

强调最近的事件。当苦恼看起来无穷无尽，个体面临巨大情绪压力时，可以引导个体进入降低情绪负担的状态。我的一位律师朋友拥有大量业务，便雇用了几名律师助理。然而，由于一名律师助理需要休产假，她的工作就分配给另一名律师助理，后者因此而怒气冲冲。当时我的这位律师朋友因为业务量减少，需要节省开支，不能再雇用一名律师助理。实际上，其他律师助理的工作量也都比以前增加了百分之五十。那名律师助理这样超负荷工作三个月之后，心情非常崩溃。不过，当我的这位律师朋友向她保证，每次都只讨论一周之内要做的事情，她就放松许多了。

（二）大脑“会计师”（腹内侧前额叶皮层）干预

大脑“会计师”干预是指进行风险—回报权衡，改用长期视角的时间框架。这里，我们要做的跟短时记忆干预措施恰好相反。当一个人感受到过高的焦虑时，导水管周围灰质会被激活（来自腹内侧前额叶皮层的外溢）。迫在眉
235 睫的威胁导致无法控制的焦虑。因此，应该尽力使威胁变得不那么紧迫。类似

地，腹内侧前额叶皮层与共情有关，使个体跳出共情状态、采用认知视角的方法是很有用的。例如，在一场并购中，收购方聘请一位并购专家来协助推动新加盟公司“融入”收购方。新加盟公司中弥漫着一种不受约束的情绪——“我们以前就是这样做事的”。在这种情况下，与其强迫新加入的公司彻底使用新方法，不如改变并购专家的方法。我劝这位并购专家时问了这样一个问题：“当前这种方法对哪些工作是有效的，对哪些工作是无效的？”这带来了清晰的风险—收益权衡。接下来，我推荐他试图去“理解”这种固执的情绪，而不是内化它。这促使并购专家改变方法，其态度从“（你们）没有必要这样激动”变为“我看到你们确实非常珍惜过去的做法，虽然我们的运营方法有很大的不同，但我们肯定会喜欢上那些真正有效的方法，让我们来细致地权衡……”

在这个案例中，并不是引导并购专家去接受或者评判这种情绪，而是借助认知视角，使他对可能会失去的东西进行仔细权衡。

（三）注意和冲突探测器干预：SAFE框架

我们可以使用如下注意和冲突探测器干预方案对杏仁核进行管理：

（1）化解冲突：这有助于减少情绪入侵。

（2）与公司上下所有人重新建立联系（换句话说，就是重新分配责任）。

（3）重新关注积极的事物（或者其他方面）。关注带来威胁的事物会使情况变得更为糟糕（这是前扣带皮层相关研究的结果）。

（4）减少大题小做，进行重新评估。

（5）使用多种重新定义技术重新界定环境因素，即从另一种视角来探讨引起巨大焦虑的环境因素。例如，一家公司由于研发预算削减了一半，不能够再按照以前的方式开展创新活动，该公司CEO对此有些手足无措。我问他：“在经济衰退时期，有哪些新的机遇？”他一脸茫然地看着我。然而，在他仔细思考这个问题之后，他发现并不仅仅是自己公司的研发预算削减了，这让他意识 236
到他可以和其他公司联合进行技术研发，共同承担研发费用，同时共享研发带来的收益。

（四）胼胝体干预

胼胝体将大脑的左右半球联系起来。当胼胝体运转良好时，思维和情感能够最优地并存。担忧会阻断胼胝体这一连接大脑左右半球的“桥梁”，所以在这里你可以询问这样一个问题：什么导致这种担忧？通常来说，担忧，尤其是有正当理由的担忧，都是作为回避更深层次恐惧的借口——常见的是对失败的恐惧。现在，人们有一个“鲜明的”借口不去争取成功。在商业环境中，员工更愿意担忧而不是应对自己难以捉摸的焦虑，因为担忧给他们一种控制感（有一些需要担忧的事情）。担忧经常出现在那些过度关注“底线”的员工身上，他们会关注底线，由于将左右行动都放在这种目标上，忽视了执行该行动员工的情绪（也忽视了自己的情绪），因此会导致担忧。

胼胝体阻断会导致情绪的延迟，为了恢复良好的胼胝体连接，你可以问这样的问题：“当你思考这个问题的时候，你体验到怎样的情绪？”（或者“当你有这样的情绪时，什么可以让你感觉更好些？”）

（五）运动（行动）干预

在工作中，你可以散一小会儿步或者做一套健身操（对那些身体条件允许的人而言），这可以显著提高情绪控制能力，因为运动可以激发新的想法[18,19]。过去仅仅被当作“运动”中心的脑区，现在被认为也有其他重要的功能，包括想象。在介绍变革的章节中，我们了解到，可以使用第一人称想象来激活运动
237 皮层。在应对情绪挑战时，可以要求员工进行这种自我训练：进行与他们目标一致的想象，这能减少情绪调节异常。

（六）奖赏（基底核）干预

当管理者的焦虑水平较低时，谈论潜在的经济和社会奖励有激励作用；但当他们焦虑水平很高时，谈论这些是无用的，因为这时奖赏很难被大脑登记。在讨论奖赏之前，我们需要先讨论焦虑情绪（或者孤独情绪）。如果没有奖赏，就会出现动机不足的情况。大脑的奖赏中心需要将正确的信息传递到大脑“会计师”（腹内侧前额叶皮层）那里。简单描述一项行动计划的奖励是不起

作用的，首先你必须使用杏仁核和前扣带皮层干预来减少焦虑。同样，如果人们有更大的压力，他们也无法想象奖赏，因为压力降低了奖赏相关脑区的激活水平。知道这些脑科学知识，可以使管理者正确地使用以奖赏为基础的激励措施。

（七）杏仁核干预

可以通过这样的问题“如果事物可以变得不同，你希望得到怎样的结果？”使个体用乐观的想象代替焦虑。乐观会代替来自杏仁核的恐惧。请记住，不要把乐观看作一种花拳绣腿的方法，它是一种使大脑充满活力去寻找解决方案的方法。同样，构建信任也可以降低杏仁核的激活水平，如果面临恐惧或焦虑的问题，也可以使用与信任相关的方法来应对。

与应对交流困难采用的方法相似（本章前面部分进行了介绍），情绪管理也需要领导者根据具体目标选择恰当的应对机制。这些干预措施能提升个体信心，当其恰当实施时，可以帮助管理者、领导者和员工增强对情绪的控制力。

六、管理认知灵活性的方法

认知灵活性是一种重要的能力，尤其是在快速变化的商业环境中。 238

在不稳定的经济形势下，拥有认知的灵活性是非常有帮助的。当人们墨守成规、无法应对变革的时候，这种认知的不灵活性会导致管理者忽视重要的变革，如关于产品或服务需求的变革[20]。在快速变化的商业环境中，不管是对于学习还是适应，认知灵活性都是非常关键的。[21]否则，员工就会感觉到与环境格格不入。

认知的灵活性对于风险管理技能来说也是非常关键的，尤其是当公司出现危机时[22]。认知和商业策略的灵活性也是跨国企业领导者的必备技能，因为他们需要与不同地区、不同文化的人打交道[23]。

因此，从领导跨国企业到带领一家公司适应变革，管理者了解如何提高认知灵活性都是非常重要和有价值的。

在思考如何进行认知灵活性训练时，管理者需要了解认知灵活性与大脑的前扣带皮层和背外侧前额叶皮层有关，如图8.2所示。

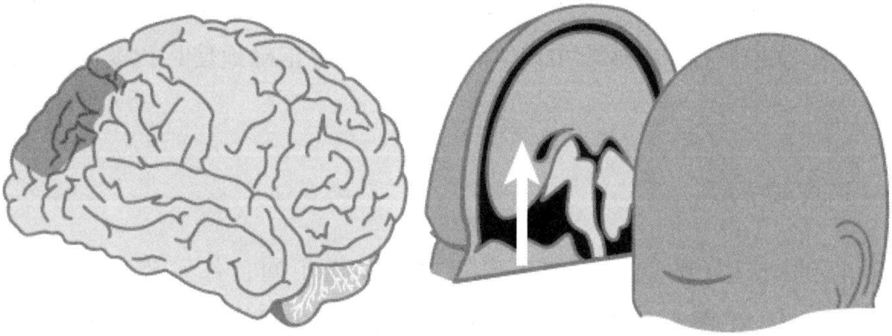

图8.2 背外侧前额叶皮层和前扣带皮层

239 应对危机的核心内容之一是有效地进行任务转换。前扣带皮层赋予新任务优先权，而背外侧前额叶皮层可应对旧任务带来的干扰，因此领导者并不仅仅是使用旧方法来解决新问题[24]。为了应对过去方法的干扰，可以通过详细说明个体的期望来帮助背外侧前额叶皮层应对干扰。在压力之下，个体会保持习惯的记忆。如果想要某个人使用全新的方法来做事，必须确保他/她的压力水平是可控的，否则新方法很难推行下去。

一位曾与我共事的管理者有一次决定在全公司推行一种新的记录保存方法，这种方法有非常高的审核要求。新方法使公司上上下下都非常焦虑，提高效率的目标也没有实现。后来这位管理者改变了策略，使用更有智慧的方法，并不是通过施压要求员工服从，而是对他们进行教育，结果员工开始接受并使用新的记录方法了。商业环境中，进行变革会激发很高的焦虑水平，这就是变革如此困难的原因——杏仁核会阻碍前扣带皮层的功能，并且这种大脑内部的冲突会导致个体生产率的降低。

同样，关于认知灵活性的实验研究对倒序学习（reversal learning）进行了检验，在实验中，参与者首先需要在白色物体中把黑色物体挑出来，接下来则进行相反的学习——即从黑色物体中把白色物体挑选出来。实现这种认知灵活性的功能，眼窝前额皮层（与腹内侧前额叶皮层有联系，见图8.3）非常关键。动物研究结果显示，当已经获得完成任务的经验，眼窝前额皮层并不是必需的；但是当任务要求相对较高时，眼窝前额皮层就是必需的了[25]。这种功能也跟其他脑区（基底核和后顶叶皮层）有关[26]。

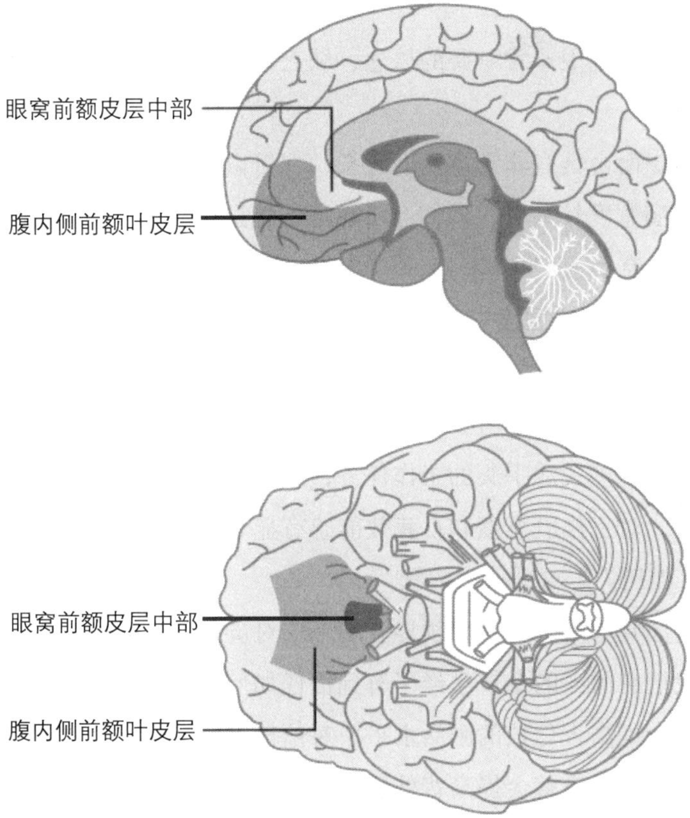

图8.3 与认知灵活性有关的脑区

腹内侧前额叶皮层和眼窝前额皮层中部如果受到破坏，人们就会出现决策困难。因此，谨慎的做法是提醒人们：使用新方法会消耗更多“大脑能量”，因为这需要有许多有意识的大脑加工过程（在眼窝前额皮层）。然而，当对新任务的学习完成后，人们的行动就会变得更为自动化，则消耗的大脑能量就会有所降低。

为了进行任务转换，领导者必须从一种情境转换到另一种情境、一种方法
转变到另一种方法。当他们放弃旧方法的时候，大脑中会出现一些冲突，因为 240
他们为了新的潜在效率更高的方法，放弃了熟悉的方法。为了将改变落到实处，必须有左侧额叶皮层的参与[27]。因此，使用新方法进行销售、存档、时间管理等工作时，需要增加大脑的认知灵活性，可以使用本书第六章介绍的方法
来刺激左侧额叶皮层。 241

七、管理信任的方法

信任是商业环境中非常重要的概念，缺乏信任会导致恐惧和焦虑，抑制雇员的工作热情。

信任对组织而言具有非常重要的意义，它可以显著影响品牌建设和顾客满意度。当顾客满意度较高时，他们会不断地追随这个品牌。[28]信任也是金融投资的基础。[29]只有当人们相信一个公司有好的业绩，他们才会购买这个公司的股份。公司运转需要透明度，应该将其财务状况和发展情况准确地告知投资者。建立相互信任的关系可以使投资者和公司双方都受益。

信任可以让雇员从身体上到情感上都更有安全感。[30]因此，如果相互信任，雇员就能够更多关注手头的工作任务，提高工作效率。信任也是变革型领导的重要特质，对工作满意度和自我效能感有显著的影响。此外，信任还可以显著地释放工作压力、减缓压力症状[31]。

显然，信任并不是管理者和领导者用来应对员工的“软技能”。通过脑科学的视角，我们在前面的章节已经了解到信任如何降低杏仁核的激活水平，信任受到破坏则会提高杏仁核的激活水平。对信任进行管理涉及杏仁核及相关脑区。实际上，违背承诺就会提高背外侧前额叶皮层、前扣带皮层和杏仁核的激活水平。[32]

（一）注意和冲突探测器干预

242 SAFE框架方法也是可以考虑使用的方法。例如，2007年情人节那天，美国东北部出现大范围的暴风雪，美国捷蓝航空公司客服部“不知所措”，使成百上万名乘客滞留机场。这使得旅客们对捷蓝航空的信任受到严重破坏，捷蓝航空的CEO必须重新恢复先前饱受赞誉的公司形象。该公司总裁戴维·尼尔曼（David Neelman）使用部分SAFE框架方法，使出浑身解数，化解了这次信任危机。

他承认公司犯了错误，并对顾客进行了赔偿，同时通过媒体与公众进行交流，说航空公司或许“反应过度了”，将该事件重新界定为由灾难引起，而且他聚焦于问题的解决，而不是问题本身。在上述方法的共同作用下，他成功地带领公司渡过了这场危机。公众的杏仁核激活水平降低了，捷蓝航空在很短时间内就再一次成为排名第一的航空公司。信任受到破坏时，杏仁核的激活水平会提高，从而冲击整个大脑，蚕食大脑用于完成工作任务和提高工作效率的资源。因此，构建信任是商业拓展的重要组成部分。

当信任被耗尽时，领导者无力挽留下属，公司也因为一次又一次雇用新员工而遭受财务上的损失。

奖赏系统功能的降低导致动机不足，领导者和管理者会发现自己必须绞尽脑汁才能激励员工好好工作，并且激励效果越来越差。

由于镜像神经元的存在，猜忌在公司上下蔓延，因此信任破坏也会在公司导致其他连锁反应（ripple effect），这种连锁反应会以几何级数的增长速度威胁公司的完整性。前面介绍的镜像神经元干预措施在这里也是适用的。

（二）杏仁核干预 243

对领导者而言，恢复杏仁核及相关脑区正常状态的最好途径，或许就是坦率和诚实地说明到底什么原因导致信任受损。在公司中任命信任监督代表也是一种有效的方法。先前已经讨论过的使杏仁核平静下来的方法，如集中注意力、将注意力朝向更高层次目标、转换视角（承认犯了什么错误并且聚焦于如何改正）等在这里也可以使用。积极倾听各方意见也可以降低恐惧，使杏仁核较高的激活水平有所降低。英国石油公司（BP）墨西哥湾原油泄漏事件是一个很好的例子：公司发布的不一致信息加上媒体中野生动物受到严重伤害的照片让公众的杏仁核被高度激活。因此，理解如何管理公众信任是非常重要的。

（三）腹侧纹状体、腹侧被盖区和隔核干预

在促进人们行动和保持心情愉快方面，奖励是非常重要的。领导者重新获得信任的基本方法是竭尽全力去解决问题，展示自己有解决问题的能力，即在需要的时候能够带领大家“渡过难关”。例如，如果领导者想保留更多员工而不是通过解雇员工来削减成本，领导者可以削减特定群体员工（包括领导者自己）的薪水，同时指定一个清晰的生产率提升计划——如果能够顺利完成该计划，这群员工的薪水不仅可以恢复到原有水平，还可以获得额外的奖励。这种类型的自我牺牲使得人们的思维大脑重新活跃起来，从而使大脑中过度活跃的

杏仁核冷静下来。在提升人类信任过程中，催产素这种荷尔蒙（可以降低杏仁核的激活水平）与提升人类信任的自我牺牲（self-sacrifice）行为有关[33]。领导者这种温暖又有能力的形象能够显著提升员工对领导者的信任。[34]

领导者对休产假和陪护产假的员工提供公正的补偿，或者帮助那些因为个
244 人事务无法完成工作的员工，这些行动提供了对奖赏有力的支持，并且有利于当前问题的处理。当人们选择回到这种领导（温暖又有能力）的身边时，该行动激活的脑区包括大脑的“会计师”（腹内侧前额叶皮层）、短时记忆中心（背外侧前额叶皮层）、认知灵活性相关脑区（眼窝前额皮层）[34]，这表明信任的效应不仅仅体现在杏仁核那里，还体现在其他脑区。

（四）腹内侧前额叶皮层干预

领导者应该将信任当作一种留住员工、建设团队、提升效能和工作效率的经营策略。腹内侧前额叶皮层与社会良知（social conscience）、内疚感有紧密的联系。一旦决策时腹内侧前额叶皮层失灵，信任很有可能受到破坏[35]，人们不再关心他人，更可能出现背叛行为。通过聚焦信任和权衡行动的风险与收益，领导者可以预防上述不良结果。但是我们不能期望人们都会自动这样考虑问题。当要求管理者或领导者深入思考这些问题时，腹内侧前额叶皮层很可能被激活，并且会将风险—收益决策传递到大脑的行动中心。在公司设置员工可以进行抱怨的安全场所、帮助员工主动进行与抱怨有关的问题及解决练习，都有助于员工聚焦于问题解决方案而不是问题本身，从而提高工作效率。此外，开诚布公地进行风险—收益评估也有助于发挥腹内侧前额叶皮层的作用。

八、管理模糊性的方法

在商业环境中，模糊性对多种结果有不良影响，因为它会破坏信任，也会阻碍决策。与风险（risk）相比，人们更不喜欢模糊性（ambiguity）[36]。换句话说，我们更适应可计算的风险而不是高度的不确定性。

消费者对产品混淆不清会影响其购买体验，从而损害销售业绩和利润[28]。因此，对消费者而言，他们对产品的模糊的认识会显著影响其购买意愿。

在当前这种经济背景下，机构变革（institutional change）是非常普遍甚至 245
泛滥的事，而这会带来大量的不确定性，因为并不是所有制度变革都可以进行量化，其中大部分是模糊的。当然，在当前这种经济条件下，随机应变或许更能促进个体和机构发展。[37]

领导者在多大程度上代表一个群体（领导的典型性）会显著影响员工对领导的效能感知。大量的研究显示，组织中的不确定性（如角色模糊，即员工的角色没有被清晰地界定）使员工对作为原型的领导者的依赖程度更高[38]。不管是不是作为群体原型的领导者，理解模糊性都是非常有帮助的。过高的模糊性也会带来工作倦怠（burnout），提升压力水平[39]。

因此，模糊性对员工、领导者和顾客均有较大的影响。模糊性会影响我们如何评估他人和自己。脑成像关于模糊性的研究给我们带来下面一些重要的启示。

1. 模糊性比风险带来的焦虑还要多。与风险条件相比，在缺乏信息的条件下进行模糊的选择，会更多激活大脑的恐惧中心（杏仁核）和认知灵活性中心（眼窝前额皮层）[40]，这再次表明，由模糊性带来的焦虑会保持大脑的灵活性和导航模式（navigation mode），而已知的概率风险和登记的恐惧决定警戒水平。实际上，模糊程度越高，眼窝前额皮层和杏仁核的激活水平越高。[41]

2. 进行风险选择或模糊选择时，大脑必须对风险—收益（使用大脑“会计师”）和潜在奖励（使用大脑奖赏中心）进行评估。在风险条件下（概率是已知的）和模糊性条件下（概率是未知的），大脑的奖赏中心（纹状体）和“会计师”（腹内侧前额皮层）都会被激活，表明大脑的“会计师”会对风险进行评估，根据结果决定是否登记为奖励[42]。然而，有一项研究显示，与进行非模糊推断相比，进行模糊推断时，腹内侧前额叶皮层和背内侧前额叶皮层的激活水平更高[43]，这可能预示着风险评估更多依靠该脑区的“工作”。

3. 模糊性越高，焦虑越多，奖励越少。一个研究团队发现，选择时对信息 246
认知的模糊性水平与杏仁核和认知灵活性区域（眼窝前额皮层）的激活都呈正相关，与纹状体系统的激活呈负相关。此外，纹状体激活与预期奖励呈正相关。因此，不确定性水平会影响大脑的反应[44]。

4. 当加工模糊信息或风险信息时，大脑处于“不决策”的状态，并且也不

会有行动。当对模糊的事物（与风险事物相比较）进行预测时，额下回后部和后顶叶皮层（大脑的领航员）都会被激活[36]，它们会阻止接受一个模糊的选项。较高风险性会激活后顶叶皮层，而较高模糊性会激活短时记忆（背外侧前额叶皮层）。[41]后顶叶皮层在维持警戒状态中扮演着特殊角色[45]，因此较高的风险性意味着较高的警戒状态。

5. 当信息未知时，大脑会持续消耗能源来试图更新信息。当模糊性存在时，大脑必须持续进行信息更新，因为我们必须确定事物是对还是错。更新信息的能力和拥有认知灵活性很大程度上受到腹内侧前额叶皮层（大脑“会计师”）和背外侧前额叶皮层（短时记忆）的控制。基于对越来越多负性结果的敏感性，这两个脑区会使我们远离不利的选项[46]。背外侧前额叶皮层的激活水平与临床独立测量的行为冲动性之间呈负相关[41]。

当面临消费者对产品混淆不清、组织变革、角色模糊或工作倦怠等情形时，可以使用这些脑科学发现来降低信息的不确定性，提高行动的持续性。那么，在不确定情境中如何使用这些脑科学知识呢？下面是一些可以运用的干预措施。

1. 降低杏仁核激活水平。有些时候变革是不确定的，并且不确定性是商业
247 环境不可分割的一部分。但是，因为我们知道不确定性比风险更能激活杏仁核，所以将不确定性转化为概率来表示就可以降低杏仁核的激活水平。如前面介绍的那样，杏仁核干预和SAFE框架干预方法可以帮助我们将模糊性转化为风险。下面是两个使用SAFE框架干预方法的例子。

（1）将模糊性转化为概率来表示。例如，如果你正在与一个投资者打交道，你可以请他/她基于数据，估计投资获得成功的概率。

（2）对角色进行重新界定。例如，如果一名员工在公司中需要完成多项任务，可以让他/她对自己的角色进行更为清晰的界定，甚至当工作角色始终在调整的情况下也可如此操作。

对杏仁核干预来说，推荐采取乐观主义的态度。日常工作中，有些情况下我们可以找到用于风险评估的数据，在另一些情况下，我们知道风险根本无法进行评估。即使是后一种情况，在决策过程中也可以将风险最大的选项去除，使适当的乐观情绪（认识到如果进行深入探索，最终还是有可能得到解决方

案）替代来自杏仁核的恐惧，从而释放思维活力。

2. 为vmPFC提供风险和收益。清晰地列出不确定方案的风险和收益是非常困难的，因为处于焦虑状态的你会更多思考风险而不是收益。这时，可以请一个与该方案不直接相关的人来帮助你进行相关风险与收益的评估。但是，为大脑“会计师”（腹内侧前额叶皮层）提供越多风险和收益的信息，你的短时记忆就越会阻止你做出不成熟的行动。

一个曾与我共事的投资者经常碰到这样的问题：推断美国食品药品监督管理局（FDA）是否会批准一种新药。如果在FDA批准新药之前购入药物厂家的股票，等到FDA批准新药后，该公司的股价会上涨。然而在许多情况下，相关信息是非常模糊的，FDA的决策通常很难预测。由于忽略了风险—收益权衡，他向客户推荐几乎所有申报新药公司的股票，这样做让他犯下许多大错误。

更为复杂的是，风险和奖赏信息有些时候会抢先在大脑中登记（即在你意 248
识到之前）[47,48]，因此，对决策而言，非常关键的一点在于：给大脑提供的被意识到的信息有可能激活已经存在但自己并没有意识到的知识，并把这些知识也传递到大脑“会计师”那里。为了做到这一点，决策者需要时间。因此，风险—收益列表的功能在于不仅能看到那些意识到的风险，同时也能探测出无意识大脑中的信号。

3. 帮助大脑的“领航员”和“规划师”。后顶叶皮层是顶叶的一部分，顶叶与心理表象密切相关。后顶叶皮层负责对大脑的感觉和运动区域进行整合，也与计划的制订有关，故称之为大脑的“领航员”和“规划师”[49]。你可以用下面这些方法来帮助大脑的“领航员”和“规划师”。

（1）通过将抽象的词语转化为人们更容易理解的具体图像，可以减少模糊性。从去除模糊性的角度来看，图像、投影、插图等都比抽象的词语更重要。

（2）使用时间表。时间表对后顶叶皮层非常关键，它们可以使后顶叶皮层紧扣相关图像，帮助其克服模糊性带来的消极影响。

4. 帮助语言检查员。在大脑的额下回（IFG）中，人们计算出事物“是什么”和“在哪里”，即对问题进行界定[50]。这部分脑区也涉及搜索语言中的隐含信息[36]。

领导者应该仔细选择清晰的语句，不要引起下属的疑惑。不管知道什么，都应该讲出来，以便停止大脑对意义的随机搜寻。为了达到这个目标，可以将“公司的”语言转化为“意图的”和“真实的”语言。

5. **进行奖赏大脑干预**。告诉员工，完成模糊的任务本身就是一种奖励，这可以让他们了解和直面领导者的需求。通过鲜明地界定个体角色，同时允许团队自由选择方法，领导者可以鼓励团队进行合作。[51]上下级关系可以在组织成员之间建立纽带，使他们在遇到非常模糊的任务时，知道应该向谁“寻求帮
249 助”。[51]让决策与组织的核心价值观保持一致有助于降低模糊性，使员工感受到更多目标导向性和奖赏。[52]

因此，当你使大脑奖赏中心摆脱困境，你就使思维大脑从不确定的压力和焦虑中解放出来。这有很大的激励效果，帮助你完成那些先前没有动力去完成的任务（如销售目标）。使自己的思维越确定、越清晰，同时也认识到不确定性是现实的一部分，你就越可能让自己的大脑摆脱瘫痪模式，进入行动模式。

九、替代性大脑干预：经济衰退时期基于脑科学的实用战略

可以使用下面这些互动例子，为与你共事的领导者构建一种策略。

1. 如果不借助情绪，你如何通往杏仁核？

因为杏仁核与思维大脑有广泛的联系，加之研究发现通过转移注意力（到别的地方）可以缓解焦虑，如果你无法使用其他方法使领导者平静下来，你可以以前面描述的前扣带皮层干预为目标。例如，仅仅进行思维模式的再构架即可使杏仁核平静下来，因为它会接收到不同的信息。如果一位领导者对承担新的角色感到焦虑，他/她的主要思维模式是“我就要失败了”，你可以帮助这位领导者将思维模式改为“我如何才能成功？同一时间只处理一件事务吗”。你可以借助这种前扣带皮层入口来使用更多重构干预措施。通过前扣带皮层可以触及杏仁核，反之亦然。

2. 领导者、管理者或员工处于瘫痪状态，无法开展必要的行动。

由于观察和想象都可以刺激大脑的行动中心，当关于行动的指令无效时，
250 可以使用这些技术。这至少可以给大脑的行动中心提供最低限度的刺激，使与之相关的大脑加工继续进行。例如，如果你带领一位焦虑的领导者来到裁员现

场观察，他/她就可以想到这意味着什么。同样，也可以将焦虑控制在预期范围之外，让领导者练习如何应对。

3. 变革导致领导者、管理者或员工迷失了方向，他们的焦虑无法减少，也无法参加会议。

这里的问题部分在于情境。大脑海马回的影响超过焦虑，思维会被长时记忆和条件反射所干扰。因此，这时与其以前扣带皮层或杏仁核为干预目标，不如将干预目标暂时设定为我们前面讨论的海马区，或者改变会议环境。通过使用短时记忆干预，你可以间接做到这一点，从而脱离海马区的影响，让背外侧前额叶皮层开始工作。

4. 公司处于混乱的状态，领导多次试图改善这种状态，但情况总是变得更糟糕。

这里的问题在于：前扣带皮层和杏仁核干预措施无法取代领导者自己的焦虑带来的镜像神经元效应，结果导致领导者自己的焦虑也“传染”给下属，此时语言已经没有意义。这个时候应该让领导者使用反镜像机制，而不是对下属实施前扣带皮层和杏仁核干预措施。

5. 公司的CEO对正在开发的新产品没有想法，公司的未来受到严重威胁。

与其在压力下对员工进行“头脑风暴”或者要求员工来提建议（已经尝试过了），不如对公司的创新文化进行变革。这时不要针对前额叶皮层进行干预来提升逻辑思维，而应使用脑岛地图方法来整合“创新大脑”各部分，将脑岛地图的五个步骤创造性地应用到这四个脑区，使用这种生物学基础来提升创新能力。

本章小结

理解脑区与行为的联系可以让我们：（1）对有抵触心理的领导者，创设替代性的方法来重新组织信息（语言）；（2）针对特定的神经隐喻（neural 251
metaphor），想出具体的干预方法和措施；（3）将脑功能相关知识应用到相关的组织行为上去；（4）当常规方法非常困难时，使用脑科学知识来发现替代性策略。因此，如果理解脑科学基础知识，你会发现这是一种非常有用的工具，你可以将这些知识创造性地应用到管理实践中去。

参考文献

[1] Catmur C, et al. Through the Looking Glass: Counter-mirror Activation Following Incompatible Sensorimotor Learning. *Eur J Neurosci*, 2008, 28(6): 1208-1215.

[2] Heyes C. Mesmerising Mirror Neurons. *Neuroimage*, 51(2): 789-791.

[3] Catmur C, Walsh V and Heyes C. Sensorimotor Learning Configures the Human Mirror System. *Curr Biol*, 2007, 17(17): 1527-1531.

[4] Hooker C I, et al. Neural Activity during Social Signal Perception Correlates with Self-reported Empathy. *Brain Res*, 1308: 100-113.

[5] Shamay-Tsoory S G, Aharon-Peretz J and Perry D. Two Systems for Empathy: a Double Dissociation between Emotional and Cognitive Empathy in Inferior Frontal Gyrus Versus Ventromedial Prefrontal Lesions. *Brain*,2009, 132(Pt 3): 617-627.

[6] Galinsky A D, et al. Why it Pays to Get Inside the Head of Your Opponent: The Differential Effects of Perspective Taking and Empathy in Negotiations. *Psychol Sci*, 2008, 19(4): 378-384.

[7] Langerak F, Griffin A and Hultink E J. Balancing Development Costs and Sales to Optimize the Development Time of Product Line Additions. *Journal of Product Innovation Management*, 2010, 27(3): 336-348.

[8] Richard Yu-Yuan H, et al. Knowledge as a Facilitator for Enhancing Innovation Performance Through Total Quality Management. *Total Quality Management & Business Excellence*, 2010, 21(4): 425-438.

[9] Kasabov E and Warlow A J. Towards a New Model of "Customer Compliance" Service Provision. *European Journal of Marketing*, 2010, 44(6): 700-729.

[10] Spielberger C D. Neural Mechanisms Mediating Optimism Bias. *Nature*, 2007, 450(7166): 102-105.

[11] Frisch B. When teams can't decide. Are Stalemates on Your Leadership Team Making You a Dictator by Default? Stop Blaming Your People—Start Fixing the Process. *Harv Bus Rev*, 2008, 86(11): 121-126, 138.

252 [12] Corona M A. The Relationship Between Emotional Intelligence and Transformational Leadership: A Hispanic American Examination. *Business Journal of Hispanic Research*, 2010, 4(1): 22-34.

[13] Muller R and Turner R. Leadership Competency Profiles of Successful Project Managers. *International Journal of Project Management*, 2010, 28(5): 437-448.

[14] Clarke N. The Impact of a Training Programme Designed to Target the Emotional Intelligence Abilities of Project Managers. *International Journal of Project Management*, 2010, 28(5): 461-468.

[15] Cherniss C. Emotional Intelligence: Toward Clarification of a Concept. *Industrial & Organizational Psychology*, 2010, 3(2): 110-126.

[16] Joseph D L and Newman D A. Emotional Intelligence: An Integrative Meta-Analysis and Cascading Model. *Journal of Applied Psychology*, 2010, 95(1): 54-78.

[17] Godse A S and Thingujam N S. Perceived Emotional Intelligence and Conflict Resolution Styles among Information Technology Professionals: Testing the Mediating Role of Personality. *Singapore Management Review*, 2010, 32(1): 69-83.

[18] Rumiati R I, Papeo L and Corradi-Dell'Acqua C. Higher-level Motor Processes. *Ann N Y Acad Sci*, 1191(1): 219-241.

[19] Borghi A M and Cimatti F. Embodied Cognition and Beyond: Acting and Sensing the Body. *Neuropsychologia*, 2009.

[20] Benaroch M, Dai Q and Kauffman R J. Should We Go Our Own Way? Backsourcing Flexibility in IT Services Contracts. *Journal of Management Information Systems*, 2010, 26(4): 317-358.

[21] Smith S and Young A B. Adapting to Change: Becoming a Learning Organization as a Relief and Development Agency. *IEEE Transactions on Professional Communication*, 2009, 52(4): 329-345.

[22] Servaes H, Tamayo A and Tufano P. The Theory and Practice of Corporate Risk Management. *Journal of Applied Corporate Finance*, 2009, 21(4): 60-78.

[23] Fisher-Yoshida B and Geller K. Developing Transnational Leaders: Five Paradoxes for Success. *Industrial & Commercial Training*, 2008, 40(1): 42-50.

[24] Hyafil A, Summerfield C and Koechlin E. Two Mechanisms for Task Switching in the Prefrontal Cortex. *J Neurosci*, 2009, 29(16): 5135-5142.

[25] Boulougouris V and Robbins T W. Pre-surgical Training Ameliorates Orbitofrontal-Mediated Impairments in Spatial Reversal Learning. *Behav Brain Res*, 2009, 197(2): 469-475.

[26] Leber A B, Turk-Browne N B and Chun M M. Neural Predictors of Moment-to-Moment Fluctuations in Cognitive Flexibility. *Proc Natl Acad Sci USA*, 2008, 105(36): 13592-13597.

[27] Harmon-Jones E et al. Left Frontal Cortical Activation and Spreading of Alternatives: 253
Tests of the Action-based Model of Dissonance. *J Pers Soc Psychol*, 2008, 94(1): 1-15.

[28] Walsh G and Mitchell V W. The Effect of Consumer Confusion Proneness on Word of Mouth, Trust, and Customer Satisfaction. *European Journal of Marketing*, 2010, 44(6): 838-859.

[29] Cha H J and Kim J. Stock Returns and Investment Trust Flows in the Japanese Financial Market: A System Approach. *Journal of Asian Economics*, 2010, 21(4): 327-332.

[30] Luria G. The Social Aspects of Safety Management: Trust and Safety Climate. *Accident Analysis & Prevention*, 2010, 42(4): 1288-1295.

[31] Liu J, Siu O L and Shi K L. Transformational Leadership and Employee Well-Being: The Mediating Role of Trust in the Leader and Self-Efficacy. *Applied Psychology: An International Review*, 2010, 59(3): 454-479.

[32] Baumgartner T, et al. The Neural Circuitry of a Broken Promise. *Neuron*, 2009, 64(5): 756-770.

[33] De Dreu C K, et al. The Neuropeptide Oxytocin Regulates Parochial Altruism in Intergroup Conflict among Humans. *Science*, 328(5984): 1408-1411.

[34] Cikara M, et al. On the Wrong Side of the Trolley Track: Neural Correlates of Relative Social Valuation. *Soc Cogn Affect Neurosci*, 2010, (e-pub ahead of print).

[35] Krajbich I, et al. Economic Games Quantify Diminished Sense of Guilt in Patients With Damage to the Prefrontal Cortex. *J Neurosci*, 2009, 29(7): 2188-2192.

[36] Bach D R, Seymour B and Dolan R J. Neural Activity Associated with the Passive Prediction of Ambiguity and Risk for Aversive Events. *J Neurosci*, 2009, 29(6): 1648-1656.

[37]. Lamberg J A and Pajunen K. Agency, Institutional Change, and Continuity: The Case of the Finnish Civil War. *Journal of Management Studies*, 2010, 47(5): 814-836.

[38] Cicero L, Pierro A and van Knippenberg D. Leadership and Uncertainty: How Role Ambiguity Affects the Relationship between Leader Group Prototypicality and Leadership Effectiveness. *British Journal of Management*, 2010, 21(2): 411-421.

[39] Jamal M. Burnout among Canadian, Chinese, Malaysian and Pakistani Employees: An Empirical Examination. *International Management Review*, 2010, 6(1): 31-41.

[40] Schultz W, et al. Explicit Neural Signals Reflecting Reward Uncertainty. *Philos Trans R Soc Lond B Biol Sci*, 2008, 363(1511): 3801-3811.

[41] Huettel S A, et al. Neural Signatures of Economic Preferences for Risk and Ambiguity. *Neuron*, 2006, 49(5): 765-775.

254 [42] Levy I, et al. Neural Representation of Subjective Value Under Risk and Ambiguity. *J Neurophysiol*, 2009, 103(2): 1036-1047.

[43] Jenkins A C and Mitchell J P. Mentalizing under Uncertainty: Dissociated Neural Responses to Ambiguous and Unambiguous Mental State Inferences. *Cereb Cortex*, 2009.

[44] Hsu M, et al. Neural Systems Responding to Degrees of Uncertainty in Human

Decision-making. *Science*, 2005, 310(5754): 1680-1683.

[45] Malhotra P, Coulthard E J and Husain M. Role of Right Posterior Parietal Cortex in Maintaining Attention to Spatial Locations over Time. *Brain*, 2009, 132(Pt 3): 645-660.

[46] Christakou A, et al. Right Ventromedial and Dorsolateral Prefrontal Cortices Mediate Adaptive Decisions Under Ambiguity by Integrating Choice Utility and Outcome Evaluation. *J Neurosci*, 2009, 29(35): 11020-11028.

[47] Bodis-Wollner I. Pre-emptive Perception. *Perception*, 2008, 37(3): 462-478.

[48] Gee A L, et al. Neural Enhancement and Pre-emptive Perception: the Genesis of Attention and the Attentional Maintenance of the Cortical Salience Map. *Perception*, 2008, 37(3): 389-400.

[49] Coulthard E J, Nachev P and Husain M. Control Over Conflict during Movement Preparation: Role of Posterior Parietal Cortex. *Neuron*, 2008, 58(1): 144-157.

[50] Renier L A, et al. Multisensory Integration of Sounds and Vibrotactile Stimuli in Processing Streams for "what" and "where" *J Neurosci*, 2009, 29(35): 10950-10960.

[51] Gratton L and Erickson T J. 8 Ways to Build Collaborative Teams. *Harv Bus Rev*, 2007, 85(11): 100-109, 153.

[52] Rogers P and Blenko M. Who has the D? How Clear Decision Roles Enhance Organizational Performance. *Harv Bus Rev*, 2006, 84(1): 52-61, 131.

主题索引

INDEX

A

B

C

D

E

F

G

H

I

K

L

N

O

P

R

S

T